Georg Luft

Burgen, Ritter, Schlossgespenster

Abenteuer-Wanderungen in der südlichen Oberpfalz

WANDERN MIT GPS

Für diesen Wanderführer stehen Ihnen auf der Internetseite des Verlags **(https://gps.battenberg-gietl.de/)** GPS-Daten zum kostenlosen Download bereit. Das dafür benötigte Passwort lautet: **t8y96W3g**
Alle Tracks wurden sorgfältig geplant und geprüft. Fehler und Abweichungen sind möglich, da sich evtl. Wege im Laufe der Zeit verändern können. GPS-Daten sind eine hervorragende Hilfe bei einer Wanderung, trotzdem sollte man sich immer sorgfältig vorbereiten und die eigene Orientierung sowie den Sachverstand nicht außer Acht lassen. Nie sollte man sich nur auf die GPS-Daten und das Gerät verlassen.

GEORG LUFT

BURGEN, RITTER, SCHLOSSGESPENSTER

ABENTEUER-WANDERUNGEN IN DER SÜDLICHEN OBERPFALZ

BUCHVERLAG

Bibliografische Information der Deutschen Nationalbibliothek

Die Deutsche Nationalbibliothek verzeichnet diese Publikation in der Deutschen Nationalbibliografie; detaillierte bibliografische Daten sind im Internet über http://dnb.dnb.de abrufbar.
ISBN 978-3-86646-396-7

MIX
Papier aus verantwortungsvollen Quellen
FSC® C014138
FSC www.fsc.org

Für uns, die Battenberg Gietl Verlag GmbH mit all ihren Imprint-Verlagen, ist Nachhaltigkeit ein wichtiger Teil unserer Unternehmensphilosophie. Daher achten wir bei allen unseren Produkten auf den Einsatz umweltschonender Ressourcen und Materialien.
Dieses Buch wurde auf FSC®-zertifiziertem Papier gedruckt. FSC (Forest Stewardship Council®) ist eine nicht staatliche, gemeinnützige Organisation, die sich für die verantwortungsvolle und ökologische Nutzung der Wälder unserer Erde einsetzt.

Unsere Partnerdruckerei kann zudem für den gesamten Herstellungsprozess nachfolgende Zertifikate vorweisen:
- Zertifizierung für FOGRA PSO
- Zertifizierungssystem FSC®
- Leitlinien zur klimaneutralen Produktion (Carbon Footprint)
- Zertifizierung EcoVadis (die Methodik besteht aus 21 Kriterien in den Bereichen Umwelt, Einhaltung menschlicher Rechte und Ethik)
- Zertifikat zum Energieverbrauch aus 100 % erneuerbaren Quellen
- Teilnahme am Projekt „Grünes Unternehmen“ zum Schutz von Naturressourcen und der menschlichen Gesundheit

---

verwendete Literatur:

Greller, C., Knoll J. K. (2019). *Von Hexen, Geistern und Verbrechern.* Regenstauf: MZ-Buchverlag.

Lauerer, T., Hinse, H. (2020). *Glaubn mechst es ja ned – Sagen aus der Oberpfalz.* (2. Auflage). Regenstauf: MZ-Buchverlag.

Motyka, G. (2020). *Sagen und Legenden aus dem Land um Regensburg.* (5. Auflage). Regenstauf: MZ-Buchverlag.

Bilder: Falls nicht anders angegeben: Georg Luft
S. 5, Foto Autor: Beate Luft; S. 117, Foto Wasseramsel: Helmut Baumgartner
Karten: Heinz Muggenthaler

---

1. Auflage 2021
ISBN 978-3-86646-396-7

www.battenberg-gietl.de

Als der MZ-Buchverlag mit der Idee zu diesem Buch an mich herantrat, sagte ich spontan zu. Die Idee, neue Wander-Rundwege um alte Burgen der Region zu erstellen, fand ich sofort großartig. Andererseits bereitete mir die Zahl der vielen Wanderführer mit ihren teilweise großartigen Routen Kopfzerbrechen. Kann man da neue Wege finden? Man kann: Erstens bin ich jährlich bis zu 1000 Wanderkilometer in der Oberpfalz unterwegs. Zweitens kontrolliere ich seit Jahren regelmäßig Teile des Jurasteigs, aber vor allem die Burgensteige um Regensburg.
Zudem bin ich seit Jahren auf der Suche nach vergessenen Pfaden und habe mit diesem Buch nun die Möglichkeit, Sie, liebe Wandernde, auf diese verlorenen Pfade zu locken – wenngleich es sich dabei immer nur um Teilstücke handelt.
Mein ganz besonderer Dank gebührt sowohl meiner Frau Beate, die mich auf etlichen Wanderungen begleitete (sogar mit Stirnlampe bei Nacht und Nebel), als auch meinen Wanderfreunden, namentlich Helmut Baumgartner, Gerhard Göser, Corinna Lessle sowie Eva Mühlbauer. Bewaffnet mit Handy, GPS und meinen Ausführungen unterzogen sie alle Touren einem schonungslosen Stresstest, drehten jeden Stein auf dem Weg und jedes Wort im Text um. Das eingearbeitete Feedback liefert Ihnen die Grundlage für neue Touren zu alten Burgen – bzw. dem, was davon noch übrig ist.
Ich wünsche Ihnen viel Spaß auf diesen Wegen ins Oberpfälzer Mittelalter und würde mich freuen, wenn Sie sich auf das Abenteuer einließen, die Wege – so wie ich – ohne technische Hilfsmittel zu erwandern. Aber auch mit „himmlischer Hilfe" **(GPS)** werden Sie diese neuen Wege zu alten Burgen an Plätze fernab der ausgetretenen, überlaufenen Standardrouten bringen.

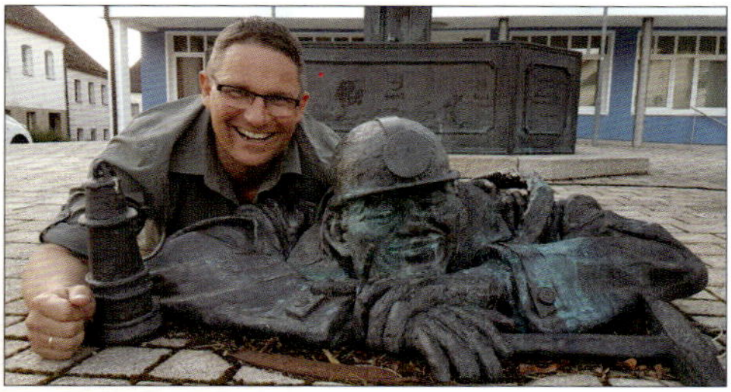

Hals- und Beinbruch
und viel Spaß dabei!

Georg Luft

INHALTSVERZEICHNIS

ÜBERSICHTSKARTE

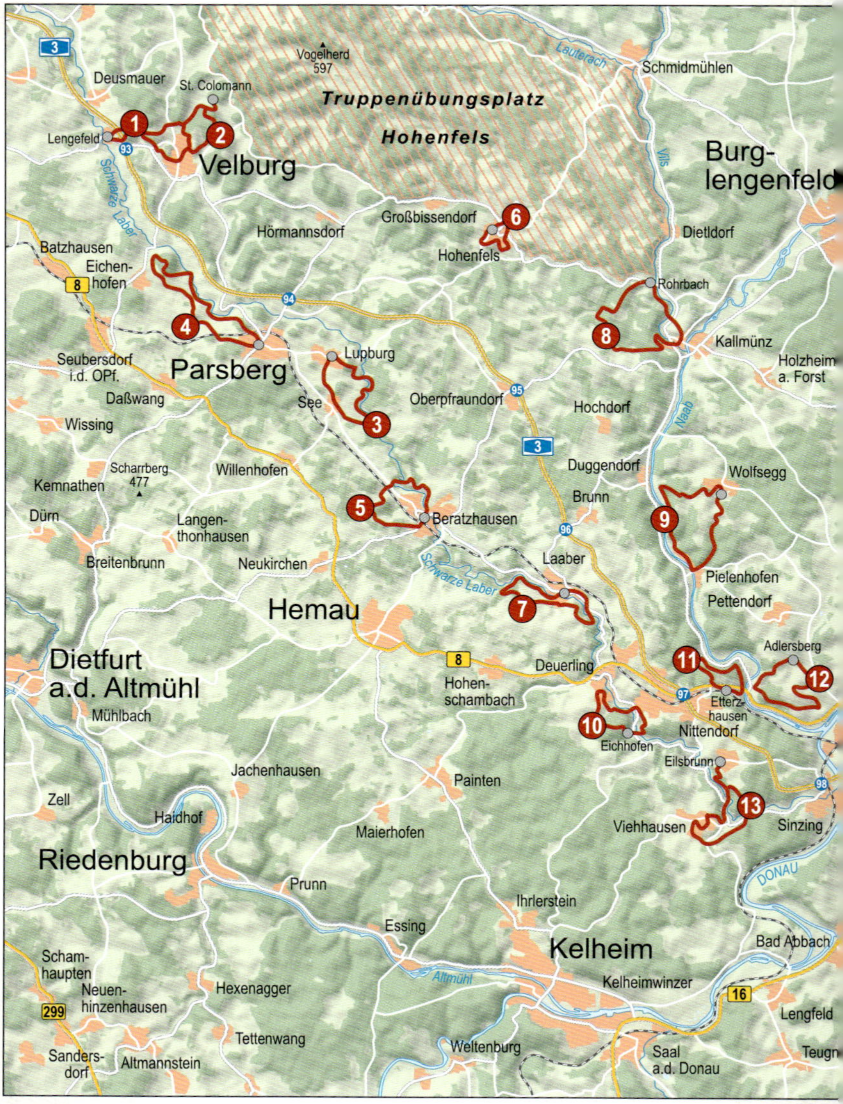

Die Nummerierung verweist auf die verschiedenen Touren dieses Wanderführers. Auf den vorherigen beiden Seiten, im Inhaltsverzeichnis, finden Sie die zugehörige Seitenzahl, auf der die Tour näher beschrieben ist.

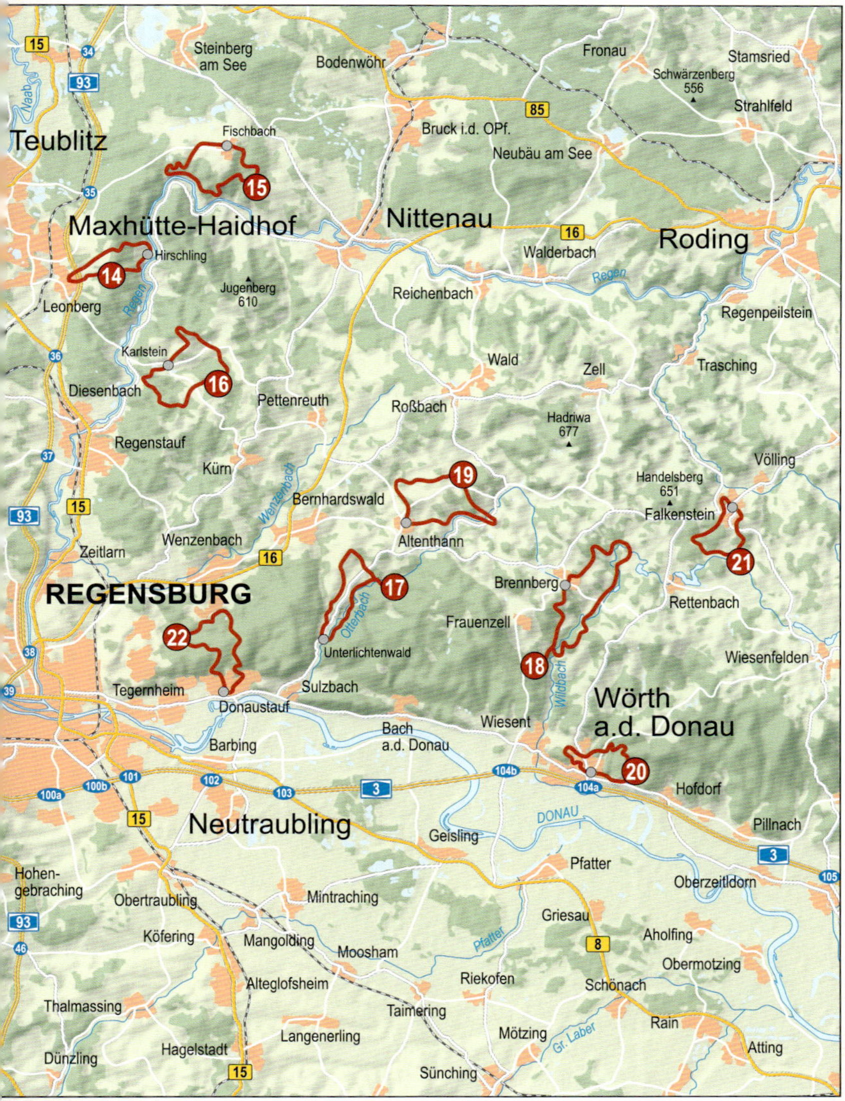

LENGENFELD-VELBURG:

AUCH KLEINE DIAMANTEN FUNKELN HELL

12,7 KM / 4 H / 380 HM

Verträumt liegt Velburg am Burgberg, einem markanten Berg der malerischen Kuppenalb. Für drei Dinge ist die kleine 5000-Einwohner-Stadt bekannt: Ihre Ruine, das Hohlloch sowie die nahe König-Otto-Tropfsteinhöhle (mit Hochseilgarten-Erlebniswelt). Wer meint, das sei's gewesen, wird auf dieser aussichtsreichen Kul-tour eines Besseren belehrt: Eine gruselige Ruine, eine Wallfahrtskirche, eine Kapelle zur Erinnerung an eine erfolgreiche Schlacht, Grabsteine aus dem Truppenübungsplatz Hohenfels, eine weitere alte Kapelle, viel Geschichte und zu guter Letzt das gesamte Innenstadtensemble der Stadt.

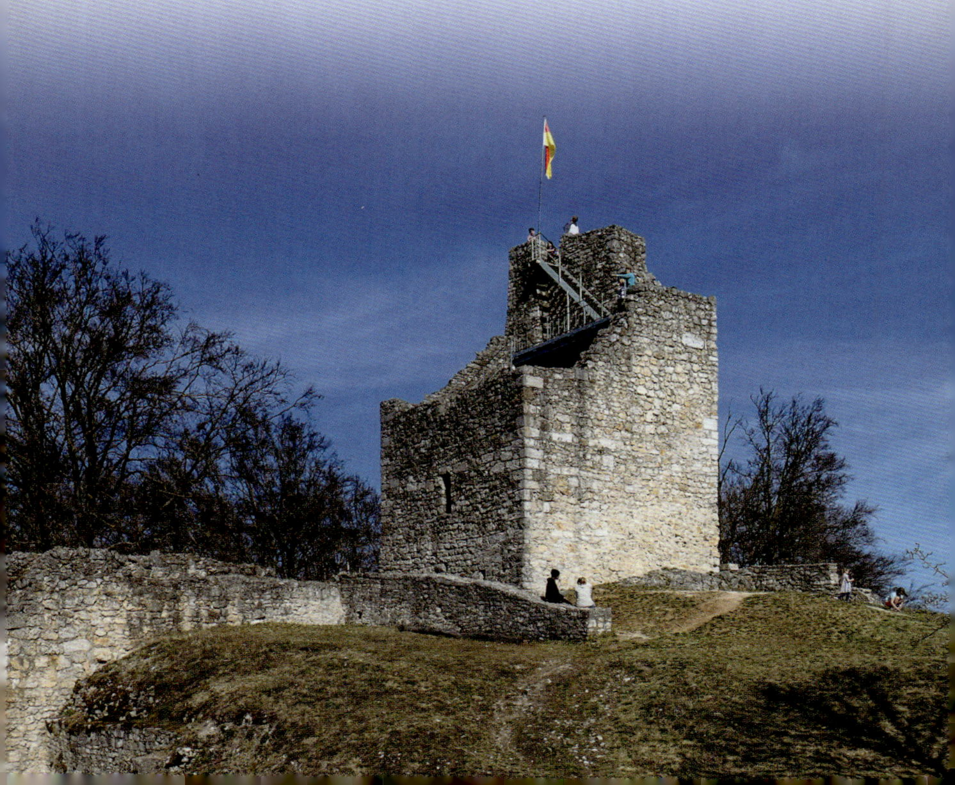

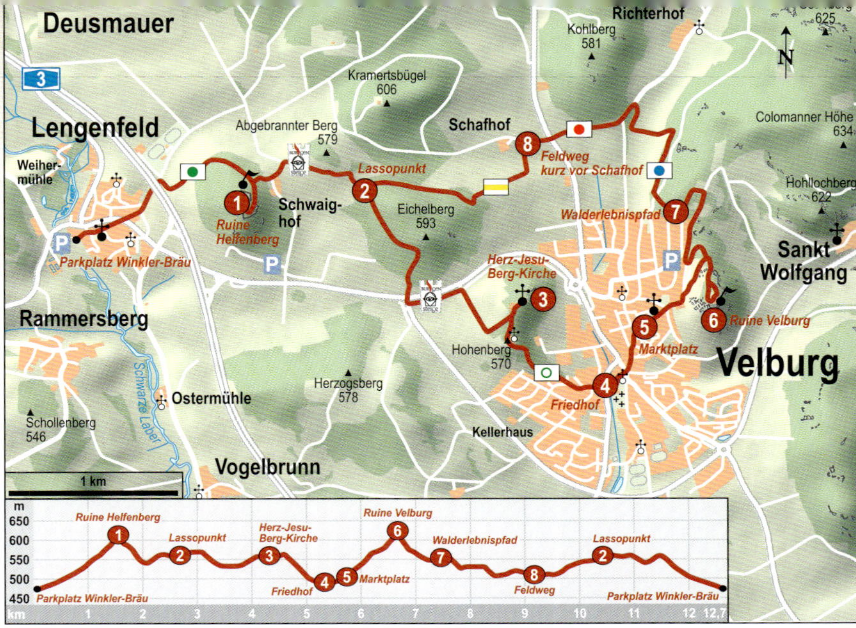

Die überregional bekannten, erstgenannten Sehenswürdigkeiten freuen sich dennoch immer über Ihren Besuch, am besten im Rahmen der zweiten Tour in diesem Buch.

WEGBESCHREIBUNG:

❈ Vom Parkplatz Winkler-Bräu zur St.-Martin-Kirche, wo Sie auf zahlreiche weiterführende Wanderschilder treffen, u. a. Burgensteig und Main-Donau-Weg sowie [●]. Diesen über die Hauptstraße und unter der Autobahn hindurch Richtung Sportplatz folgen, aber gleich nach der Autobahnunterquerung rechts abbiegen, kurz danach an der Y-Gabelung links halten.

❈ Am Waldrand des Schlossbergs angekommen knicken Sie in die linke Abzweigung ab [●]. Der Weg führt nun in großem Bogen in den Wald und bergauf. Kurzer Abstecher [●] zum Schlossberggipfel mit der **Helfenburg-Ruine** ❶.

INFO:

Start: Winkler-Bräu (Navi: 92355 Velburg/ Lengenfeld, St.-Martin-Straße 6).

Alternativ vom Pendlerparkplatz an der Straße nach Velburg.

Anfahrt: Direkt an der A3 (Ausfahrt Velburg) gelegen.

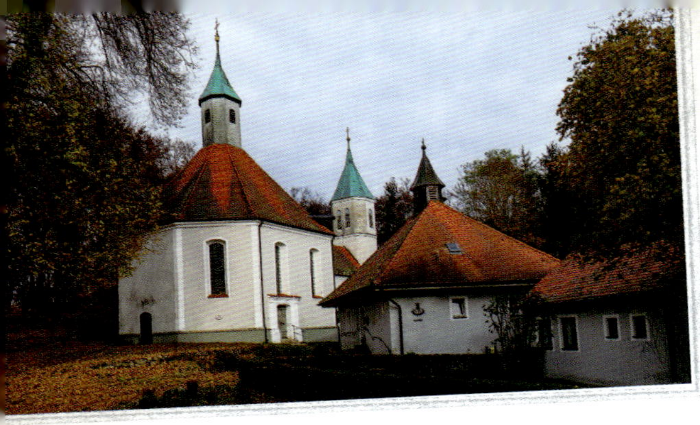

Wallfahrtskirche Herz-Jesu – eine ehemalige Einsiedelei

Weiter auf dem Duo Burgensteig/Main-Donau-Weg bis zu einer beschilderten Gabelung, dem „Lassopunkt“ der Tour 2. Hier werden Sie (wenn alles gut gegangen ist!) in drei Stunden auf dem -Weg zurückkommen. Sie nehmen jetzt den rechten Weg (Burgensteig/Main-Donau) durch den Wald, überqueren die Hauptstraße Velburg-Lengenfeld bei der Kreuzung nach Parsberg, und folgen links-rechts-links den Burgensteig-/M-D-Schildern bis zur **Herz-Jesu Kirche** 3. Nach dem Besuch dieser ehemaligen Einsiedelei kurz zurück zum Wegweiser „Marienkapelle“ bzw. O.

An dem Ensemble Funkturm-**Marienkapelle** vorbei, nun hinunter in die **Stadt Velburg**, wo Sie am Ende des Zieglerwegs den Zebrastreifen erreichen und diesen auch überqueren. Geradeaus auf dem **St.-Anna-Weg** kommen Sie zur gleichnamigen Kapelle. Besuchen Sie aber vorher den **Hohenfels-Teil** des Friedhofs. (Gleich am Eingang.) 4

Auf der Parsberger Straße (nicht nach Parsberg!) geradeaus hinauf zum **Marktplatz** 5. Vom **Rathaus** aus auf der Burgstraße an der **Pfarrkirche St. Johannes** vorbei zum oberen Stadtende am Fuß des eigentlichen Berges. NACH der Linkskurve verlassen Sie nach halbrechts die Burgstraße zugunsten eines Wanderwegs (u. a. König-Otto-Schlaufenweg) und folgen kurz später der Baumallee, die oberhalb des Wanderparkplatzes beginnt.

Wandern Sie auf diesem Weg in einem großen 180°-Bogen hinauf, bis Sie rechter Hand, direkt unterhalb der Velburg, das Gipfelkreuz mit Blick auf die Stadt erreichen. Jetzt haben Sie Zeit für Burgbesichtigung 6 und Turmbesteigung. Vom Gipfelkreuz geht es auf dem Aufstiegsweg zurück, aber **Achtung**: Ca. 75 Schritte nach der ersten Sitzbank samt Blick auf Velburg trennt sich ganz unscheinbar ein Saumpfad, läuft kurz mit dem Aufstiegsweg parallel und verschwindet dann über ein kleines Kalkriff nach rechts in den Wald. Folgen

Sie diesem unmarkierten Weg ca. 150 Meter, bis Sie auf die Infotafel 2 „Lebende Sonnenuhr“ des Lehrpfads mit dem Steinekreis im Boden treffen. Von hier 170 Meter nach links bis zur Straße, auf die Sie nach rechts (bergauf) abbiegen.

❁ Sollten Sie den Saumpfad nicht gefunden haben, gehen Sie über den Wanderparkplatz am Fuß des Burgbergs bis zur schmalen Straße. Auf dieser dann wellig bergauf, bis nach ca. 400 Metern der Walderlebnispfad/[●] nach links abbiegt. Überspringen Sie dann den nächsten Punkt.

❁ Folgen Sie dieser schmalen Asphaltstraße gute 300 Meter wellig bergauf, bis Walderlebnispfad [■] und [●] nach links abbiegen.

❁ 70 Meter später biegen beide Wege nach links in einen Hohlweg ab, weitere 130 Meter nach rechts. ❼ Folgen Sie nun dem [●] für ca. einen halben Kilometer bis zur Frage mit dem Höhlenbären. 30 Meter weiter an der Bank nach links auf den Wanderweg [●] abbiegen. Hier geht es bergab, aus dem Wald hinaus.

❁ Am Richterhofweg angekommen links abbiegen. Weiter bis zur Hauptstraße, diese überqueren und fast bis Schafhof ❽. **VOR** diesem Einödhof biegen Sie links in den Feldweg ab, dann den nächsten Feldweg wieder rechts Richtung Wald.

❁ Im Wald angekommen links abbiegen und nach 50 Metern scharf rechts auf 5 Uhr abbiegen. (**Vorsicht**: Sie sehen das [▬]-Schild erst, wenn Sie an der massiven Buche vorbeigegangen sind. (**Kontrolle**: Naturdenkmal „Alligator“.) Ab dem Lassopunkt ❷ wieder zurück bis Lengenfeld.

WISSENSWERTES

Beim Aufstieg zur Ruine Helfenberg warn(t)en Schilder recht halbherzig vor der Baufälligkeit und herabstürzenden Steinen. Beim Anblick der kümmerlichen Trümmerreste gebietet es der gesunde Menschenverstand, Abstand zu halten und Kinder an die „kurze Leine“ zu nehmen.

Die Installationen des Velburger Walderlebnispfades sind in den Wintermonaten zugedeckt.

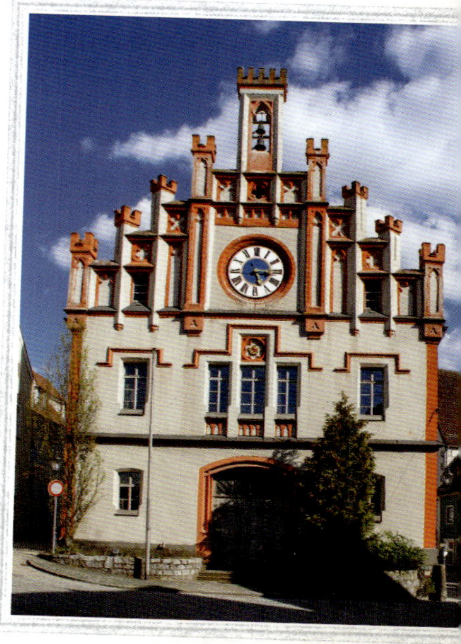

Herzstück des Altstadtensembles: das neugotische Rathaus von Velburg

GASTRONOMIE:

Winkler-Bräu
St.-Martin-Straße 6,
92355 Velburg/Lengenfeld,
www.winkler-braeu.de,
info@winkler-braeu.de

Gasthaus zum Löwen „beim Andermichl"
Stadtplatz 11,
92355 Velburg,
www.andermichl.com,
info@andermichl.com,
09182/902055

Akropolis
Untere Gasse 1,
92355 Velburg,
www.grieche-velburg.com,
09182/1322

Hotel-Gasthof „Zur Post"
Parsberger Str. 2,
92355 Velburg,
www.hotelzurpost-velburg.de,
info@hotelzurpost-velburg.de,
09182/1635

Die Marienkapelle zur Erinnerung an die „Deininger Schlacht"

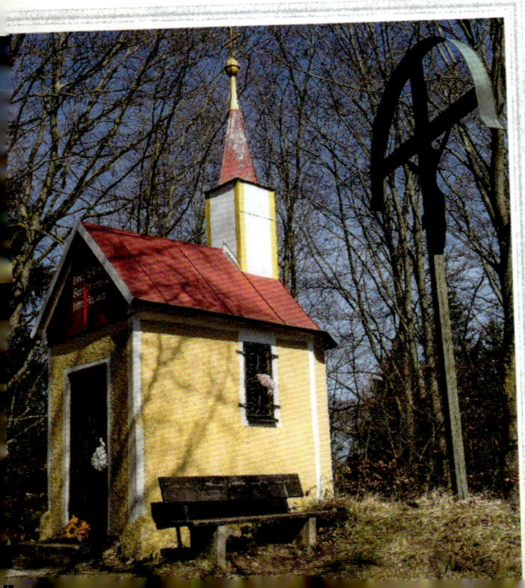

SEHENSWÜRDIGKEITEN:

Herz-Jesu-Wallfahrtskirche (3): 1696 drei erste Kreuze auf dem Kalvarienberg; 1730 erste Grabkapelle; 1770 Erweiterung unter Einbeziehung eines Herz-Jesu-Bildes als Altarbild; Beginn der Wallfahrt; 1792 klassizistische Gestaltung; heute die einzige Herz-Jesu-Wallfahrt in Bayern. Weitere Informationen: Infotafel an der Zufahrtsstraße.

Marienkapelle: Erbaut 1889 nach der erfolgreichen Zurückschlagung französischer Truppen durch Erzherzog Karl in der „Deininger Schlacht". (Das Gemälde dazu ist eigentlich in der Wallfahrtskirche, aber zum Zeitpunkt der Drucklegung als Leihgabe im Haus der Bayerischen Geschichte in Regensburg.)

Gedenkstätte (4) zur Erinnerung an die vor 1951 verstorbenen Bewohner aus den abgelösten Gebieten des Truppenübungsplatzes Hohenfels. Dazu wurden im Jahr 2008 zahlreiche Grabsteine im Gebiet des heutigen Truppenübungsplatzes geborgen.

St.-Anna-Kapelle (4): Um 1400 als Marienkapelle erbaut. Sehenswerter Marienaltar. Infotafeln in der Parsberger Straße zu den Themen: „Kirche und Reich", „Kaiser Heinrich V. gegen Kaiser Heinrich IV.", „Nordgau", „Rittertum", „Mittelalterliche Gesellschaft".

Rathaus (ehemalige Schule) (5): Neugotischer Bau aus den Jahren 1863-65.

Ensemble Altstadt Velburg/ehem. Stadtbefestigung (5): Systematische Stadtgründung im 13. Jahrhundert. Stadtrechte seit 1410. Es empfiehlt sich, auch ein wenig durch die Seitenstraßen zu gehen! Einen Teil der alten Stadtmauer findet man, wenn man vor der Pfarrkirche stehend an der ehem. Finanzfachschule vorbei zum Ärztehaus Richtung Wispeckweg geht. Oberhalb

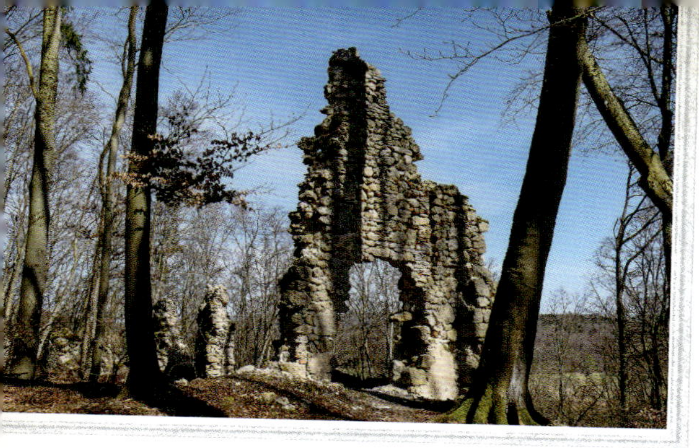

Schlossruine Helfenberg: Viel ist nicht mehr übrig.

des Ärztehauses steht ein verlorener Teil der Stadtmauer, in den 70er-Jahren ein beliebter Treff der Velburger Beat-Jugend.

Pfarrkirche St. Johannes: Spätgotisches Mittelschiff; Barockisierung 1717-21. Wiederaufbau 1754 nach Brand. Das Deckengemälde mit dem frisch enthaupteten Johannes kann leicht verstören und würde heute unter „FSK ab 18" fallen.

Burg Velburg 6: 1129 erwähnt, bis Ende 16. Jahrhundert Pflegeamtssitz, Abbruch ab Mitte des 17. Jahrhunderts. Teile der Burg wurden vor der Jahrtausendwende wiederaufgebaut oder freigelegt. Ausführliche Informationen zur Geschichte unter *www.velburg.net/velburg-historie.html.*

GUT ZU WISSEN:

Warum stehen die Burgen im oberpfälzisch-fränkischen Jura viel länger als die Festigungsanlagen im Oberpfälzer/Bayerischen Wald?

Das liegt am Baumaterial. Die Kalksteine der Juraburgen verbinden sich prima mit Kalkmörtel, besteht dieser doch aus demselben Material. Die Granitburgen im Osten lösen sich sprichwörtlich auf, denn Granit (Feldspat, Quarz und Glimmer) „vergrust", d. h. er bildet „Brösel". Das macht die Fugen instabil, die Burg verfällt. Viel schlimmer als Verwitterung war jedoch der Mensch, der in den Quadern der Burgen willkommenes Baumaterial sah.

Blick vom Burgberg auf den Helfenberg (hinten rechts)

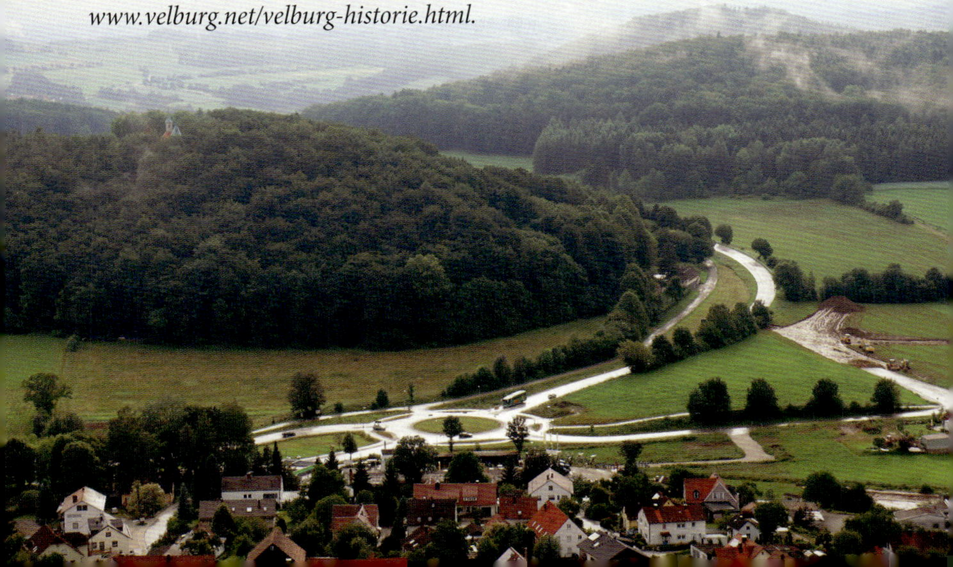

TOUR 2

VELBURG – HOHLLOCH – KÖNIG-OTTO-TROPFSTEINHÖHLE:

DAS RÄTSEL UM DEN GEHEIMEN FLUCHTWEG VON DER BURG

9 KM / 3 H */ 223 HM

*Zusatzzeit einplanen für diverse Höhlenerkundungen

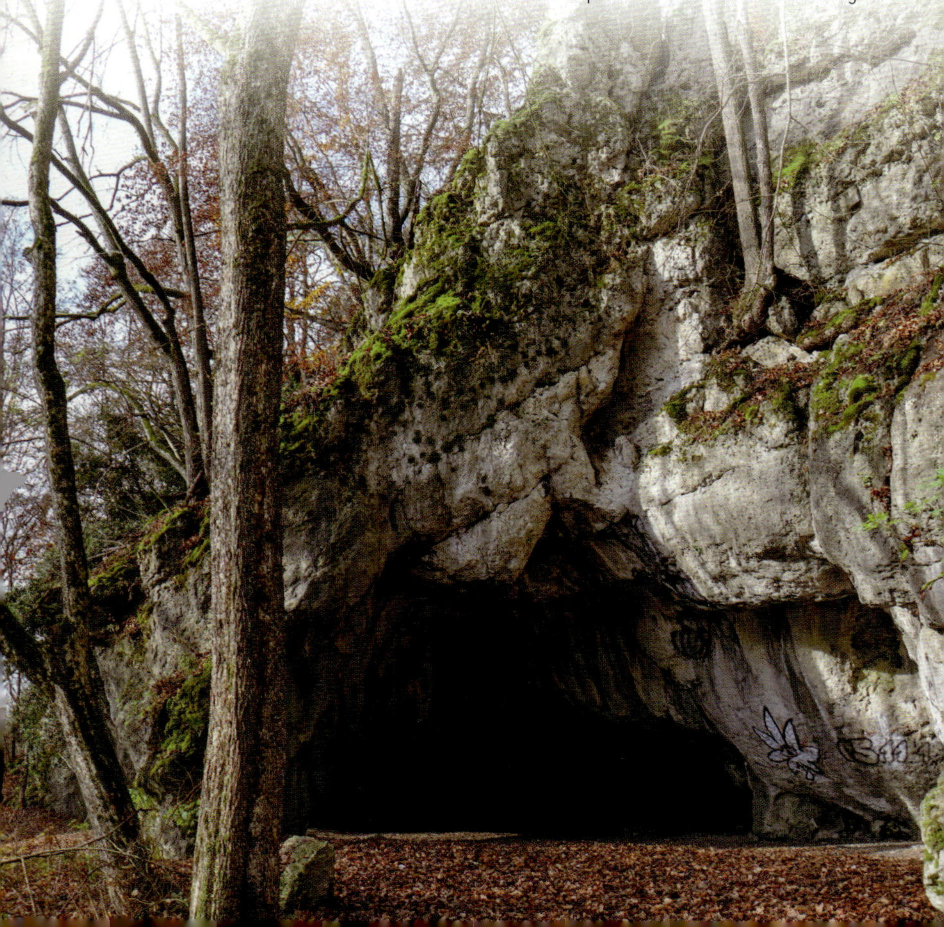

Mitte der 70er-Jahre machten sich zwei tatendurstige Velburger Grundschüler zum Großen Zigeunerloch auf. Sie waren entschlossen, mit einer 1,5-V-Taschenlampe namens „Funsel" bewaffnet, dem Burgberg das letzte große Geheimnis zu entreißen: der sagenumwobene Tunnel zwischen Burg Velburg und besagter Höhle. Im hinteren, oberen Teil entdeckten die beiden Burschen einen vielversprechenden lehmig-schmierigen Gang von ca. einem Meter Länge (also mindestens gigantische 100 Zentimeter!). Aber schon bald reichte das Licht der Lampe nicht mehr aus, um weiter vorzudringen. Das war gut, denn der Mut hatte die beiden Möchtegernspeläologen inzwischen verlassen.
Wenn Sie den geheimen Tunnel finden, dann melden Sie sich bitte beim Autor!
Tunnel hin oder her: Diese Tour ist reich an vielen weiteren Top-Sehenswürdigkeiten!

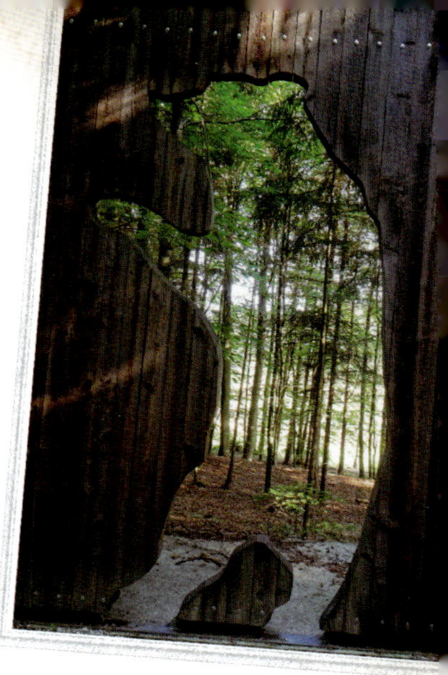

Der Höhlenbär lebte einst in der König-Otto-Höhle.

WEGBESCHREIBUNG:

❋ Start: Vom Parkplatz der **König-Otto-Tropfsteinhöhle** geht es auf der Anfahrtsstraße zurück und in den Ort. Gegenüber Hausnummer 6 links zwischen den zwei Scheunen, dann auf den Feldweg. ❶ Die **Asam-Kirche St. Colomann** sehen Sie nun vor sich. Nach kurzer Besichtigung (Türe in den Sommermonaten meist offen, Gitter zu) zurück zur Anfahrtsstraße.

❋ Überqueren Sie nun – den „Schlaufenweg-König-Otto" Schildern folgend – die Hauptstraße und gehen 20 Meter bis zum Feldweg. Dort in den Wald hinein. ❷ Folgen Sie den Schildern bis zur Höhlenbä-

INFO:

Anfahrt: A3, Ausfahrt Velburg → Velburg → der Beschilderung nach 92355 Sankt Colomann bzw. zur Höhle folgen.

Parken: Parkplatz König-Otto-Höhle/Hochseilgarten (Navi: 92355 Velburg, Sankt Colomann)

Alternative Einstiege: Wanderparkplatz Burgberg ❹, St. Wolfgang ❼

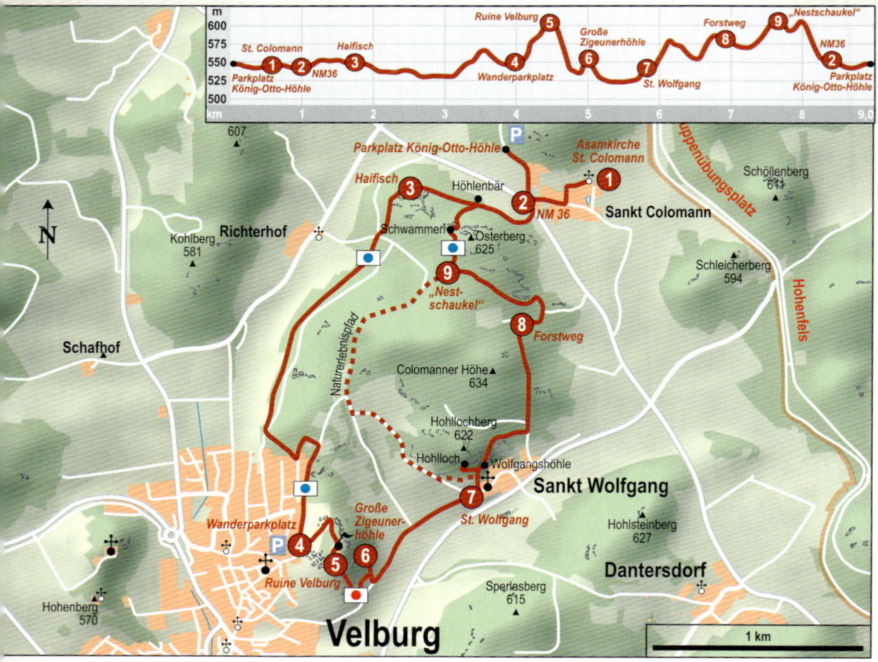

SAGENHAFTES:

In der ganzen Oberpfalz gibt es Riesengräber, Gräber von Menschen, die knapp zwei Meter groß gewesen sein müssen (was heute einer Größe von ca. 2,20 bis 2,30 Meter entspräche). Im Velburger Grundbuch von 1725 wurde offiziell vermerkt, dass Amberger weit in den benachbarten Razenberg einstiegen, um dort Höhlen und Lagerplätze zu finden – sowie die Gebeine einer Riesin. 2,20 Meter soll sie zu Lebzeiten gemessen haben.

renskulptur, einer gigantischen Laubsägearbeit. Jetzt gehen Sie eben, im Linksbogen auf dem Walderlebnispfad/ weiter.

Nach kurzer Gehzeit zweigt nach links ein Weg zu Station 13 mit „Erdmännchen", „Haifisch" und anderen Phantasiegebilden ab. Zurück beim wandern Sie nun bis Velburg 3. Beim letzten (oder ersten) Haus der Kleinstadt angekommen wenden Sie sich nach links: Möglichkeit 1: links am Wegweiser vorbei durch den Hohlweg. Möglichkeit 2: rechts am Schild vorbei, Abkürzung auf Trampelpfad (Neudeutsch „Single-Trail". (**Kontrolle**: schmiedeeisernes Kreuz auf halbem Weg)

Sie erreichen die Fahrstraße. Diese führt wellig bergab Richtung Velburg. Mit zum Wanderparkplatz links ❹. Überqueren Sie den Wanderparkplatz. Aufstieg zur Burg. Es gibt mehrere Wege. Nach oben ist immer richtig! Burgbesichtigung mit Blick vom Turm ❺! Toller Blick über die Kuppenalb.

❋ Unterhalb der Burg zum Gipfelkreuz. Wenn Sie mit Blick auf Velburg fünf Meter oberhalb dieses Kreuzes stehen, zweigt nach links ein Saumpfad ab. Sie stoßen dann auf die „Alte Buche", die man ungefragt zum Kraftort Nr. 2 erklärte. Nach der Buche macht der Weg einen Rechtsbogen. Steht man unterhalb der Buche, zweigt ein weiterer Trampelpfad links hinab ins Tal zum Kraftort Nr. 3, „Der Pfad", ab. Gehen Sie jetzt auf ● nach links weiter.

❋ Sie „unterwandern" jetzt ein Kalkriffamphitheater. Bei Erreichen des Gehölzes treffen Sie rechts auf ein Holzhäuschen. Gehen Sie zunächst daran vorbei zur Gabelung: Der linke Weg führt im Linksbogen bergauf zur **Großen Zigeunerhöhle** ❻ oberhalb des Amphitheaters. Finden Sie den Geheimgang zur Burg Velburg? Nach der Exploration zurück zum Holzhäuschen!

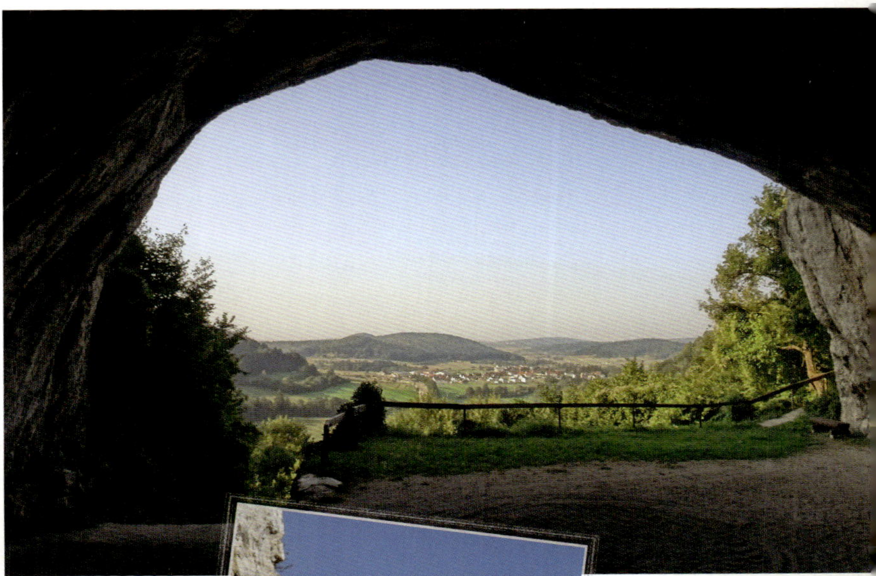

Ein morgendlicher Blick in die Kuppenalb aus dem sagenumwobenen Hohlloch.

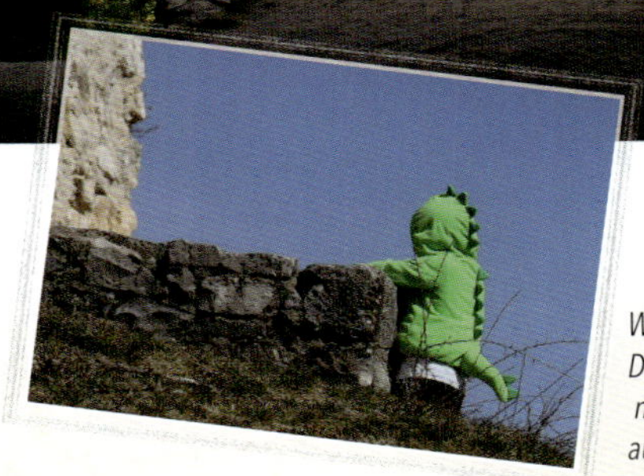

Wer dachte, die Dinosaurier seien mit dem Jurameer ausgestorben, der irrt!

An diesem vorbei führt ein kleiner Pfad zur Straße. Der Anblick von St. Wolfgang und Hohlloch entschädigt für 700 Meter Asphalt.

❋ **St. Wolfgang** ❼ (Türe im Sommer meist offen, Gitter zu). 10 Meter vor der Kirche stehend sehen Sie links einen Pfad, der durch eine Büscheböschung hindurch steil hinaufführt. Nach 70 Metern treffen Sie auf den schon etwas breiteren Pfad, der von rechts aus St. Wolfgang heraufführt.

❋ Biegen Sie hier aber nach links ab und wenige Schritte später nach rechts. Folgen Sie dem kurzen Weg zur **Wolfgangshöhle**. Diese ist sehr interessant für Nachwuchshöhlenforscher. **Vorsicht**: hohe Stufen in der Höhle! Nur mit Stirnlampe (und Helm!). Nach vollständiger Erkundung der Wolfgangshöhle gehen Sie – mit dem Gesicht zur Wolfgangshöhle stehend – nach links. 80 Meter Kraxelei (Trittsicherheit! Schwindelfreiheit nicht erforderlich!) auf den Kalkfelsen bis zum Durchlass zum **Hohlloch**. Dort Gruppenfoto auf den Stufen?! Wenn Sie den sicheren Weg zum „Schwammerl" gehen wollen, dann vom Hohlloch aus auf dem Pfad weiter, der zur Forststraße führt. Via dieser und Lehrpfad (gut beschildert) bis → ❾ gehen.

❋ Wer „wild" gehen möchte: auf vorheriger Kraxelei zur Wolfgangshöhle zurück. Am Nordeck der Höhle finden Sie einen „Mini-Stützpfeiler". An diesem vorbei und 400 Meter, bis Sie auf den Forstweg (nicht Feldweg auf halber Strecke!) treffen, der aus St. Wolfgang heraufführt. Hier links, bergauf. Nur 50 Meter später Y-Gabelung. Sie halten sich halbrechts-geradeaus: Waldweg statt Forststraße.

Vom Turm der Burg aus blickt der Wanderer nach Velburg hinunter (und hinüber zur Herz-Jesu-Kirche).

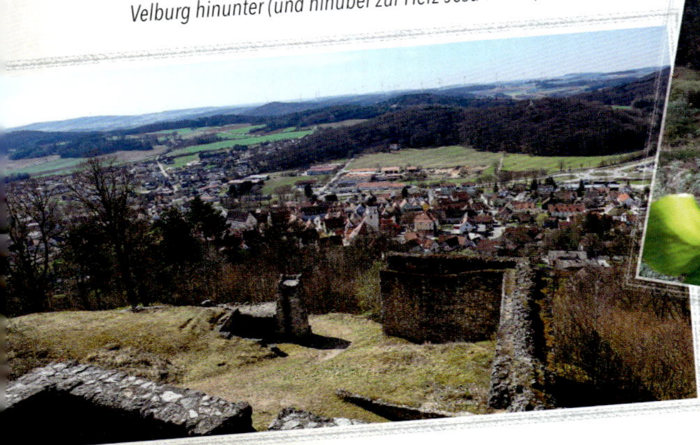

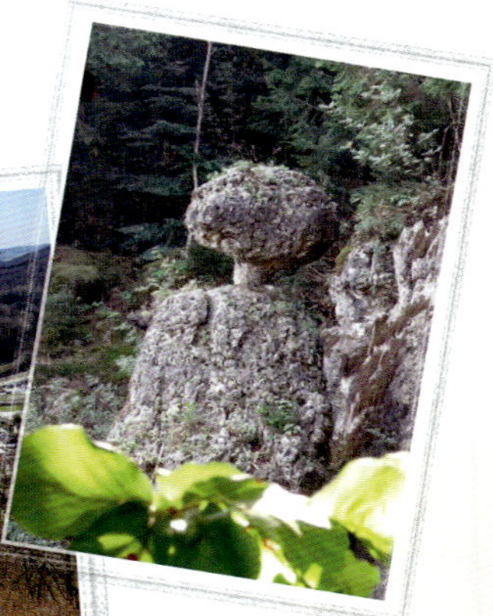

Der „Schwammerl" ist ein Relikt des Jurameers.

❋ Nach 500 Metern stoßen Sie erneut im T auf einen Forstweg. Sie gehen rechts, leicht bergab und folgen diesem Forstweg in einem 100-Meter-180°-Bogen, bis Sie die große Lichtung in 60 Metern Entfernung links vor sich sehen. Der Weg (200 m), der Sie mit leichtem Rechtsdrall auf die Schulter des Osterbergs bringt, ist anhand seiner leichten Vertiefung im Gelände gerade noch erkennbar. 8

❋ Oben angekommen, T-Kreuzung: rechts! 10 Meter später Y-Gabelung: halblinks. Dieser ebenfalls nicht besonders deutliche Buchenwaldweg führt unterhalb des Kalkriffkamms des Osterbergs zurück zu den offiziellen Wanderwegen 9 (**Kontrolle**: Nestschaukel). Hier nach rechts auf [●] bis zum Schwammerl. Danach Abstieg zum Höhlenbären 4 und zurück zum Parkplatz.

SEHENSWÜRDIGKEITEN:

❋ **König-Otto-Tropfsteinhöhle/Hochseilgarten** „Erlebniswelt Velburg", 92355 Velburg, St. Colomann, www.erlebniswelt-velburg.de, info@erlebniswelt-velburg.de, Tel. 09182 / 466

❋ **Schwammerl-Felsen**: Vor knapp 200 Mio. Jahren entstanden. Durch Verwitterung aus einem ehemaligen Rifffelsen im flachen Teil des Jurameers herausgebildet. Größe der Säule 4 x 5 x 8 Meter.

❋ **Burg Velburg**: siehe Tour 1

❋ **St. Wolfgang:** 1467 unter Einbeziehung älterer Teile errichtet, Renovierung 1961. Besonders wertvoll sind die spätgotischen Flügelaltäre aus dem späten 15. Jahrhundert. Wegen der einst blühenden Wallfahrt „Altötting der Oberpfalz" genannt.

GUT ZU WISSEN:

Hohlloch und König-Otto-Tropfsteinhöhle sind Phänomene des Karsts. Bei Ersterer handelt es sich um eine Schwemmhöhle, d. h. die Struktur wurde im Riffkalk angelegt, die eigentliche Bildung des Hohlraums entstand vor allem durch Wasser von außen, z. B. durch anbrandendes Wasser. Tropfsteinhöhlen entstehen im Untergrund durch langsame Zersetzung des Kalkgesteins durch einsickerndes Grundwasser, welches Säuren (CO_2, Huminsäure (aus Pflanzen) etc.) enthält. Das ist Karies im Berg! Klüfte weiten sich im Lauf der Zeit zu Hohlräumen.

Bei der Tropfsteinbildung wird Kalk erneut angelagert.
Merke: StalagTiten hängen von der Decke, StalagMiten wachsen vom Boden nach oben. Stalagtiten sind schlank, mit einer Röhre in der Mitte (zufließendes Wasser). Stalagmiten sind wesentlich breiter. Wachsen die beiden zusammen, werden sie Stalagnaten genannt, wofür sie sich sehr geschmeichelt fühlen.

Das Besondere an der Velburger Tropfsteinhöhle ist der Knöpfchensinter, auch „Blumenkohlsinter" genannt, der unter Wasser entsteht. Bis zu einem Erdbeben, bei dem das Wasser entwich (und ein Teil der Decke herabstürzte), stand die Große Adventhalle unter Wasser, wo sich besagte seltene Karstformation ausbilden konnte.

GASTRONOMIE:

siehe Tour 1 (Lengenfeld-Velburg)

TOUR 3

LUPBURG – SEE

EINTRÄCHTIG DURCH DAS LAND DER RAUBRITTER

10,5 KM / 3 H / 227 HM

Als ich einmal einem Parsberger Freund erzählte, ich sei in Lupburg gewandert, meinte er nur leicht ironisch: „Altes Raubritternest!" Erst da wurde mir klar, wie räumlich nah sich die beiden Burgen Parsberg und Lupburg sind. Kann es dann sein, dass zwischen Parsbergern und Lupburgern eine Beziehung im Stil von Oberpfalz und Franken oder Köln und Düsseldorf besteht?

Ist man auf dieser Route – nach etwas Freistil-Querwaldeinwanderei – im wunderbaren Tal der Schwarzen Laber angekommen, sind diese Fragen unerheblich. Hier stört kein trüber Gedanke, kein lautes Gefährt, kein hektischer Alltag. Sind wir dann, hinter See, im Kreise unserer Gefährten auf dem Rückweg, liegen die beiden Burgen einträchtig vor uns.

Höhepunkt ist die Lupburgbesteigung am Schluss. Großartige Aussichten – sowohl auf Parsberg als auch auf eine versöhnliche Gipfelhalbe.

Blick auf Lupburg

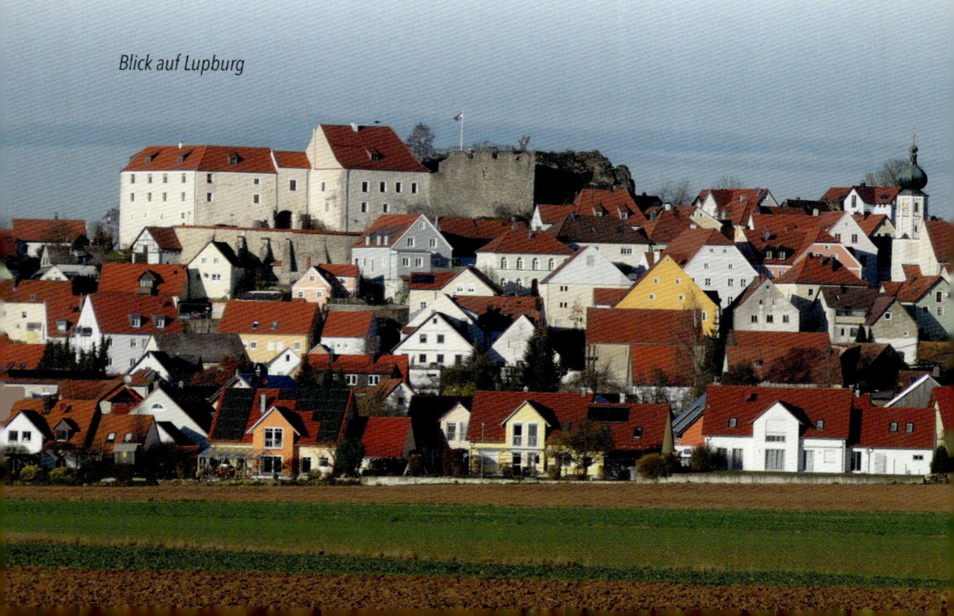

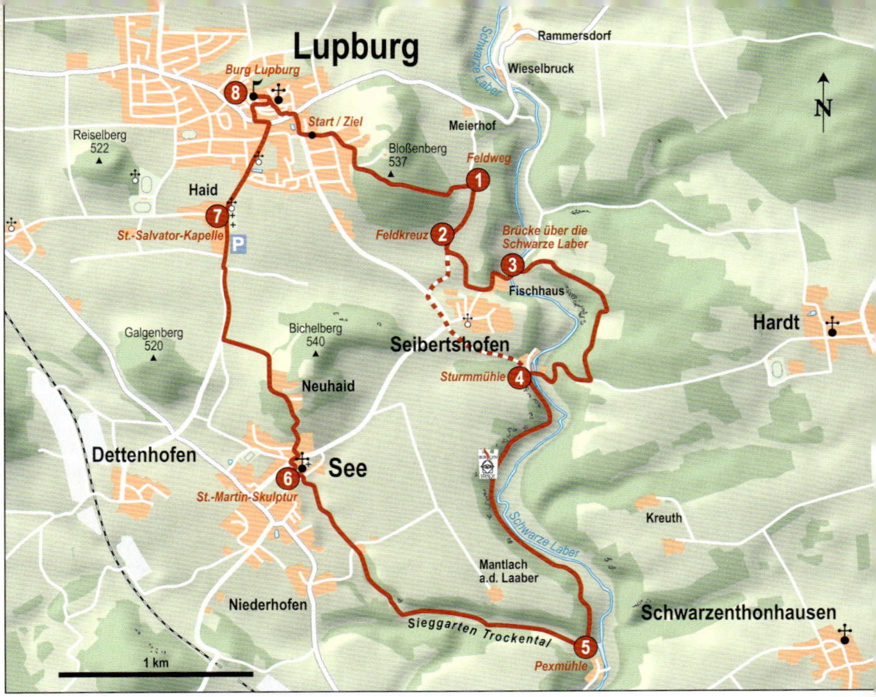

WEGBESCHREIBUNG:

Start im Bloßenbergweg, bloß weg vom Ort. Dem Straßenverlauf leicht bergauf folgen. *Nach* der Rechts-Abzweigung der Jurastraße weiter halbrechts auf dem Bloßenbergweg. Im Wald angekommen an der dreifach-Y-Gabelung halbrechts (leicht bergauf. Sie nehmen nicht den Weg bergab, nicht den Weg zum Gipfel (dort Sendemast).) **Kontrolle**: Im Gipfelbereich streifen Sie drei Schonungen zu Ihrer Linken.

INFO:

Anfahrt: A3, Ausfahrt Parsberg → Parsberg → vorher nach Lupburg abbiegen

Parken: Im Bloßenbergweg (Navi: 92331 Lupburg, Bloßenbergweg 1), am Straßenrand gegenüber Metzgerei & Metzgerstüberl Hecht.
Alternative: an der Friedhofskapelle in Haid. 7
(Navi: 92331 Lupburg, Haid 1)
(Die Burgbesteigung wird dann zum ersten Höhepunkt der Tour!)

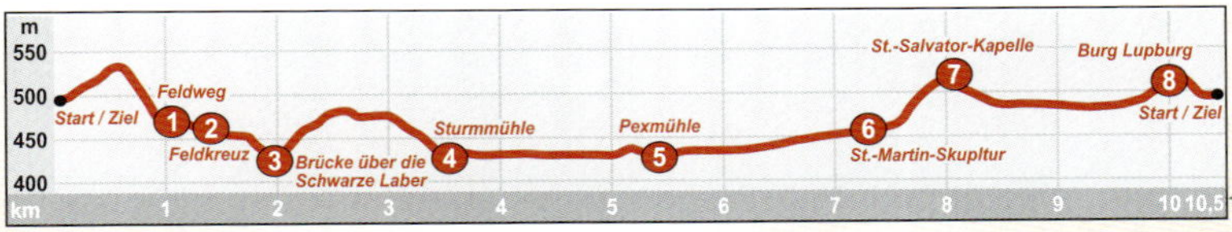

GASTRONOMIE:

(in 92331 Lupburg)

Metzgereistüberl Hecht
Blossenbergweg 1,
service@metzgerei-hecht.de,
09492 / 288

Gaststätte Gabler
Hohenfelser Straße 2

Gasthaus Pöppel
Burgstraße 4,
09492 / 230

(in 92331 Lupburg/See)

Gasthaus Mirbeth
Kirchweg 11,
09492 / 1293

❁ Der Abstieg auf der Südostseite ist kaum mehr als Weg erkennbar. An der zweiten Weiß-Rot-Stange rechts am Unterholz vorbei. Fast unten angekommen – aber noch im Wald – kurz links zum Waldrand und via Single-Trail-Trampelpfad am Hain vorbei zum Schotter-Feldweg. Auf diesen rechts einbiegen, Richtung Seibertshofen. (1)
Wenn Sie auf den nächsten Kilometern keinen unbefestigten, unmarkierten Weg gehen möchten, dann ingnorieren Sie diese Abzweigung, gehen weiter bis Seibertshofen und von dort auf Asphalt zur Sturmmühle (siehe Verkehrsschild) hinab. → (4)
❁ Sie passieren auf dem Schotterweg rechter Hand ein Eisenmarterl (Feldkreuz) und links eine Hecke (2). Knapp 50 Meter danach biegen Sie nach links in den nicht besonders ausgeprägten Feldweg ab. Dieser bringt Sie im Rechtsbogen an das Feld unterhalb **Seibertshofen**. Unterhalb der Ortschaft angekommen nicht dem Weg nach rechts weiter folgen, sondern 90° nach links – Trampelpfad zwischen zwei Feldern – zu einem vernachlässigten, kleinen Haus bzw. zur Brunnstube (holzvertäfelt).

Blick über die Lupburger Burg nach Parsberg hinüber

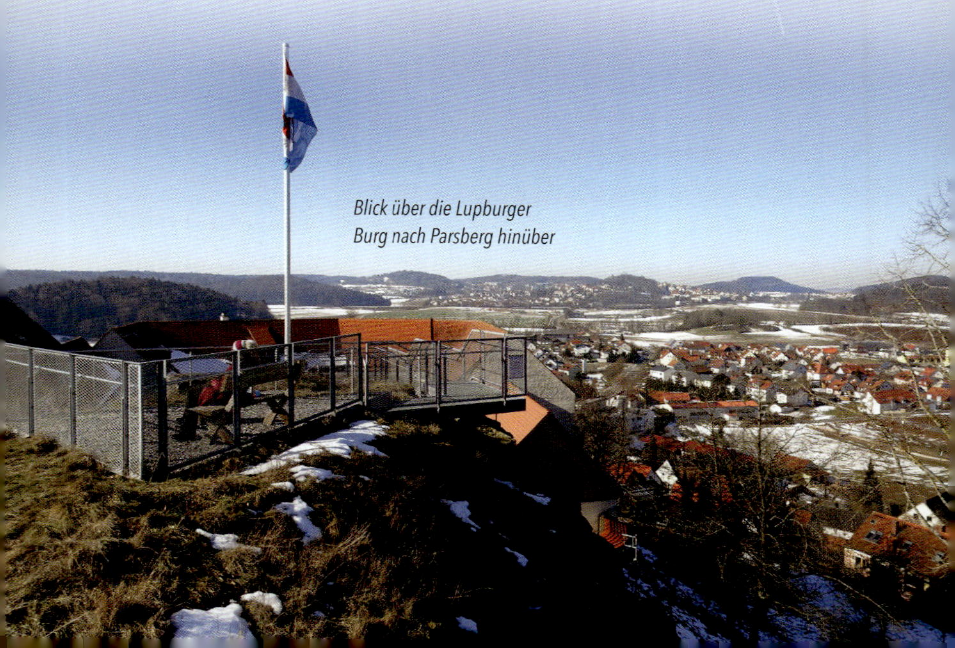

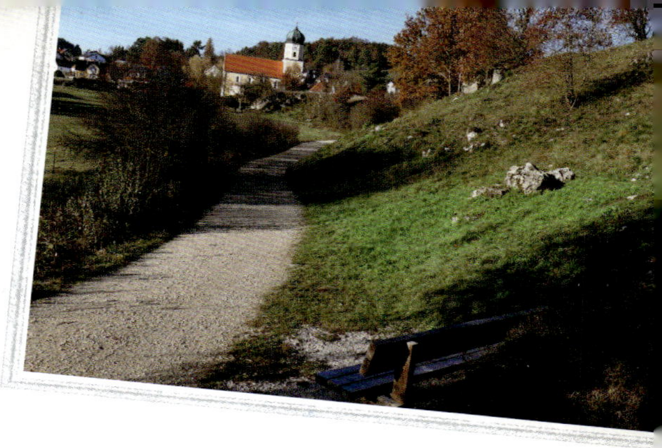

❊ Abstieg auf Teerstraße zum **„Fischhaus“** ❸. (Der direkte Weg zwischen Fischhaus und Sturmmühle führt über Privatgrund und ist komplett überwuchert. Keine Option.) Über die Schwarze-Laber-Brücke, dann – am Hinweisschild *Gasthaus Wagner 300 m* – nach rechts auf den kleinen Bergauf-Waldweg abbiegen. Nach 200 Metern, bevor der Weg „das Freie betritt“, zweigt nach halbrechts ein unscheinbarer, vergessener Weg ab. Diesen schlagen Sie ein. (**Kontrolle**: Nach wenigen Metern müssen Sie den Kopf unter den Ästen einer Fichte einziehen – oder ins Gras ausweichen.) Weiter auf diesem Weg. **Kontrolle**: Knapp 100 Meter Lichtung zur Linken, knapp 100 Meter Wald (alte, bemooste Kalkstein-Wegeinfassung zur Rechten). Bei der nächsten Lichtung zur Linken auf halber Strecke nach rechts in den schmalen Waldweg einbiegen, an der nächsten Y-Gabelung im Wald halbrechts, leicht bergab halten. Sie stoßen dann auf eine undurchdringliche Schonung. Hier kurz nach rechts „wild“ absteigen. Nach etwa 50 Metern – am Eck der Schonung – beginnt nach links, leicht bergauf, ein Saumpfad, der Sie auf 400 Meter an der Trogkante (oberer Rand des Tals) zu einem Flurweg am Waldrand bringt (**Kontrolle**: Stromleitung ins Tal). Folgen Sie diesem Weg via Kehre bis zur Mühle ins Tal.

❊ Nach der Brücke, in Sturmmühle angekommen, nach links ins Tal der Schwarzen Laber (auf Burgensteig) abbiegen. Diesem Weg folgen Sie knapp zwei Kilometer ❺. Ca. 100 Meter **vor** Ankunft in Pexmühle (man sieht bereits die Häuser hinter der Rechtskurve) an der T-Kreuzung nach rechts ins **Sieggarten-Trockental** (geschotterter Radweg).

❊ Nach knapp einem Kilometer Gabelung. Hier nach rechts abbiegen. Die Häuser von **Niederhofen** werden bereits sichtbar. Dem Weg bis (Ortschaft) **See** folgen.

SAGENHAFTES:

Steigt man von Neuhaid herab, sieht man links vor sich den Galgenberg und bei Lupburg und Parsberg den Reiselberg. Hier sollte nachts nur unterwegs sein, wen vor einem Tête-à-Tête mit dem Geist der Wirtschafterin der Burg Lupburg nicht gruselt. Sie war es, die aus Geiz eine ihrer Mägde mit ihrem Schlüsselbund erschlagen hatte (die Schlösser und Schlüssel waren wohl etwas größer seinerzeit).

...

(Fortsetzung S. 27)

❋ Wenn die Kirche geschlossen ist (sehr wahrscheinlich), bleibt die St.-Martin-Skulptur auf dem Parkplatz zur Besichtigung. Anschließend biegen Sie nach rechts in den Kirchweg (Hauptstraße nach Seibertshofen) und 30 Meter nach dem „blauen" Gasthaus Mirbeth in „Am Bichlberg". Nach Hausnummer 4 weiter steil bergan. Folgen Sie dem Forstweg an Hirtberg und Neuhaid vorbei über den Bichlberg. Unterhalb Neuhaid erblicken Sie nun sowohl Lupburg als auch Parsberg. (Siehe „Sagenhaftes") Auf dem kombinierten Fahrrad-Fußgängerweg erreichen Sie die Kapelle von Haid (7) und etwas später Lupburg.

❋ In der Hohenfelser Straße angekommen auf dieser nach links, kurz später auf Fußweg zur Burg (bei Haus Nr. 6). Gehen Sie durch die Burg bis auf den Gipfel des Kalkfelsens. Ganz oben Picknickstation mit Aussicht auf „Gipfelhalbe" und Parsberg. Über Burgstraße an der Kirche vorbei Abstieg-Fußweg zur Hohenfelser Straße. Dann zum geparkten Auto.

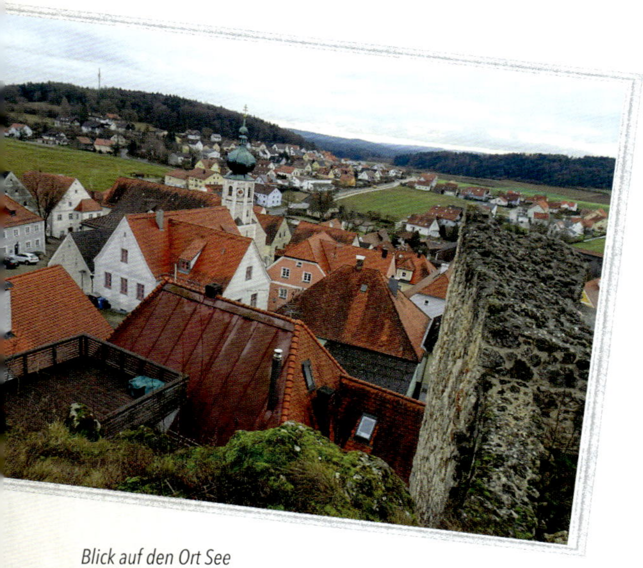

Blick auf den Ort See

SEHENSWÜRDIGKEITEN:

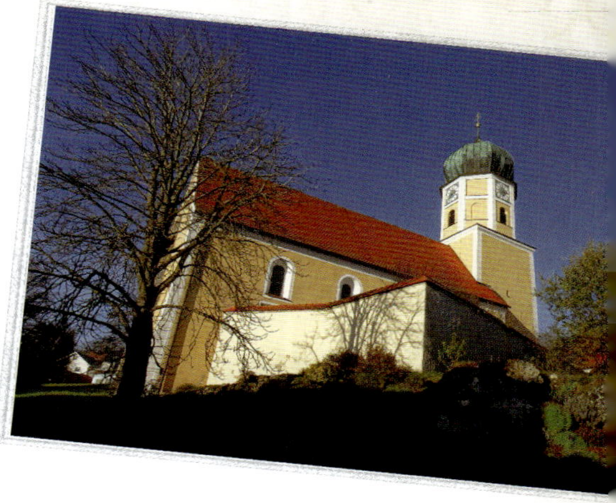

Die Kirche von See ist dem Heiligen Martin geweiht.

❋ **Sturmmühle**: Letzte Mühle an der Schwarzen Laber im Landkreis Neumarkt. Zwei unterschlächtige Wasserräder für Mühlen- bzw. Sägenbetrieb. Beide nicht mehr in Betrieb.

❋ **See, Pfarrkirche St. Martin** 6: Wurzeln in der Gotik (Chorturm), im 17. und 19. Jahrhundert erweitert und umgebaut.

❋ **Haid, Friedhofskapelle St. Salvator** 7: Ursprung in der Romanik, Umbauten 1598 und 1824.

❋ **Burg Lupburg** 8: Erste Erwähnung eines Ludewicus de Loupurc im Jahr 1129. Übte im 12. Jahrhundert die niedere Gerichtsbarkeit (Vogtei) des Regensburger Klosters St. Emmeram aus und kontrollierten die Königsstraße im Labertal. Trotz dieser Stellung gelang es nicht, einen bedeutenden Herrschaftsbereich auszubilden. Verfall der Anlage nach 1806. Sanierung und teilweiser Wiederaufbau durch die öffentliche Hand um die Jahrtausendwende. Ganzjährig zugänglich. Tolle Aussicht mit Jausenstation am höchsten Punkt.

... Der Henker schritt dann auf dem Galgenberg zur Tat und beförderte sie ins Jenseits – was der Dame allerdings nicht passte und was sie durch nächtliches, lautes Schlüsselklappern den verängstigten Lupburgern auch kundtat. Laut der Sage war der Henker aber auch in solchen Dingen bewandert, er packte nämlich die Untote in einen geistdichten Sack, auf welchen er dann kräftig einknüppelte. Danach entließ er sie auf jenem Reiselberg, wo die Dame noch heute klappert, wo es aber offensichtlich niemanden stört. Sie können ja mal zur Geisterstunde nachsehen ...

PARSBERG – DARSHOFEN – ADELBURG

SCHLANKE SCHÖNHEIT MIT SCHMETTERLINGEN IM BAUCH

16,8 KM / 5 H / 331 HM *

(Tour ist in zwei Hälften teilbar)

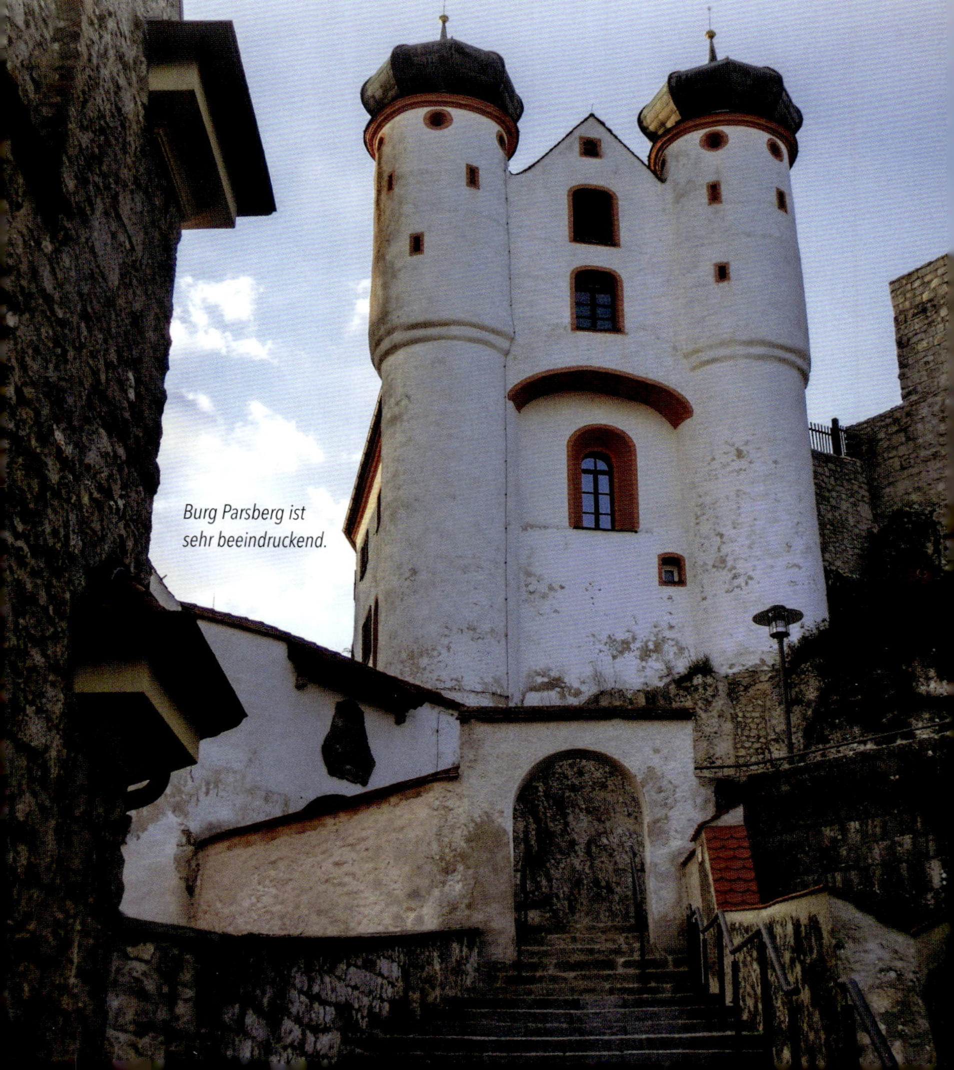

Burg Parsberg ist sehr beeindruckend.

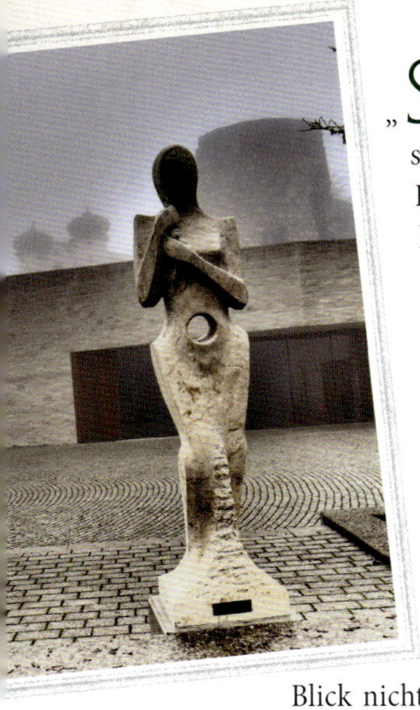

„Schmetterlinge im Bauch" lautet der Titel der schlanken Dame, die der Künstler Peter Alois Brutler aus Marmor herausgearbeitet hat, und die den Platz oben auf der Parsberger Burg ziert. Ähnlich schlank ist diese Wanderstrecke, welche die vitale Parsberger Burg mit der vergessenen Adelburg verbindet. Auch inhaltlich klingt es auf erstem Blick nicht üppig: Wir wandern an Hängen mit Magerrasen entlang, das Gebiet bei Klapfenberg hat man „Langweil" getauft. Andererseits finden wir neben Burgensteig und Main-Donau-Weg auch Abschnitte des hiesigen Malerwegs. Welchen Grund mag es dafür geben? Neben einigen geologischen „Points of interest" der lieblichen Kuppenalb ist es das malerische Gesamtensemble an Natur, vor allem im Frühjahr. Vielleicht sind ja auch ein paar Schmetterlinge dabei?

WEGBESCHREIBUNG:

❋ Start zu dieser Tour ist vom knapp bemessenen Wanderparkplatz vor **Darshofen**. In der Kurve treffen Sie auf Schotterweg mit Burgensteig, Main-Donau-Weg sowie Malerweg. Durch das Tal der Schwarzen Laber geht es bis zum Kunsthof in Klapfenberg kurz vor der Kirche (2,5 km). Scharfe Linkskurve in den Gastelshofer Weg und dem Ritter Wonnebold

INFO:

*** Varianten:**
Route teilbar in zwei Hälften:

1. Darshofen-Adelburg und zurück:
10 km / 2:45 h / 165 Hm
2. Darshofen-Parsberg und zurück:
7 km / 2:15 h / 166 Hm

Anfahrt: A3, Ausfahrt Parsberg (94), Richtung Parsberg, an der ersten Ampel rechts Richtung Hackenhofen. An Hackenhofen vorbei, dann steil hinunter zur Steinmühle. An der Staatsstraße rechts und nach 450 Metern wieder nach links Richtung Darshofen. Alternativ nach Parsberg.

Start/Parken: Wanderparkplatz an der Kurve vor Darshofen (Navi: 92331 Parsberg, Parsberger Straße 9) (Parken alternativ im Ort Darshofen).
alternativer Start: Parsberg (Parken im Ort, z. B. Parkhaus an der Hohenfelser Straße).

ÖPNV: Agilis, stündliche An- bzw. Abfahrt, Fahrplan unter www.bahn.de. Die Tour erweitert sich dadurch um ca. 2 x 500 Meter.

GASTRONOMIE

(in 92331 Parsberg):

Burgcafé Parsberg
Burgstraße 22,
www.burgcafe-parsberg.de,
09492 / 165388 (immer sonntags ab 13.30 geöffnet)

Restaurant Hirschkönig
(Gourmet!), Marktstraße 1a,
www.hirschenhotels.com,
09492 / 606 333

Zum Goldenen Kreuz
Marktstraße 12,
09492 / 905210

Taverne Korfu
Singerstraße 22,
www.taverne-korfu.de,
09492 / 5023

A&S
Zum Mallersdorfer Grund 22,
09492 / 6011337

(Burgensteig) zum Gipfel des Kellerbergs mit den **Resten der Adelburg** folgen (1,9 km).

❋ Burgbesichtigung. Abstieg auf der gegenüberliegenden Seite auf Burgensteig. (Wenn Sie den moderaten „verlorenen Pfad" nicht gehen möchten, dann biegen Sie an der Forststraße nach links ab und nehmen dann die zweite Abzweigung nach scharf rechts, bis Sie auf den Aussichtspunkt mit der Stafflei stoßen.)

❋ 50 Meter vor Erreichen des Waldrands finden Sie einen lange nicht mehr gegangenen Pfad zur Linken. Schlängeln Sie sich durch die Nachwuchsbuchen hindurch, um nach 350 Metern den Wald zu verlassen und nach weiteren 200 Metern mit Heckenflair auf einen Schotterweg zu treffen. Folgen Sie diesem geradeaus zur Raststelle mit der Stahlstafflei des Touristikverbands Parsberg-Lupburg. Picknickstelle mit Blick nach Eichenhofen!

❋ Ab der Stafflei 250 Meter auf der Straße links (leicht bergauf), aber **Achtung**: Nach einem kurzen

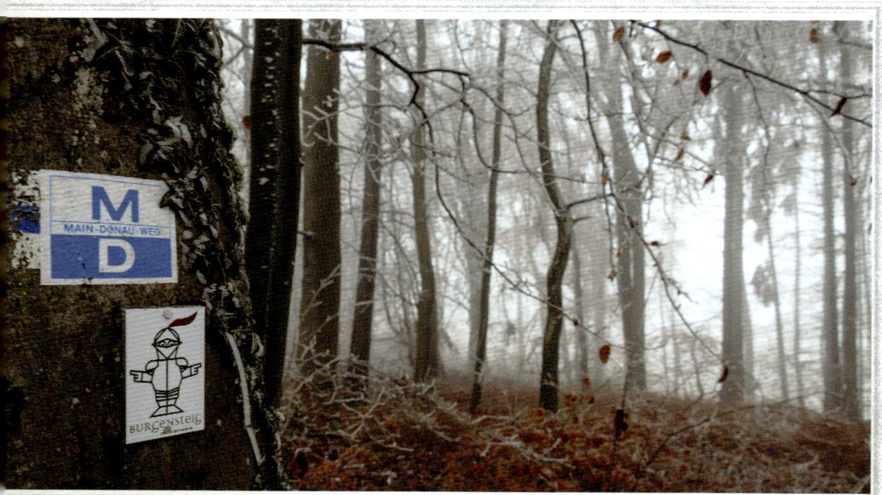

Mystischer Winterwald – und Wonnebold leitet uns.

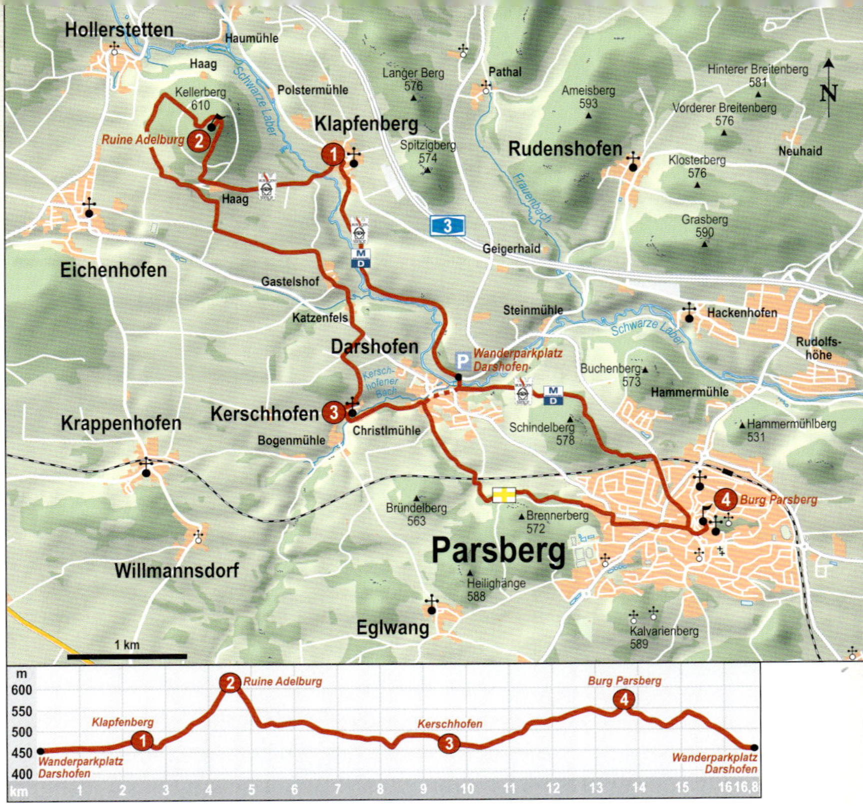

Straßenschlinger zweigt ein unscheinbarer Forstfeldweg nach rechts unten ab. (**Kontrolle**: Gegenüber steht ein Telegrafenmast mit zusätzlicher Stütze.) Diesem Weg folgen und nach knapp 300 Metern an der ersten Abzweigung im Rechts-Schwenkt-Marsch-Stil weg vom Kellerberg. (**Negativ Kontrolle**: Wenn Sie hier geradeaus weitergehen, kommen Sie wieder zum Aufstiegsweg vor Haag!)

❊ Nach einem vergleichsweise kurzen Stück an der Hecke entlang treffen Sie bei Marterl, Bank und Scheue auf eine Flurbereinigungsstraße. Diese nach links betreten und auf selbiger ein ordentliches Stück bis zur T-Kreuzung bei dem landwirtschaftlichen Anwesen mit Gänsetümpel, wo Sie dann nach rechts abbiegen und nach 250 Metern das nicht beschilderte Gastelshof (gefühlt drei Häuser) erreichen.

❊ In Gastelshof zur zweiten Stahlstafflei (Malerweg!), diesmal mit Durchblick ins Labertal. Dann Feldweg zur Rastbank und Abstieg im Rechtsbogen

GUT ZU WISSEN:

Eine typische Pflanze der Trockenhänge des Labertals ist die Küchenschelle. Schafe helfen dabei, die Hänge frei von Stauden zu halten. Wer also z. B. Juradistllamm isst, tut etwas Gutes für die Umwelt.

SAGENHAFTES

Nach einer Sage soll von Klapfenberg und Oberweiling ein unterirdischer Tunnel unter der Schwarzen Laber hindurch zur Adelsburg führen, wo die Menschen in den Dörfern Schutz vor vorbeiziehenden Truppen auf der Burg suchen konnten.

nach Weiler Katzenfels. Dort wieder hinauf und an der Fahrstraße (**Kontrolle**: Bushaltestelle Katzenfels) nach links abbiegen. Nach guten 100 Metern wieder rechts in den Feldweg – auf ein Birkenduo mit Marterl zu. Dort angekommen nach links und nach 140 Metern geradeaus auf den Rasenweg, zwischen den Feldern.

Dieser Weg bringt Sie im Rechts-Links-Bogen nach **Kerschhofen** hinunter. (Vor dem Abstieg Blick über die Kapelle zum Kerschbachtalfelsen!) In Kerschhofen biegen Sie nach der Kirche nach links auf die Fahrstraße nach Darshofen ein.

Wollen Sie die Wanderung in Darshofen beenden, dann gehen Sie durch den Ort zurück zum Auto. Andernfalls biegen Sie nach dem Gemeindehaus nach rechts in den Eglwanger Steig ein und folgen den Malerwegschildern: Nach 250 Metern geradeaus auf den Feldweg. (**Kontrolle**: Schuttabladen-verboten-Schild) Dann unter der Bahnlinie hindurch und sofort danach nach links abbiegen.

Vor dem Hain, nach nur 50 Metern, biegt der Weg erneut nach rechts ab, hinauf in den Wald. Im Wald stoßen Sie auf den Wanderweg. Biegen Sie auf indiesen nach links ein und folgen Sie ihm für knapp einen Kilometer. Beim ersten Parsberger Haus (Werkhalle o. ä.) noch ein kurzes Stück nach links im Wald weiter. Dann Ankunft in Parsberg. Via Brennenbergweg und Darshofener Straße zum Stadtzentrum.

Blick auf Eichenhofen

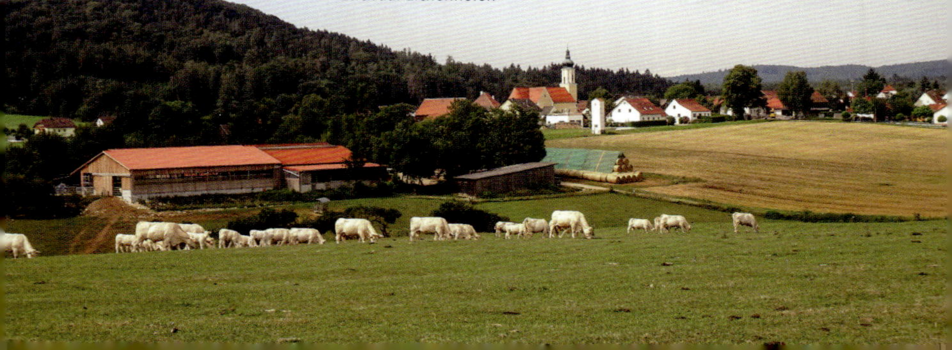

❁ Der Weg zur **Burg Parsberg** ④ geht am besten an der **Pfarrkirche** vorbei, ist aber auch ausgeschildert.
❁ Danach zurück in den Ort und am Marktplatz angekommen zwischen „Wirtsstuben" und „Apotheke" in die Dr.-Schrettenbrunner-Straße. (Ab hier wieder Burgensteigbeschilderung!) Hinunter zur Hohenfelser (Haupt-) Straße. Diese überqueren und an der Total-Tankstelle rechts vorbei entlang der breiten Velburger Straße bis zur Bahnüberquerung.
❁ Nach dieser scharf links auf den Feld-Waldpfad. Dieser ist mit Burgensteig/Main-Donau-Weg beschildert und bringt Sie zuverlässig nach Darshofen zurück!

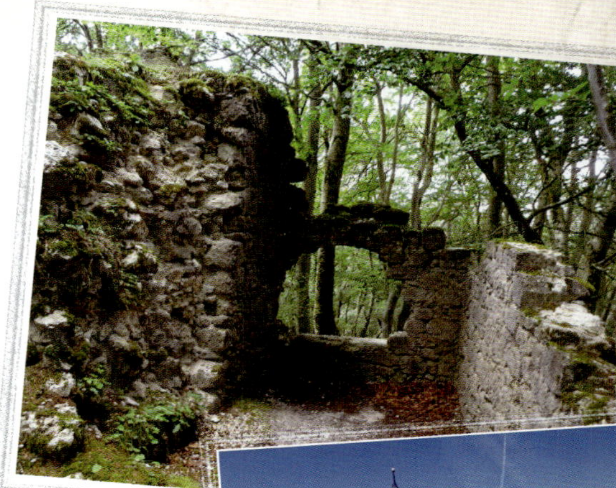

Ruine Adelburg

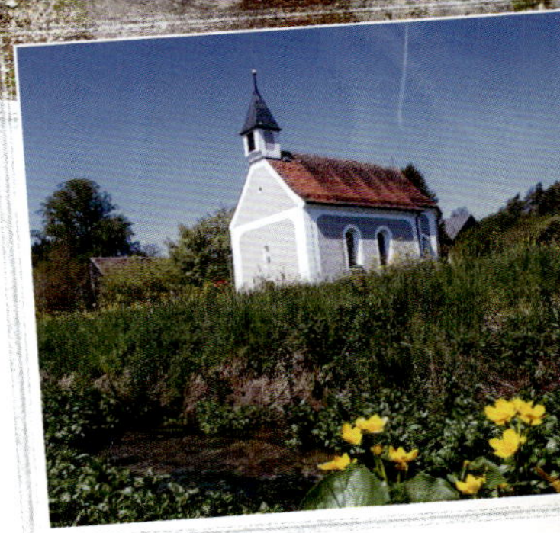

Die Kapelle von Kerschhofen

SEHENSWÜRDIGKEITEN:

❁ **Burg Parsberg**: Sitz des Parsberger Geschlechts mit erster Erwähnung 1205 als „Castrum Bartesperch". Zerstörung der ersten Burg 1315. Wiederaufbau um 1450. Heutige Form aus der Mitte des 16. Jahrhunderts. Zerstörung im Dreißigjährigen Krieg, was aber vermutlich nur für den oberen Teil (Ruine) zutraf. Amtssitz bis 1972 (Gebietsreform). Seit 1980 Sitz der Stadtverwaltung und seit 1981 Burgmuseum.
❁ **Burgmuseum Parsberg**: *www.parsberg.de/freizeit-sport/kultur/burg-museum*; E-Mail: museum@burg-parsberg.de; Tel.: 09492 / 1505
❁ **Burgruine Adelburg**: Höhenburg, erbaut im 12. Jahrhundert als Reichslehen der Staufer. Erste Erwähnung 1180. Wechselnde Besitzer, weil Handels- und Tauschobjekt („Ich gebe dir eine Burg und du kriegst dafür vier meiner Mätressen" oder so). Mehrmalige Zerstörung im 15. und 16. Jahrhundert. Was soll da noch übrigbleiben?

TOUR 5

BERATZHAUSEN – MINICANYON GOLDENE HAUBE – BURGRUINE EHRENFELS – BURGSTALL ALTE BURG-KOHLMÜHLE – BURGSTALL HOHER FELSEN

EINE GROSSARTIGE „DA-IST-FÜR-JEDEN-WAS-DABEI“-RUNDWANDERUNG

10,5 KM / 3,5 H / 277 HM

Burgruine Beratzhausen

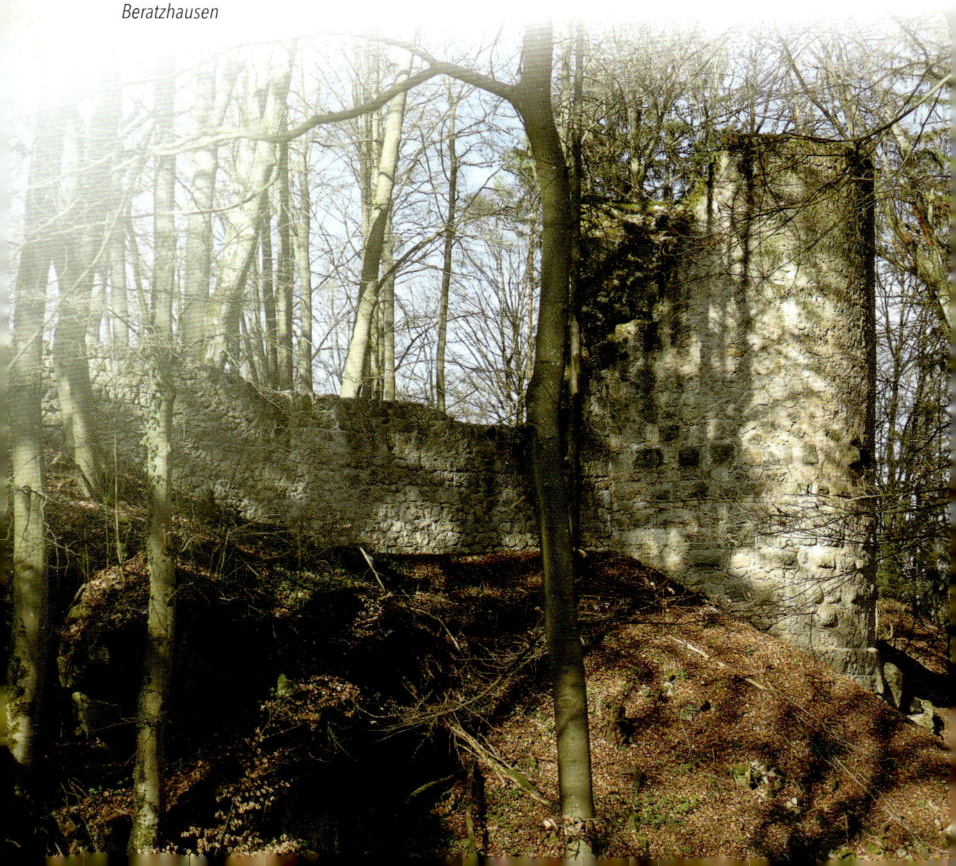

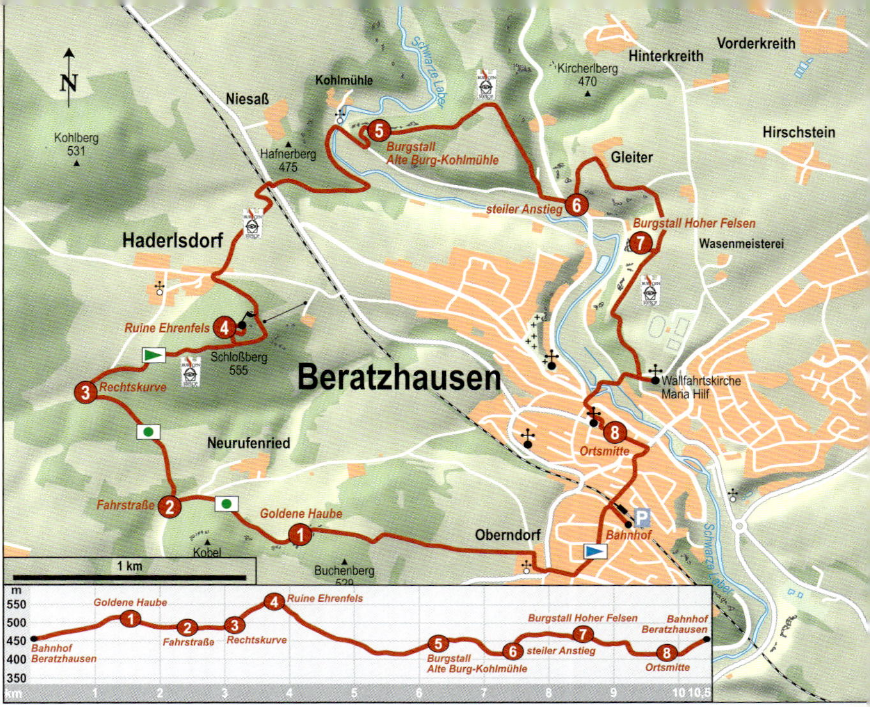

Als ich – noch vor dem Ausbruch meiner Wanderleidenschaft – meinen Beratzhausener Cousin nach der Burgruine Ehrenfels befragte, kam nur ein achselzuckendes „Ach, nichts Besonderes. Bisschen was liegt noch rum." Kurz darauf nahm ich die Ruine in Augenschein und stellte fest, dass er für meinen Geschmack untertrieben hatte. Die Zahl der Steine ist zwar sicherlich stark geschrumpft, aber das gesamte Burgareal mit dem kariösen Turm, dem kleinen Torbogen sowie den Wallanlagen ist doch sehr imposant – und immer ein lohnendes Wanderziel und Fotomotiv sowie eine geniale Picknickstelle.

Nimmt man noch die versteckte „Goldene Haube" sowie die zwei Burgställe Kohlmühle und Hoher Felsen sowie die wunderbare Landschaft des Jura und der Schwarzen Laber hinzu, hat man alles, was ein tolles

INFO:

Anfahrt: Autobahn A3, Ausfahrt Beratzhausen → Beratzhausen, durch den Ort bis zum Bahnhof im Ortsteil Oberndorf

Start: Bahnhof Beratzhausen (Navi: 93176 Beratzhausen, Bahnhofstraße 31. *alternativer Start*: Marktplatz

ÖPNV: Agilis, stündliche An- bzw. Abfahrt, Fahrplan unter *www.bahn.de*

GASTRONOMIE:

(in 93176 Beratzhausen)

Gasthof Paulus
Marktstraße, 09493 / 732

Café-Bäckerei Seidl
Marktstraße 25, 09493 / 784

Café-Bäckerei-Konditorei Baur
Kirchplatz 1, 09493 / 749

Aubergine Döner Grill Haus
Marktstraße 4,
09493 / 9594885

Gastronomie außerhalb:

Landgasthof Rechberger Hof
Leonhard-Nübler-Straße 5,
93176 Rechberg,
09494 / 1553,
www.rechberger-hof.de,
info@rechberger-hof.de

Landgasthof/Pension Friesenmühle
Friesenmühle 1, 93176
Beratzhausen, 09493 / 735,
www.friesenmuehle.de,
info@friesenmuehle.de

GUT ZU WISSEN:

Das Wort „Zehent" (Zehnt, Zehnter, Zehend, usw.) in Zehentstadel (siehe Sehenswürdigkeiten Beratzhausen) bezeichnet die Abgabe von Geld oder Naturalien an Kirche oder König in Form von Naturalien. Der zehnte Teil eines erwirtschafteten Guts wurde abgetreten und in Gebäuden gelagert, dem Zehentstadel.

(Familien-)Wandererlebnis ausmacht. Wem das noch nicht reicht, der geht bei Vollmond-Mitternacht zur Burg. Gruselgarantie!

WEGBESCHREIBUNG:

Sie starten am Bahnhof, wo Sie Ihr Auto geparkt haben. Vom Bahnhof weg nach oben (Ortsteil Oberndorf) folgen Sie der Lindenstraße knapp 400 Meter, bis diese am Haus Nr. 14 nach rechts abzweigt. Der OWV W72 ▶ geht geradeaus weiter (Buchenstraße). Sie sind jetzt ohne Markierung unterwegs! 100 Meter Lindenstraße.

Die Staatsstraße / Hemauer Straße schräg nach links zum Pappelweg überqueren. Vor dem knallroten Wirtschaftsgebäude nach rechts dem Schotterweg folgen, am Ende des Gründstücks – nach der Hecke – nach links weiter auf dem Forstweg.

Nach 600 Metern auf diesem Weg erreichen Sie ein „Gipfel"-Holzkreuz (mit gutem Ausblick), das sich zwischen zwei Waldstücken befindet. 20 Meter nach Erreichen des anderen (südlichen) Waldstücks biegen Sie rechts ab. Dieser gut frequentierte Waldweg läuft fast am Waldrand entlang, ist aber auch in digitalen Karten nicht verzeichnet (1).

Er bringt Sie nach 250 Metern zum Minicanyon **„Goldene Haube"**. (Dieses Naturdenkmal liegt etwas links vom Weg und kann leicht übersehen werden. In diesem Gebiet sind 18 prähistorische Hügelgräber eingetragen, aber sie sind nicht mehr deutlich erkennbar.) Nach Durchquerung des Canyons weiter auf dem Weg bis zur Kreuzung und dem Schild „Schloßberg" folgen. Wanderzeichen ●: 500 Meter am Fuß des Kobel-Bergs im Linksbogen, bis Sie bei Schild „Neurufenried Haus Nr. 1" auf die Fahrstraße stoßen (2).

❋ Gehen Sie aber nach links auf der Straße 120 Meter weiter, und nehmen dann erst die Abzweigung nach rechts. **Kontrolle**: Weiterhin [●]. Nach einem kurzen Stück Wald sehen Sie jenseits der Lichtung die Kuppe des Schlossbergs vor sich, aber der Weg beschreibt einen Linksbogen weg vom Berg. Nach einer weiteren Waldpassage (rechter Hand Fichtenschonung) erreichen Sie erneut eine Lichtung und der Weg geht in eine deutliche leichte Bergauf-Rechtskurve über ❸.

❋ Doch **Vorsicht**: Bei Erreichen des nächsten Waldstücks übernimmt Sie für 250 Meter der W 71 [▶]. Verlassen Sie diesen Wanderweg mit Erreichen des **Schloßbergs** (Hinweisschilder: Privatgrund) und folgen Sie dem Burgensteig zum Gipfel samt **Ruine Ehrenfels** ❹. (Sollten die Burgensteigschilder mal wieder gestohlen worden sein, dann folgen Sie dem verblassenden roten Kringel nach links. Nach 70 Metern biegt der Weg in den Wald hinein und schlängelt sich durch Buchenwald bis zum Gipfel hinauf. Noch erkennbar: [◆])

❋ Burgbesichtigung, danach zurück bis zum „Lassopunkt“ 50 Meter südlich der Burg. Der ausgetretene Hohlweg führt im großen Linksbogen vom Schlossberg herunter. **Kontrolle**: Sie überqueren die Skipiste beim oberen Lifthäuschen.

❋ In Haderlsdorf erreichen Sie wieder Asphalt. Kurzer Rechtsschwenk zum Trafohäuschen kurz vor Ortsausgang. Ab hier haben Sie die zuverlässigen Schilder des Burgensteigs (Ritter Wonnebold). Der weitere Verlauf in Kürze:

❋ Unterquerung der Bahnlinie, Überquerung der Fahrstraße, Abstieg zur Schwarzen Laber: unten angekommen links bis zur Brücke in Kohlmühle. Dort rechts über die Schwarze Laber, nach 150 Metern Straße, Abzweigung Forstweg-Serpentine nach links bergauf. **Burgstall Alte Burg-Kohlmühle.**

Herrlicher Blick ins Tal der Laber

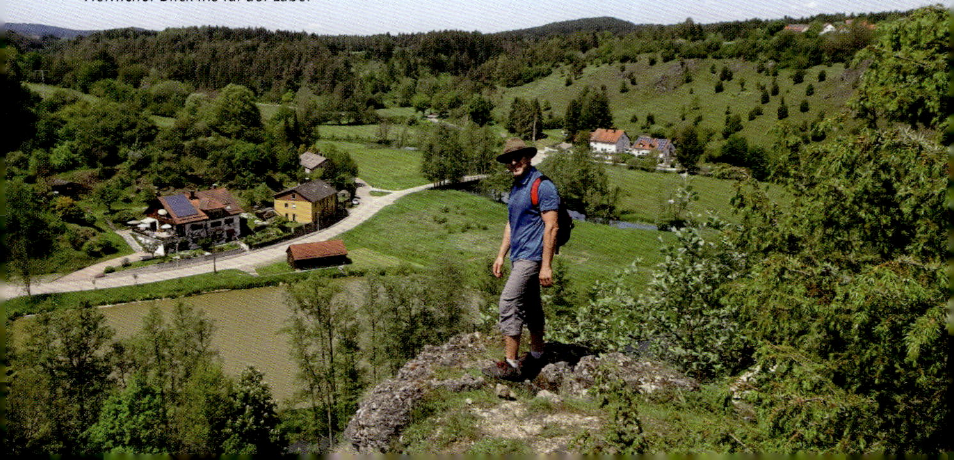

SAGENHAFTES

Die meisten Burgen rühmen sich mit einem einzelnen Spukgespenst, gerne einer weißen Frau. Auf der 1256 erstmals erwähnten Burg Ehrenfels gibt es aber gleich ein Gespenstertrio: Eine Mutter und ihre Kinder. Das kam so: Der Graf von Ehrenfels wurde vom feindlichen Ritter nach langer Belagerung besiegt und in seiner eigenen Burg gefangen gehalten. Der ritterliche Feind verliebte sich in die schöne Gattin des Gefangenen und ließ sich durch ihre Waffen erweichen, nämlich ihre Tränen: Sie durfte unbeschadet abziehen und alles mitnehmen, was sie tragen konnte. Am nächsten Morgen stand sie – ein Superweib – mit den Kindern auf den Armen und dem Mann auf dem Rücken am Burgtor. Das fand der neue Burgherr nicht lustig und brachte Frau und Kinder um, die seitdem dort des Nachtens umgehen. Der Graf musste das Land verlassen, dürfte aber inzwischen auch schon gestorben sein.

❈ 450 Meter weiter, oben auf der Lichtung angekommen, rechts abbiegen. Abstieg zur Fahrstraße. Dieser folgen Sie nach links bis **Beratzhausen**. **Achtung**: 20 Meter nach dem Ortsschild „Beratzhausen" steiler Links-Rechts-Anstieg auf Trockenrasen-Trampelpfad bis zu den Häusern von Gleiter. (Die Burgensteigschilder sind hier schlecht zu sehen!) Oben angekommen: Weiter auf Asphalt nach rechts.

❈ Nach 270 Metern unübersehbare Rechts-Abzweigung eines Wanderwegebündels: Burgensteig, W 70 ▬, Obstwanderweg. Herrlicher Höhenweg bis Beratzhausen. Abstecher zum Burgstall **Hoher Felsen** mit Blick ins Labertal! An der **Wallfahrtskirche** angekommen Abstieg auf dem Kreuzweg und Fahrstraße bis Ortsmitte **Beratzhausen**. (Alternativ Burgensteig auf dem Denkmalweg.)

❈ Um zum Bahnhof zurückzukommen, gehen Sie die Marktstraße entlang bis zur abbiegenden Vorfahrtsstraße nach links. Sie biegen dann aber nach rechts ab: Hinterer Markt. Der W 26 ▶ (Abkürzung via Treppe) führt Sie sicher bis zum Bahnhof.

Blick in die Goldene Haube

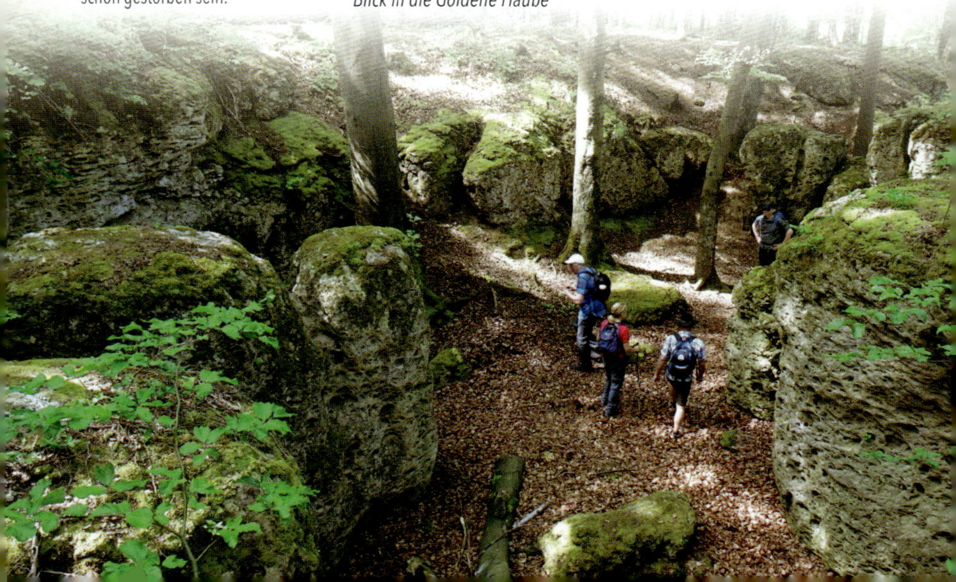

SEHENSWÜRDIGKEITEN:

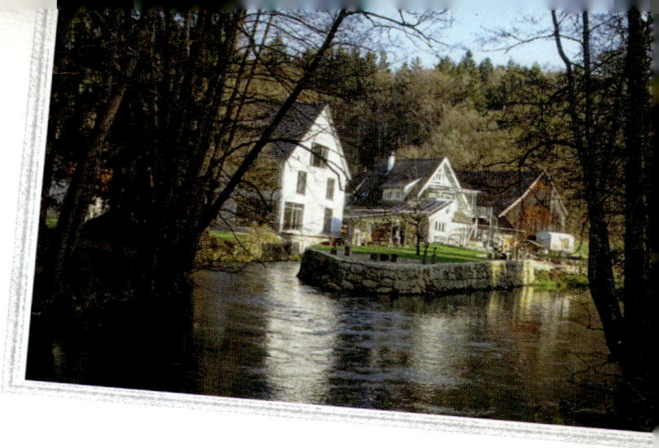

❋ **Goldene Haube** ①: Mini-Canyon im Kalkriff sowie 18 Grabhügel (mit Funden) der Hallstattzeit sowie der frühen Latènezeit.

❋ **Ruine Ehrenfels** ④: 1256 erste Erwähnung in einer Schenkungsurkunde des Chunrad von Ehrnfels, der es an das Kloster Pielenhofen gab. 1335 wird sie weitergeschenkt, an Dietrich von Stauf. Noch heute weisen die Gräben auf die gute Befestigung der Anlage hin, auch die Zweiteilung der Burg ist heute noch gut erkennbar. 1492 achttägige Belagerung durch Herzog Albrecht IV. und starke Beschädigung. Verfall nach Verkauf 1567. (Zahlreiche Burgensteig-Infotafeln auf dem Burggelände)

❋ **Burgstall Alte Burg-Kohlmühle** ⑤: Gäbe es an dieser Stelle kein Burgensteigschild, bliebe es das Geheimnis der Archäologen, dass hier einmal eine Burg gestanden haben soll: Man weiß nicht, ob der aktuelle Weg damals benutzt wurde, kennt keine Namen, findet nur noch Wälle und vielleicht die Reste von leeren Gräbern. Dass der Bergsporn eine Burganlage begünstigt, kann man vor Ort jedoch gut nachvollziehen.

❋ **Burgstall Hoher Felsen** ⑦: Platz einer einstmals kleinen Burg, deren Anlage anhand der Wälle und Gräben noch erkennbar ist. Auch bei dieser Burg scheinen mehr Fragen offen als geklärt.

❋ **Beratzhausen** ⑧, genannt „Perle des Labertals“:

- **Zehentstadel**: dreigeschossiger Bau zur Lagerung des Zehent, errichtet 1599, umgebaut 1811. Heute „Haus des Gastes“. Vor dem Gebäude erinnert eine Statue an den Naturheiler Paracelsus (1493–1541), der einige Zeit in Beratzhausen verbrachte.
- gotische **Friedhofskapelle St. Michael** (direkter hinter der Pfarrkirche): chronisch gering geschätzte Kapelle, aus heutiger Sicht aber geschichtlich und künstlerisch wertvoll. Ossarium unter der Kapelle, bis 1964 mit Schädeln und Gebeinen angefüllt, dann Umbettung in eine Gruft.
- **Skulpturenpark** der Europagemeinde Beratzhausen: 31 Skulpturen im Tal der Schwarzen Laber, die sich mit dem Thema Kunst und Natur auseinandersetzen.

TOUR 6

HOHENFELS: EIN ORT, EINE BURG, EIN TRUPPENÜBUNGSPLATZ

VERSTECKTE SCHÖNHEIT WILL ENTDECKT WERDEN!

6 KM / 1:45 H / 160 HM

„Rechtsdrehend oder linksdrehend?“ das ist die grundlegende Frage bei der Anlage eines Rundwegs. Ich hatte mich für rechtsdrehend, also „im Uhrzeigersinn“ entschieden, als ich durch das malerische Forellenbachtal nach Hohenfels fuhr, um diese Tour auszuarbeiten. Kaum auf dem Weg, stellte ich fest, dass man die hier vorgestellte Runde in ähnlicher Form einst als „Panoramaweg“ angelegt hatte, nur eben „linksdrehend“, also im Gegenuhrzeigersinn. So oder so, der wunderbare Blick samt Perspektivenwechsel auf Hohenfels bleibt der gleiche.

Im Übrigen stellte ich fest, dass diese Runde um den Ort, dessen Namen man gemeinhin mit dem Truppenübungsplatz assoziiert, überraschend

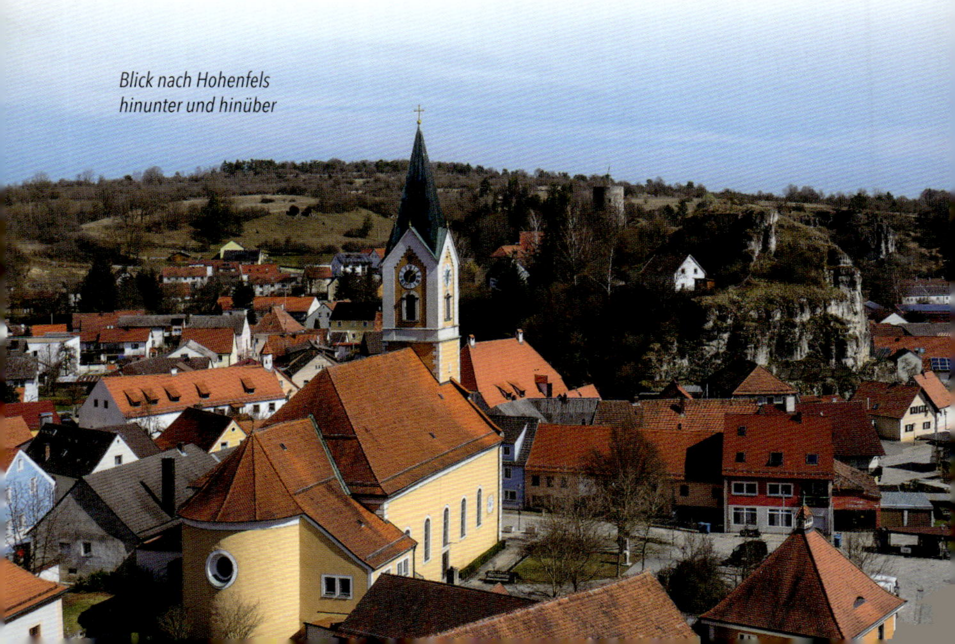

Blick nach Hohenfels hinunter und hinüber

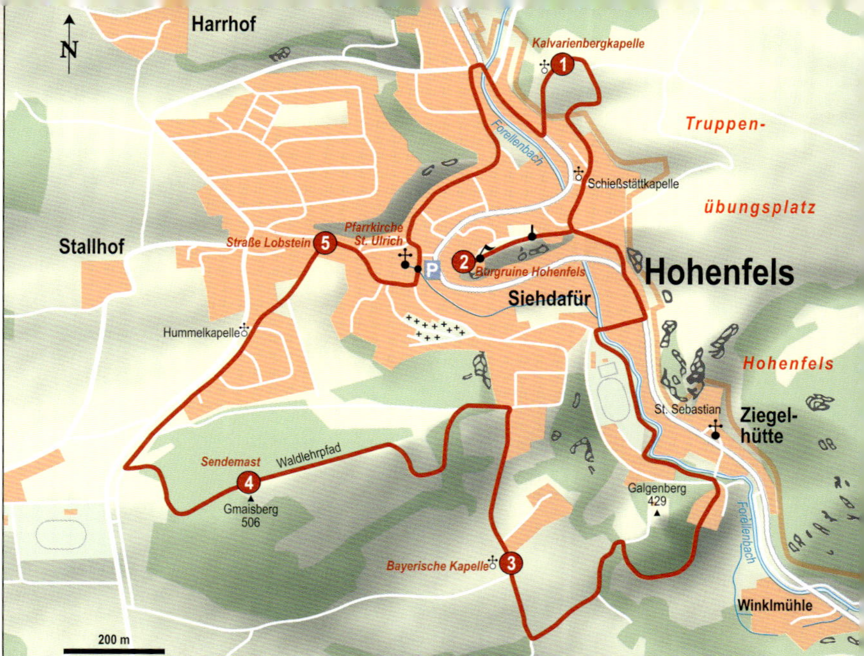

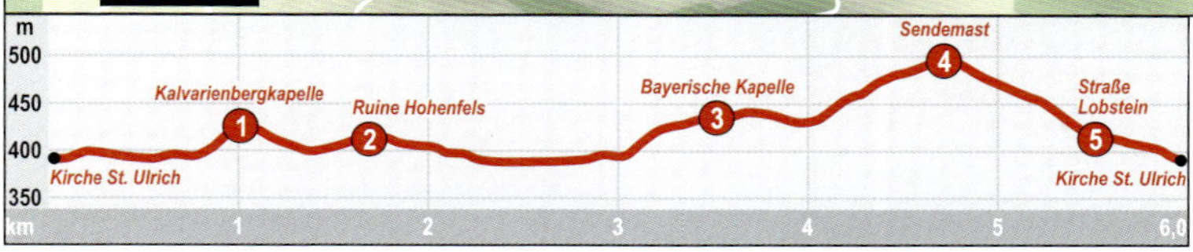

schön ist. Vielleicht kommen Sie ja einmal mit dem Fahrrad durch das schöne Forellenbachtal und erwandern dann die Aussichtspunkte? Das jedenfalls wäre mein „Serviervorschlag".

WEGBESCHREIBUNG:

❋ Start dieser aussichtsreichen Wanderung ist an der **Pfarrkirche St. Ulrich**. Folgen Sie dem Schild zum Rathaus (Marktplatz → Pfarrer-Ertl-Platz). Am Rathaus vorbei durch den 2,2 Meter breiten Durch-

INFO:

Anfahrt: Bei Etterzhausen ins Naabtal, bei Kallmünz weiter nach Norden ins Vilstal (Richtung Amberg). Durch den Ort Rohrbach hindurch ins Forellenbachtal bis Hohenfels.
Von Parsberg (A3, Ausfahrt 94), Richtung Hohenfels

Parken an der Pfarrkirche St. Ulrich (Navi: 92366 Hohenfels, Marktplatz 7)

GASTRONOMIE:

(in 92366 Hohenfels)

Josef Gassner Gasthof
Sterzenbach 5, 09472 / 275

Metzgerei & Gastwirtschaft **„Zum Schwan"** Stefan Bogner, Turmgasse 24, 09472 / 204, www.metzgerei-bogner.de, info@metzgerei-bogner.de

Pizza EL-MEDANO
Pfarrer-Ertl-Platz 6, 09472 / 9111959

Pizzeria-Restaurant
Goldener Adler, Marktplatz 5, 09472 / 4139945, www.restaurant-hohenfels.de, restauranthohenfels@hotmail.de

MITTELALTER-WITZ:

Am Ende des Tages kehrt der Ritter mit seinen Soldaten zurück in die Burg.

Fragt ihn der König: „Nun, wie habt Ihr den Tag verbracht, mein edler Ritter?"

„Nun, Sire, Ihr könnt stolz auf uns sein. Den ganzen Tag plünderten und brandschatzten wir und brannten alle Dörfer eurer Feinde im Westen nieder!"

Erwidert der König überrascht: „Aber wir haben keine Feinde im Westen!"

Darauf der Ritter: „Oh, jetzt schon!"

lass in die Schneidergasse, die Sie gehen, bis sie an der Setzstraße bei einer Autowerkstatt endet.

❊ Zwei Mal rechts abbiegen, in die verkehrsreichere Parsberger Straße (Richtung Ort zurück). Auf dieser gehen Sie knapp 200 Meter, bis nach Haus Nr. 16 der Kreuzwegaufstieg zur **Kalvarienbergkapelle** 1 sichtbar wird. Hier gehen Sie hinauf. (Sie sind nun bereits auf dem Gelände des Truppenübungsplatzes.) Von der Rückseite der Kapelle weg, an den Truppenübungsplatzschildern entlang auf zunächst geschottertem „Schießstättenweg" Abstieg in den Ort bis zur **Gegeißelten Heiland-Schießstättkapelle** an der Kreuzung Tillyweg/ Turmgasse (Hauptstraße).

❊ Aufstieg auf dem Tillyweg (Richtung BRK-Heim) zur Burg. Die letzten Meter zur **Burg** 2 gehen Sie via Sackgasse „Am Schlossberg Haus Nr. 10, 16, 17, 19". Gemäß Beschilderung ist das Be-

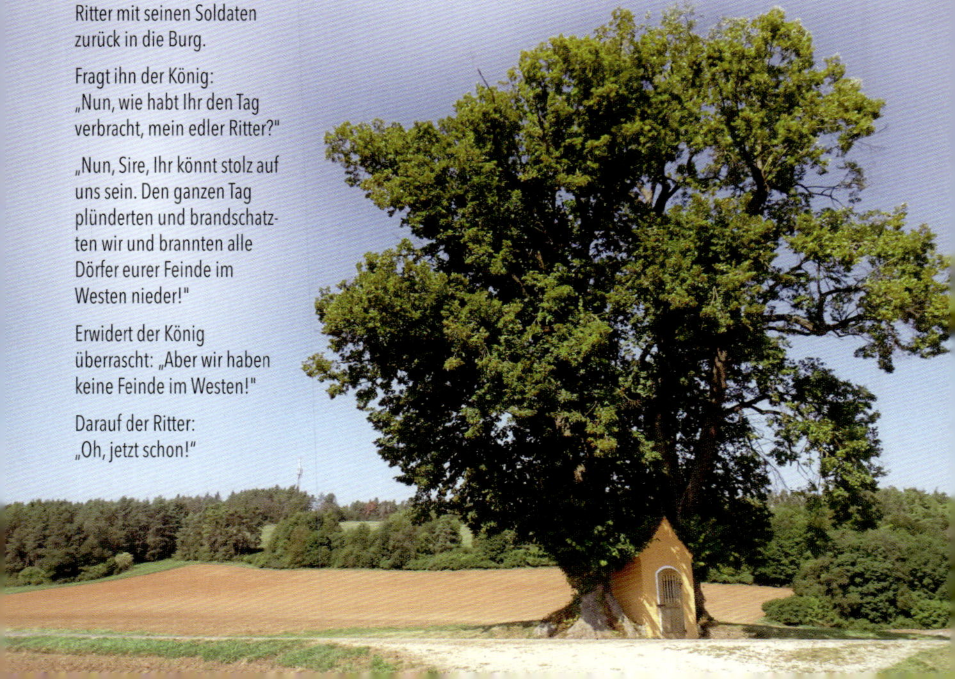

treten zwar verboten, erfolgt aber auf eigene Gefahr. Diesen Widerspruch müssen Sie für sich selbst lösen! Der Blick in den Ort hinunter ist genauso großartig wie die Absturzgefahr. (Kinder an die Leine!)

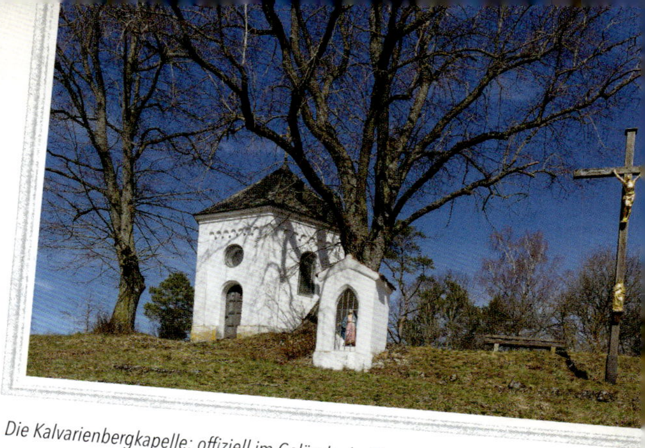

Die Kalvarienbergkapelle: offiziell im Gelände des Truppenübungsplatzes

❈ Zurück bei der Abzweigung in den Schlossberg steigen Sie via „Am Hals" ab, biegen unten angekommen nach links in die Hauptstraße (Sterzenbach) ein und nehmen die erste Abzweigung nach rechts (nach dem Toskanahaus) in den Galgenbergweg.

❈ Nach Überquerung des **Forellenbachs** (mit Blick auf das quietschgrüne Haus) biegen Sie nach links ab und wandern nun zwischen Fußballplatz (rechts) und Bach (links). Nach einer Rechtskurve erreichen Sie wieder die Straße und biegen auch hier nach links ab.

❈ Am Ende stehen Sie in einer multiplen Kreuzung aus Galgenbergweg und Weiherweg und Sackgassen. Unser Weg ist der unscheinbarste: Zwischen Grundstückseinfahrt zum Grundstück „Weiherweg 2" rechts (Eisentor mit roten Betonpfosten) und Stromkasten am Maschendrahtzaun zur Linken tut sich ein Durchlass auf. Das ist er, der Weg!

❈ Auf einer Strecke von 350 Metern bringt er Sie – im Rechtsbogen um den Galgenberg herum – via Hohlweg hinauf. Am Ende des Waldes links, dann auf Feldweg in erneutem Rechtsbogen zur weithin sichtbaren **Bayerischen Kapelle** ❸.

❈ An dieser vorbei, wieder auf Hohenfels zu! 350 Meter nach der Kapelle teilt sich „Am Gmaisberg": Geradeaus in eine Sackgasse sowie nach rechts, bergab. Unser Wanderweg hingegen knickt hier 90 Grad nach links ab, bergauf und in den Wald. Nach 100 Metern an der Y-Abzweigung links halten (nicht zum Wasserbehälter!). Sie sind jetzt auf dem südlichen Teil des 1998 eingerichteten Waldlehrpfads, finden noch eine Baumorgel und

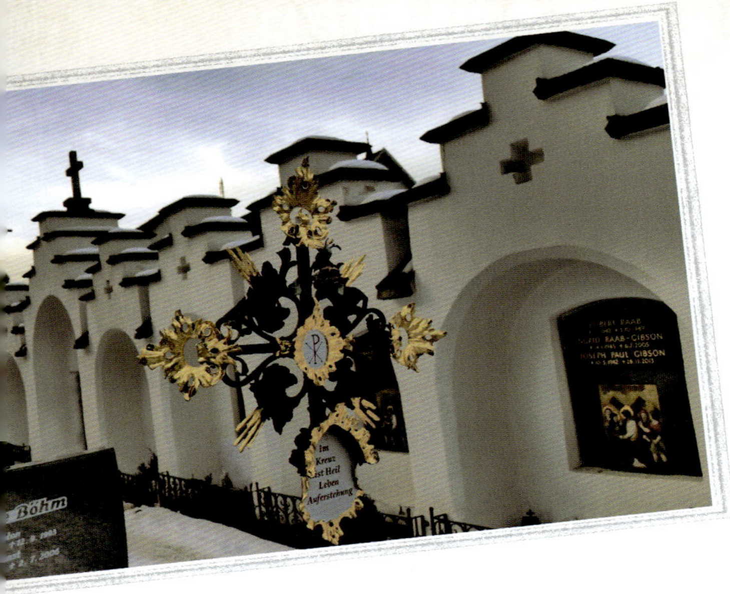

Einzigartig in der Oberpfalz: Friedhofsmauer mit Grabnischen

andere schöne Dinge und Tafeln, die aber teilweise nicht mehr funktionstüchtig, geschweige denn lesbar sind, und passieren auch das Gipfelkreuz.

Es geht aber noch höher, bis zum Sendemast 4 und dann via geschottertem Abstieg zur Hauptstraße. An dieser angekommen nach rechts (auf Fußgänger-/Fahrradweg) hinunter in den Ort. Bei der 4. Einfahrt Asamstraße steht die **Hummelkapelle**. Haben Sie „Knie“ oder „Hüfte“ etc., dann gehen Sie besser auf der Hauptstraße „Kapellenweg“ bis Straße Lobenstein und auf dieser nach rechts hinunter zum Marktplatz zurück.

Andernfalls wählen Sie den Feldweg, der halbrechts in ein Feld führt. Gehen Sie vor dem letzten Abstieg noch querfeldein bis zur Brüstung vor, von der aus Sie auf den Ort samt Kirche und Burg blicken können. Anschließend steiler Pfad zur Straße Lobenstein und dann zurück zum Marktplatz.

Tipp: Gehen Sie vor der Abfahrt noch zum nahegelegenen Friedhof. Dort sehen Sie die in der Oberpfalz einzigartige Friedhofsmauer mit den Grabnischen.

SEHENSWÜRDIGKEITEN:

❋ **Burg Hohenfels**: Wurde Anfang des 12. Jahrhunderts von den Herren von Hohenfels als „allodialer" (freies Eigengut) Stammsitz erbaut. Nach einem missglückten Mordanschlag auf König Konrad IV. (der Auftrag war vom Regensburger Bischof gekommen!) musste Konrad von Hohenfels fliehen. Der König ließ die Burg zerstören, die danach noch zwei Mal aufgebaut und immer wieder zerstört wurde. Verkauf als Steinbruch im 19. Jahrhundert.
❋ **Truppenübungsplatz Hohenfels**: Wurde im Jahr 1938 im Rahmen der Aufrüstung von der Wehrmacht eingerichtet, wobei 544 Anwesen und Bauernhöfe entweder umgesiedelt oder abgelöst wurden. Internierung von polnischen Soldaten (1939–1940), von Briten und Amerikanern (1942), deportierten Ausländern (1945), deutschen Flüchtlingen und Heimatvertriebenen (nach 1948). 1951 Abtretung an die 7. Armee (USA). Heute ein ökologisch wertvolles Gebiet wegen (a) des kalkhaltigen Untergrunds → Trocken- und Magerrasen, (b) und der geringen landwirtschaftlichen Nutzung → keine Insektizide etc. Interessant: Im Norden des Übungsplatzes, bei Hohenburg, lebt die Fledermausart „Große Hufeisennase", der sogar ein eigenes Gebäude eingerichtet wurde.

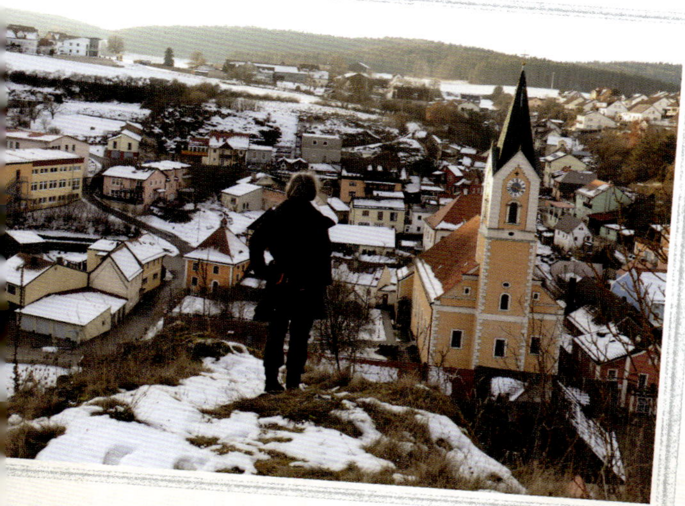

Der Blick vom Burgfelsen auf den Ort Hohenfels erinnert ein wenig an C. D. Friedrich.

LAABER – ESELBURG – HIRSCHENSTUBE – MARTINSBERG

EINE WEITERE RUNDWANDERUNG, DIE ALLES HAT, WAS EIN „WIR-SIND-MIT-DER-FAMILIE-DRAUSSEN-TAG“ BRAUCHT!

12 KM / 3:45 / 247 HM*

(Tour ist in zwei Hälften teilbar)

Finster kommt sie dahergegurgelt, die Schwarze Laber. Damit bietet sie bei jeder Witterung und in jeder Jahreszeit eine wunderbare Kulisse für einen gelungenen Tag draußen.
Dass neben der Burgruine Laaber noch zwei weitere Burgen in unmittelbarer Nähe standen, dürfte Wenigen bekannt sein. Diese Rundwanderung führt zu beiden Burgställen und bindet sogar eine noch weniger bekannte Höhle mit ein. Großartig.

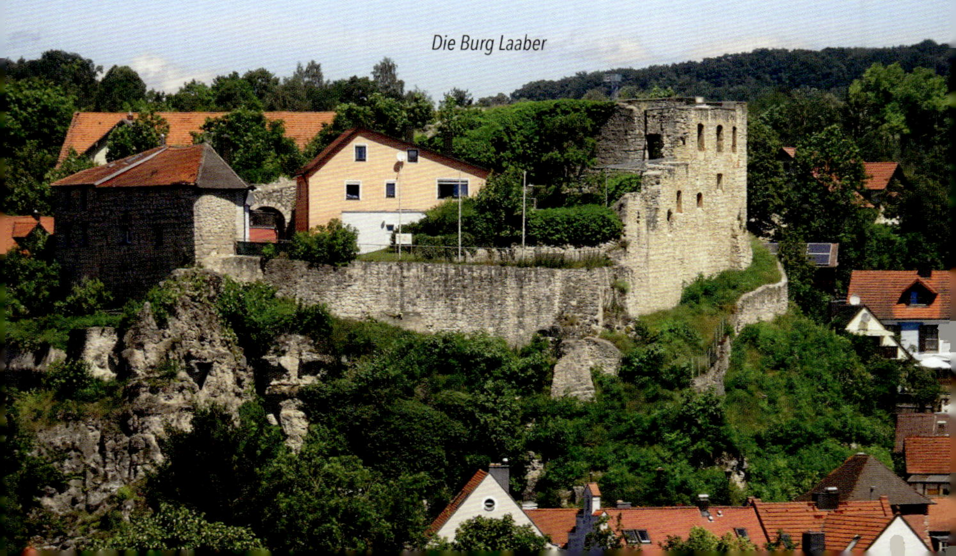

Die Burg Laaber

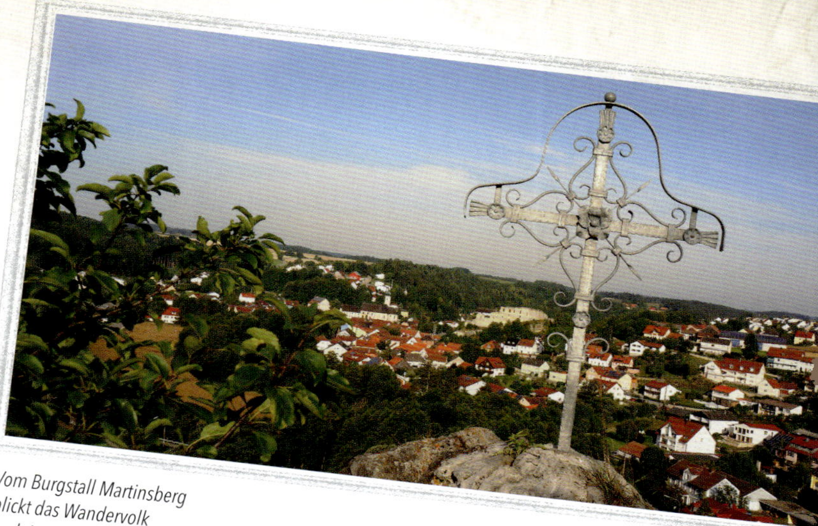

Vom Burgstall Martinsberg blickt das Wandervolk nach Laaber hinüber.

WEGBESCHREIBUNG:

❋ Sie starten im Ort Laaber, direkt am Marktplatz, gehen Richtung Kirche, über die Laberbrücke mit dem kleinen Reiterdenkmal. Nach der Metzgerei Döhl biegen Sie rechts in die Augasse ein. Main-Donau-Weg sowie W 26 ▶ bringen Sie bis zur **Schafbruckmühle** (Wegstrecke 2,4 km) ❶. (**Kontrolle**: Am Ortsende links am Trafohäuschen vorbei.)

❋ An der Ausfahrt/Einfahrt der Schafbruckmühle stoßen Sie auf den Burgensteig, dem Sie jetzt folgen. (**Kontrolle**: Am Eck Straße-Forstweg steht eine Sternwarte im Garten.) Knapp 300 Meter auf der Autostraße (R17) bergauf, dann scharf links in den Wald. In der Kehre steht die Burgensteiginfotafel zum **Burgstall Eselburg**. Sie folgen den Wonnebold-Burgensteigschildern zum Gestüt und überqueren dieses nach halblinks.

INFO:

***Aufteilung der Route:**
Westschlaufe:
6,7 km, 2 h, 135 Hm
Ostschlaufe:
5,7 km, 1:45 h, 120 Hm

Anfahrt: Autobahn A3, Ausfahrt Laaber → Laaber

Parken: im Ort am Marktplatz (Navi: 93164 Laaber, Beratzhausener Straße 4)
Alternativ: Frauenberger Straße Nr. 10 oder Parkplatz Festgelände

ÖPNV: Mit DB oder Agilis im Stundentakt auf der Strecke Nürnberg-Regensburg.

SAGENHAFTES:

Zeitreise ins 15. Jahrhundert. Prunkvoll residiert Gräfin Dorothea auf Schloss Laaber, während ihr Gemahl, Konrad von Pappenheim, einmal mehr auswärts weilt. Bei geöffnetem Fenster trägt der Fluss die Botschaft plappernd zu ihr hinauf, sie solle das Flussbett so verlegen, dass das Wasser die Burg umspielt und die Fischlein „zur Freud und Wonne" springen. In den kommenden Wochen werden die Arbeiten in Angriff genommen, aber es geht so langsam voran (kein Wunder bei dem harten Felsen), dass Konrad zurückkehrt, noch bevor die Tat umgesetzt ist. Als der Graf (er hat schon von den Plänen gehört und will sie einstellen (lassen)) gerade den Kirchberg herunterreitet, taucht – welch ein Zufall – ein Komet auf, seine Frau – am Fenster stehend – verfällt dem Wahn und stürzt sich in die Tiefe. Jetzt ist die Laaber immer noch da, wo sie immer schon war.

❉ 70 Meter nach dem Wohnhaus zweigt der Burgensteig nach links in den Wald ab **2**. Jetzt wird es spannend: Nach 120 Metern mit Rechtsdrall bergab führt der Burgensteig nach links in den „Holzgraben". Es gibt zwei Varianten. Nehmen Sie die erste. Sie sparen sich ein paar Meter von mit Pferdehufen durchpflügten Boden. Kurzer Abstieg zu einer Fichtenschonung, dort erneut Linkskurve. (Sie sind eine 180°-Kehre gegangen und gehen jetzt wieder Richtung Laaber.) Halten Sie sich nach 90 Metern scharf an der Kante des markanten Trocken-V-Tals. Nach weiteren 70 Metern finden sich zwei Möglichkeiten, in das V-Tal abzusteigen (es sind nur wenige Meter). Aufstieg auf der gegenüberliegenden Seite. (Wenn Sie diese Querung nicht finden, dann gehen Sie entweder auf dem Burgensteig bis zum Ende des Holzgrabens (600 Meter) oder queren das Trockental „wild".)

❉ Auf der gegenüberliegenden Seite finden Sie einen besseren Weg (hinsichtlich Pferdebenutzung), den Sie zunächst kurz nach rechts (Südwesten) gehen. Sie kommen dann zu der Schwemmkarsthöhle namens **Hirschenstube** in dem markanten Felsmassiv, das sich vor Ihnen aufbaut. In dieser Höhle bietet sich Brotzeit an. Danach zurück zum Weg.

❉ Abstieg immer an der rechten Talkante, bis sich dieser bessere Weg wieder mit dem Burgensteig vereinigt und dann weiter bis zur Forststraßen-T-Kreuzung. Sie biegen hier nach rechts ab (leicht bergauf), gehen zwei kleine Schwingungen und biegen dann vor dem zweiten Kalkriff (mit Sitzbank davor) links nach ebenfalls links in den Wald ab. (Alternativ können Sie den Burgensteig bis Schernried weitergehen.) Waldweganstieg, dann weglose Lichtung, anschließend mit Wald zur

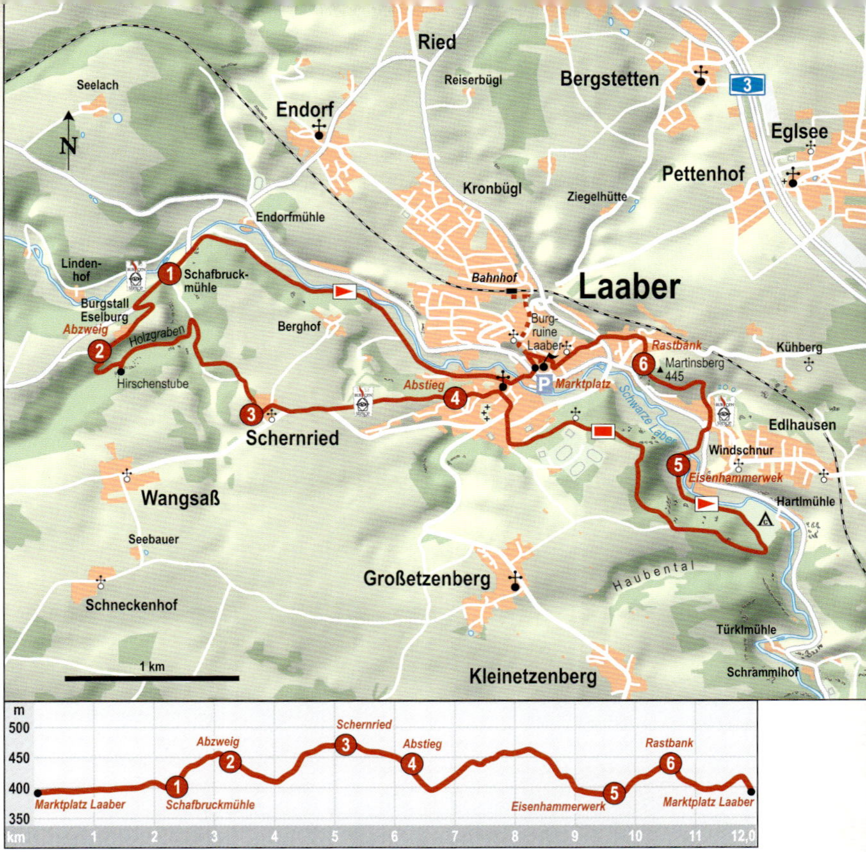

Rechten im Bogen auf die Burgensteig-Schotterstraße zurück, kurz darauf Ankunft in Schernried ❸.

❄ Biegen Sie im Ort links ab und nach dem alten Gehöft wieder rechts, um auf die Autostraße nach Laaber zu gelangen, auf der Sie nun 230 Meter gehen. Beim Kruzifix mit Sitzgelegenheit geradeaus auf den Schotterweg und auf selbigem aussichtsreicher Abstieg nach Laaber (1 km) ❹. (Alles Burgensteig!)

❄ **Genug für heute?** Unterhalb der Kirche links, zurück zum Markplatz.

❄ **Noch Lust auf weitere knapp sechs Kilometer Natur?** In diesem Fall folgen Sie der Jakobstraße weiter, passieren die Pfarrkirche (links)

REZEPT „ARME RITTER"

Zutaten: Acht halbe Semmeln (vier ganze Semmeln, wahlweise Toast oder Brot), 1 Liter Milch, 2 Eier, 1 EL Zucker, 1 Prise Salz.
So geht's: Milch, Eier, Zucker und Salz in einer Schüssel verrühren, über die Semmeln gießen und durchziehen lassen. Die Semmelhälften dann in einer eingefetteten, erhitzten Pfanne goldbraun braten. Dazu Kompott oder Marmelade oder Sirup oder, oder, oder.

Guten Appetit!

und das Rathaus (rechts), bis die Jakobstraße an der Schernrieder Straße endet.

❖ In der Schernrieder Straße nach rechts zum Schulzentrum abbiegen. Nach der Passage von Grundschule (rechts) und Mittelschule (links) in die Sackgasse nach links „Am Kalvarienberg" einbiegen. Das rote Reckteck bringt Sie zuverlässig zur Trogkante oberhalb des Labertals und nach 1,4 Kilometern (nach dem Bogenschützengelände) zu einer Lichtung mit Eiche-Sitzbank-Duo.

❖ Hier verlassen Sie den ausgeschilderten ▬-Weg und gehen geradeaus weiter (dem Waldrand linker Hand folgend, kurz darauf wieder in den Wald hinein). Der Weg führt nun abwärts und nach einer scharfen Linkskurve zum Campingplatz „Hartlmühle". Ab hier W 25 ▶ bzw. Main-Donau-Weg. Am Zaun entlang, jetzt wieder Richtung Laaber! Etwas später: Sobald Sie rechts das **Eisenhammerwerk** und links den markanten Kalkrifffelsen sehen, verlassen Sie den Wald und folgen dem Wiesenweg zu den Fischzuchtbecken an der Schwarzen Laber (Alternativ können Sie den Waldweg weitergehen und am Ende des Rechtsbogens zurück zur Brücke über die Laber kommen) 5.

❖ Überquerung der Laber beim Fischzuchtgelände (Fußgängerbrücke – auf eigene Ge-

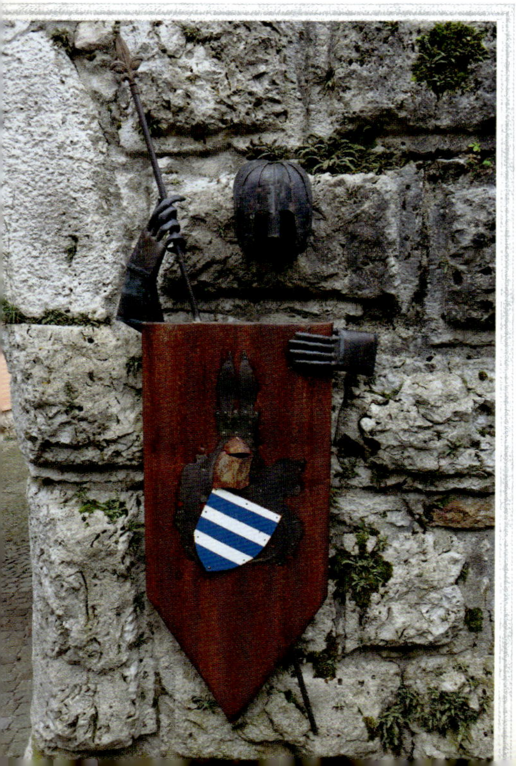

Burg Laaber: An ihm muss man vorbei!

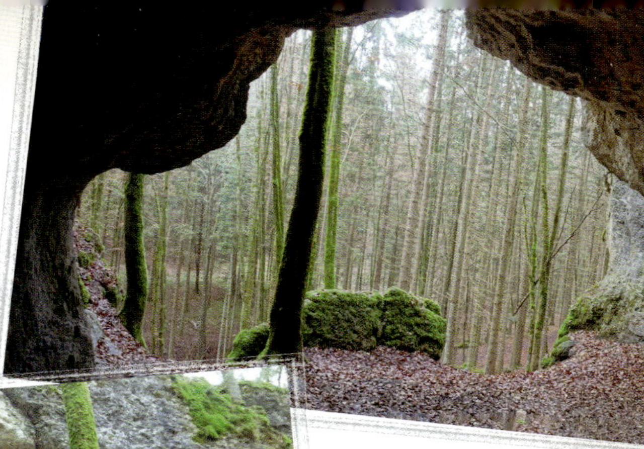

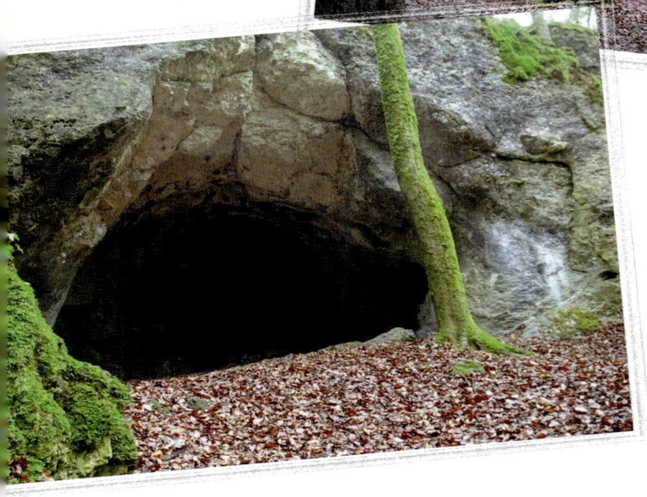

Die „Hirschenstube" – eine Schwemmkarsthöhle

fahr!). Danach geradeaus auf Trampelpfad/Fahrradweg zum Ortsteil **Eisenhammer**. (**Kontrolle**: Mehrwegcontainer an der Kreuzung bei den Richtungsschildern nach Eisenhammer/Windschnur/Edelhausen.) Hier geradeaus weiter auf „Zum Schindertal". Nach gerade mal 120 Metern zweigt nach links steil hinauf eine Grundstückszufahrt ab. (Hier wieder Burgensteig. **Kontrolle**: Altes Flurbereinigungspflaster.) Nach knapp 50 Metern geradeaus weiter auf dem „Single-Trail"-Burgensteig. Nach weiteren 100 Metern finden Sie vier Burgensteigschilder an einem Baum. Gehen Sie nach links: **Martinsberg**. Folgen Sie den Schildern bis zum Burgstall mit Aussichtspunkt und Rastbank. 6 Hier bietet sich erneut ein Picknick an.

GASTRONOMIE:
(in 93164 Laaber)

Engins Grill
Regensburger Straße 8,
09498 / 907941,
www.engins-grill.de,
info@engins-grill.de

Münchsmühle
Münchsmühle 2,
09498 / 9073024

Schafbruck/ Gasthaus Schweiger
R17, 09498 / 8797

Ulrich Trettenbach
Kirchplatz 2, 09498 / 8962

Tipp: Wer Süßes liebt, wird in der **Confiserie Seidl** – direkt an der Autobahnausfahrt – garantiert fündig. Reiserweg 2, 93164 Laaber, www.seidl-confiserie.de, info@seidl-confiserie.de, 09498 / 90680

Von der Sitzbank 40 Meter zurück, dann am Wald nach links und Abstieg um den **Martinsberg** herum nach Laaber. **Kontrolle**: Trenngitter mit Personendurchlass, danach Garagenplatz. Geradeaus zur Schaggenhofer Straße, in diese nach links einbiegen. Um zur **Burg Laaber** zu gelangen, müssen Sie ab hier wieder nur den Burgensteigschildern folgen: Martinsweg, Überquerung der großen Frauenberger Straße (zur Autobahn) in den Weinbergweg, 40 Meter nach der Kapelle Fußweg halbrechts, am Hauseingang vorbei zum Burgweg. Dort nach rechts bergauf, danach links zur Burg.

Nach Burgbesichtigung am eierschalenfarbenen Haus knapp vorbei und Abstieg in den Ort (weiterhin Burgensteig auf Hademarweg) in den Ort Laaber. Ankunft direkt am Marktplatz!

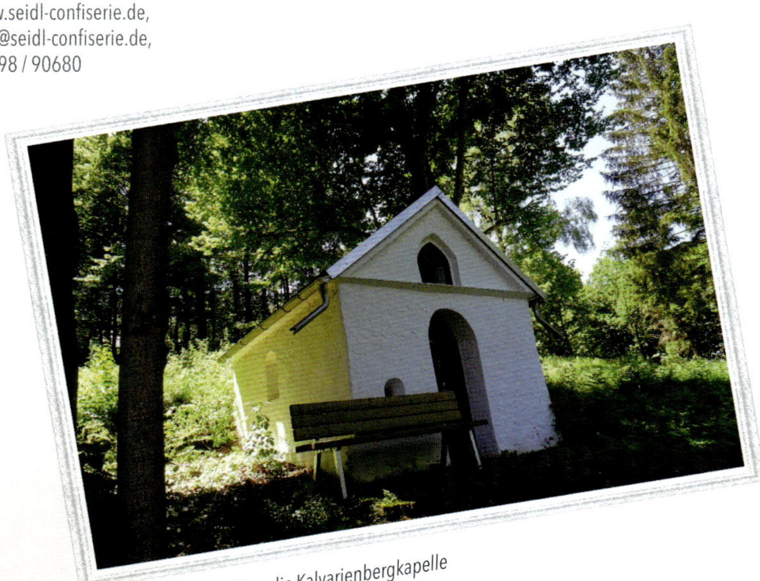

Etwas abseits vom Weg: die Kalvarienbergkapelle

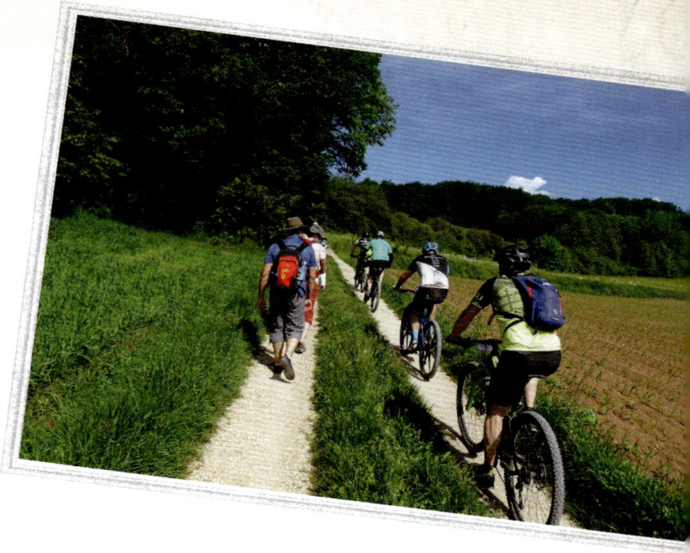

Man kann auch neben- und miteinander unterwegs sein!

SEHENSWÜRDIGKEITEN:

❋ Die **Burg Laaber** entstand im 12. Jahrhundert zur **Kontrolle** der Flussübergänge und der „Königsstraße" im Labertal. 1389 wurde die Burg von der Stadt Regensburg angegriffen und beschädigt (nachdem Ex-Bürgermeister Hadamar IV. Stress gemacht hatte). 1597 baute man die Burg zu einem Schloss um. Dieses verfiel dann aber im 19. Jahrhundert, die ursprüngliche Burganlage trat wieder zum Vorschein.

❋ Die **Wallanlage Eselburg** hat ihre Ursprünge schon in der Keltenzeit. Die Anlage umfasste das Areal, auf dem heute die Pferdekoppeln stehen. Im Mittelalter wurde die Anlage mit einem gemauerten Randwall gesichert, dessen Überreste heute noch zu sehen sind.

AUFTRAG FÜR DEN NACHWUCHS

Wie weit ist es von Laaber aus nach Sydney, Neimoak und Baschberg?
Die Antwort findet ihr auf dem Wegweiser auf dem Festgelände. Zugang vom Marktplatz durch den Torbogen bei Haus Nr. 5.

TOUR 8

ROHRBACH – KALLMÜNZ – HÖHLE „OSTERLOCH“ – BÄRENLOCH

DIE ENTDECKUNG DER ABGESCHIEDENHEIT ODER: GIBT ES EINEN GOTTLOSEN ORT?

13,5 KM / 4:30 H / 360 HM

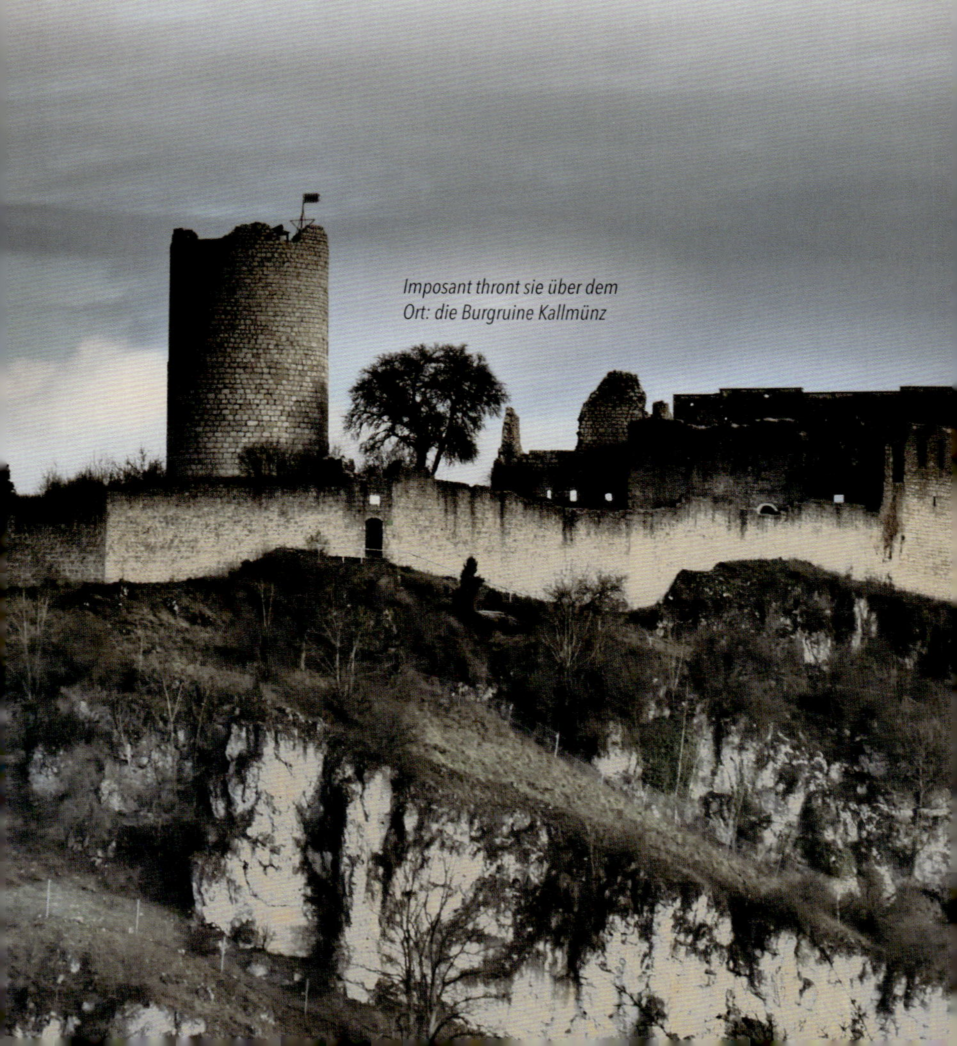

Imposant thront sie über dem Ort: die Burgruine Kallmünz

In dem anrührenden Road Movie „Vaya con Dios" (Filmtipp!) bezeichnet die Reporterin Chiara (Chiara Schoras) eine entlegene Gegend als „gottlos". Der Cantorianermönch Arbo (Daniel Brühl) widerspricht. Gott ist überall, wie kann da eine Gegend gottlos sein!?
Wandert man aber von der Perle des Naabtals, sprich Kallmünz, in das Gebiet um Sommerhau (Zigeunerholz, Bärenloch, Murrenberg) – und das bei entsprechender Witterung –, dann ist man geneigt, der Schauspielerin Recht zu geben. Nicht ohne Grund geht der Name Kallmünz auf das keltische Wort kalma/kalmis zurück, was „ödes Land, unbebautes Berggelände" bedeutet, seinerzeit allerdings eher den Burghügel bezeichnete.
Gehen Sie diese Tour unbedingt, wenn Sie keine Angst vor einigen Höhenmetern und einigen „Schlenkern" haben. Gehen Sie diese Tour keinesfalls alleine, wenn Sie Angst haben, im Wald verloren zu gehen!

INFO:

Anfahrt: Durch das Naabtal bei Kallmünz ins Vilstal (Richtung Amberg). In Rohrbach über die Vilsbrücke.

Parken: In der Ortsmitte. (Navi: 93183 Kallmünz/Rohrbach, Am Anger 5)

WEGBESCHREIBUNG:

❄ **Tipp**: Starten Sie die Wanderung in **Rohrbach**, nicht in Kallmünz. Die Tour ist dann ausgewogener.
❄ Nach dem kurzen Stück auf der Hauptstraße zurück zur Vilsbrücke biegen Sie kurz vor dieser – den großen und kleinen Wanderwegen der Region folgend – zum Bolzplatz ab. Folgen Sie dem Schilderkonglomerat bis **Traidendorf**. (Vor dem Wald: Blick zurück zur Kapelle. Burgstall Kapellenberg.)
❄ In Traidendorf die erste Abzweigung nach links und via Schloßweg am **Traidendorfer Schloss** vorbei ①. Dann Parkplatz, Kapelle, Nepomukdenkmal gegenüber „Kanuschorsch", über die Vilsbrücke. Vor

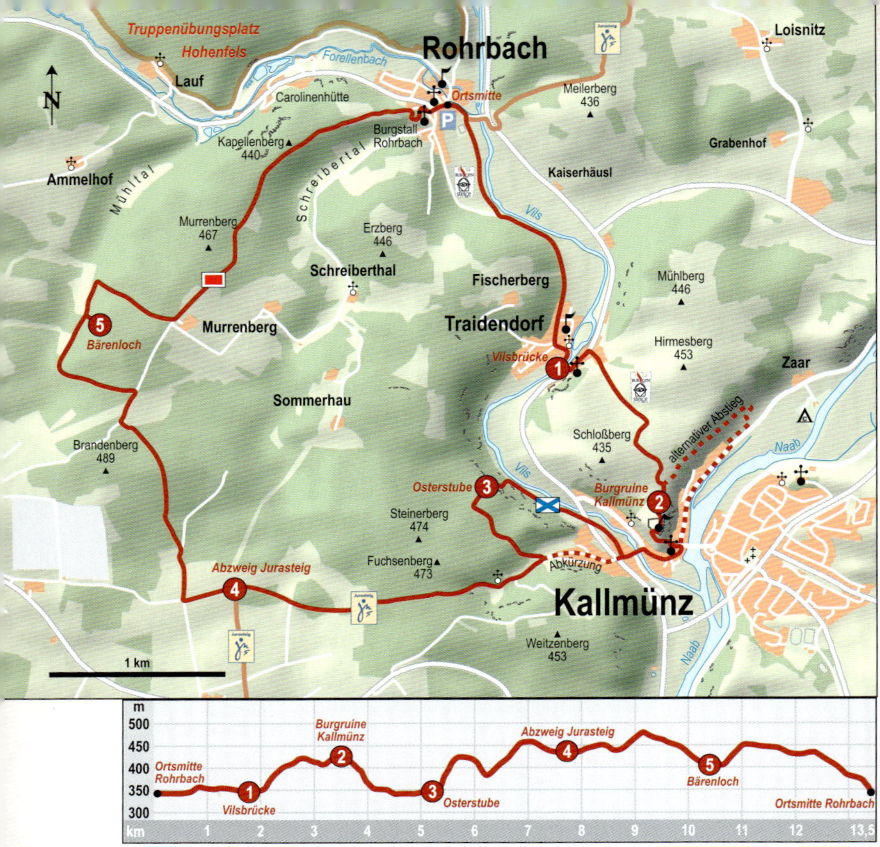

der Kapelle St. Leonhard stehend nach links auf die Hauptstraße (**Kontrolle**: gelb-blaues „Geometriehaus"). Nach 160 Metern biegt nach rechts die Straße „Am Kirchberg“ ab. Von hier ab bringt Sie der Burgensteig hinauf zur **Burgruine Kallmünz**. (**Achtung**: 150 Meter nach dem letzten Haus an der Y-Gabelung rechte Abzweigung. Etwas später an der T-Abzweigungshecke scharf rechts. Nach weiteren ausgeschilderten Burgensteigabzweigungen treffen Sie nach kurzem Abstieg auf einen befestigten Schotterweg. Folgen Sie dem „2 Wittelsbacher Burgensteig“ zur Ruine (bergauf).) (Als retardierendes Moment können Sie einen Schlenker nach links zum Aussichtspunkt (Gipfelkreuz) einbauen!)

❋ (**Tipp**: Der direkte Abstieg nach Kallmünz von der Burg aus ist sehr steil. Ein gelenkschonender Abstieg beginnt von hier und führt über **Zaar** wieder nach Kallmünz hinein. Siehe Karte.)

❋ Burgtor. **Burg Kallmünz** ②. Burgbesichtigung. Gehen Sie anschließend quer über das Burgareal und verlassen dieses durch den gotischen Mauerdurchlass. Steiler Treppenabstieg in den Ort! Am Marktplatz angekommen gehen Sie weiter die Vilsgasse entlang – nach rechts führend. (Sie sollten aber den Umweg zum „Schmidwöhr" einbauen. Picknick-, Rast- und/oder Fotomöglichkeit mit entblößter Schönheit (zu jeder Jahreszeit!) an der Naab. Auch zum tatsächlichen Zusammenfluss von Vils und Naab gelangt man hier!) Vilsgasse. Blick zum **Haus ohne Dach**. 100 Meter später nach links über die Vilsbrücke.

❋ **Abkürzung. Kein Osterloch. Kein steiler Aufstieg**: Der Aufstieg zur Osterstube ist sehr steil, der weitere Weg nach oben wild und beschwerlich. Wenn Sie auf die Osterstube verzichten, dann gehen

NICHT LUSTIG:

Im Jahr 1655 heiratete Karl Siegmund von Tänzl von Tratzberg in das Hammerschloss Traidendorf ein. Als Braut hatte er die junge Maria Salome von Aham auf Schedling und Neuhaus auserwählt. Die jedoch fand es gar nicht lustig, die zweite Frau eines wohl bedeutend älteren Herren zu werden, und flüchtete mit ihrem Brautführer, einem Offizier Vogl, Richtung Straubing. Dort wurden sie erwischt, Vogl erschossen und die Braut zum Altar geführt. 1668 heirateten die Tänzls ins benachbarte Dietldorf ein, bauten dort ein Schloss und stießen Traidendorf 1733 ab.

Das ehemals Eisenerz verarbeitende Gut wurde 1854 in eine Glasschleife verwandelt. 1938 wurde die Produktion eingestellt. Heute wird noch Strom erzeugt.

Die Erde ist eine Kugel! Der Beweis liegt bei Kallmünz.

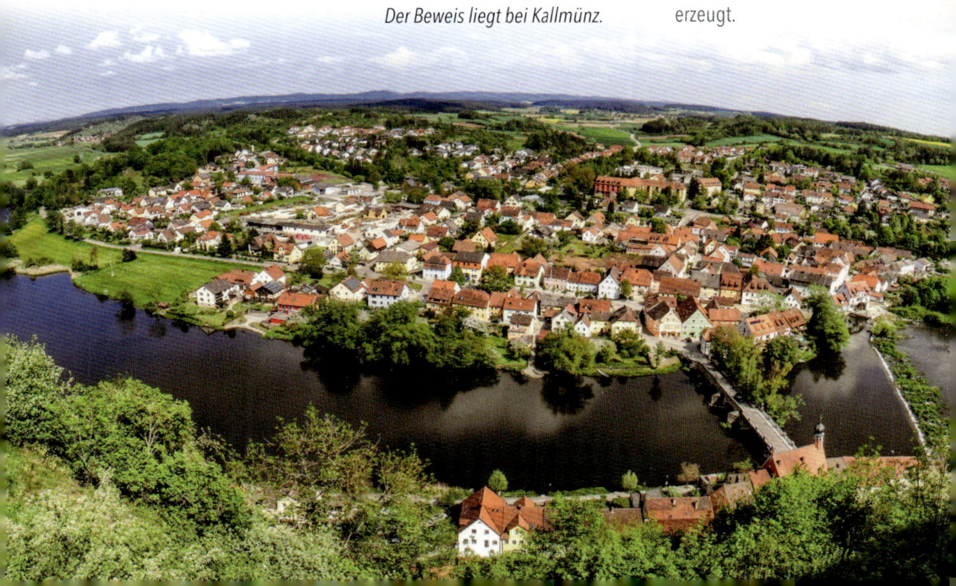

GASTRONOMIE

(in 93183 Kallmünz)

Trattoria Trinacria
(direkt „Am Schmidwöhr"),
Vilsgasse 1, 09473 / 9509900

Gasthaus Goldener Löwe
Alte Regensburger Str. 18,
www.zum-goldenenloewen.de,
info@zum-goldenenloewen.de,
09473 / 380

Bäckerei Zenger
Alte Regensburger Straße 24,
09473 / 1495

Jenseits der
Steinernen Brücke:

Zum Bürstenbinder
(Zoigl-Wirtschaft)
Am Graben 5,
www.zum-buerstenbinder.com,
kontakt@zum-buerstenbinder.com,
09473 / 8552

Zum weißen Rössl
Alte Regensburger Straße 1,
www.zum-weissen-roessl.de,
zum-weissen-roessl@t-online.de,
09473 / 234

Naabstüberl
Alte Regensburger Straße 5,
09473 / 950658

Sie bei Optik Igl geradeaus weiter über die Staatsstraße. Alte Straße / Alte Dinauer Straße bringt Sie nach 600 Metern zum Jurasteig (Richtung Dallackenried weiter). Überspringen Sie die nächsten drei Punkte Wegbeschreibung! (Wenn Sie etwas vom idyllischen Naabufer „mitnehmen möchten", dann gehen Sie gute 850 Meter auf dem Vilstalweg und zweigen dann nach scharf links auf den Jurasteig ab.)

❋ **Mit Osterloch**: Nach Optik Igl (blaues Haus mit Krüppelwalmdach) biegen Sie nach rechts ab: Zwischen Werkstatt und ehem. Discounter auf dem Vilstalwanderweg weiter. Etwas später Überquerung der Staatsstraße. Weiter auf dem Feldweg an der Vils entlang.

❋ Nach 350 Metern auf diesem Weg treffen Sie nun im Wald auf einen verschlossenen Kellereingang. 30 Meter davor führt steil ein Waldpfad bergauf. Nach 80 Metern, im Felsmassiv links des Grabens befindet sich das **Osterloch** 3, eine vergessene Karsthöhle. (Siehe „Sagenhaftes")

❋ Nach Erkundung der Höhle (Stirnlampe!) kurze 20 Meter zurück zum „Aufstiegsgraben". Ich würde

Romantik an der Naab

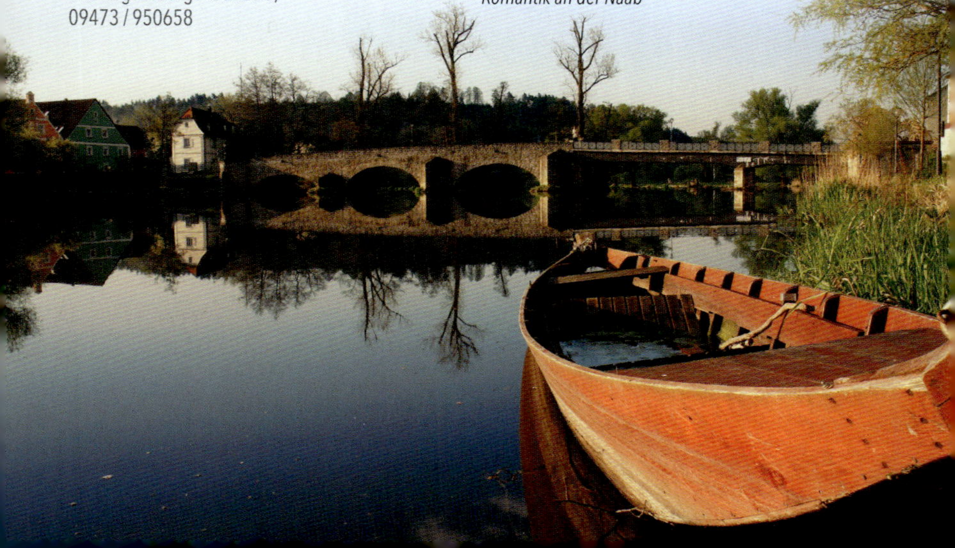

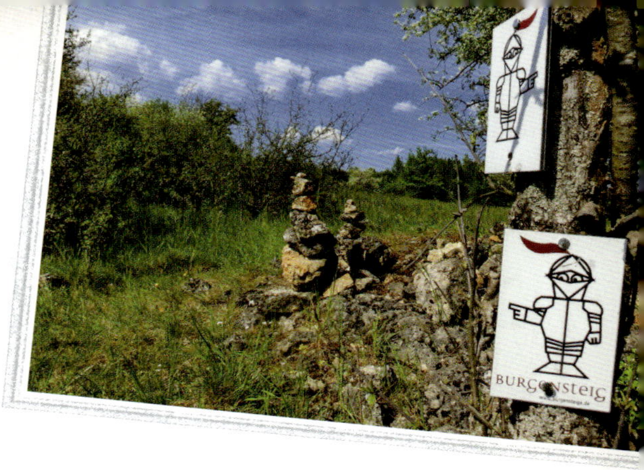

nicht den Abstieg empfehlen, sondern die Querung des Grabens auf Trampelpfad (falls man das so nennen mag). Auf der rechten Grabenseite führt dieser Pfad weiter bergauf, verliert sich aber scheinbar. Lassen Sie sich dadurch nicht entmutigen. Bestimmen Sie per Los, wer die Schneise 100 Meter bergauf findet (oder schlägt), um alsbald auf einen Waldweg zu treffen. Auf diesem weiter zum Jurasteig. Dort angekommen nach links auf diesen einbiegen. Der Jurasteig steigt nun wieder leicht bergab, zur Alten Dinauer Straße hinunter (wo die Abkürzung aus dem Tal dazustößt).

❋ Hier angekommen rechts, auf Jurasteig Richtung **Dallackenried**. (**Kontrolle**: Lourdesgrotte beim Aufstieg.) Knappe zwei Kilometer Jurasteig. Dort wo der Jurasteig nach Süden Richtung Dallackenried abknickt 4, gehen Sie geradeaus weiter (**Kontrolle**: nach einigen Metern zwei gelbe „Sichtmarker Gasfernleitung“ inklusive Hochsitz). An der nächsten Kreuzung (bei Rettungspunkt R-L-2068) nach rechts mit Ziel Wald. Jetzt wird's spannend:

❋ 10 Meter vor Betreten des Waldes gabelt sich der Weg. Nehmen Sie den linken Arm – in den Wald hinein. Leichter Anstieg, alle Abzweigungen ignorierend, dann geradeaus über eine 5-fach-Kreuzung (Weg ist leicht eingetieft). Nach Überschreiten des höchsten Punktes an der nächsten Y-Gabelung wieder links abbiegen. Danach noch ein Y – ebenfalls wieder links halten. (**Kontrolle**: Kiefer rechts rotes Sprühkreuz, Kiefer nach links grüner Pfeil!) Mit Erreichen des Waldrands sollten Sie nun in Verlängerung des Wegs auf ein Stromleitungsmonster zusteuern. Am Waldrand nach links entlang bis zur Forststraße, wo sie auf die Schilder der Jurasteig-Bärenlochschlaufe treffen. Hier nach rechts auf die Forststraße.

❋ Überqueren Sie die Lichtung, bzw. unterqueren Sie die Hochspannungsleitung. Beim nächsten Wald angekommen, verlassen Sie alle offiziellen Wanderwege, indem Sie scharf nach links in den Buchenmischwald eintauchen. Der Weg führt auf 500 Metern Länge bergab ins Mühltal.

❁ Unten angekommen nach rechts abbiegen und der Talsohle folgen. (**Kontrolle**: Lichtung zur Linken.) 150 Meter, nachdem sich der Wald wieder geschlossen hat, ist rechter Hand das **Bärenloch** 5 ausgeschildert!
❁ Kurze Erkundung, dann zurück zum Weg in der Talsohle. Bevor dieser Talweg zum Links-Rechts-Schwenk ansetzt, biegen Sie an der Abzweigung 90 Grad nach rechts ab, wieder den Hang hinauf. (Hier haben Sie dann sogar zwei Alternativen. Suchen Sie sich eine aus!)
❁ Oben treffen Sie auf den Weiler **Murrenberg** (Tipp: Nehmen Sie die Stille in sich auf!). Nach links auf den W 55 („Girnitztal“) bis zum ersten Haus (grün gestrichen) von Rohrbach. Gegenüber, am Kalk-Sandsteinaufschluss, auf Asphalt steil nach rechts zur Kapelle auf **Burgstall Kapellenberg**. Durchquerung des Friedhofs, Abstieg auf Kreuzweg nach Rohrbach. Fußweg. Kirche. Auto. Ende Gelände!

SEHENSWÜRDIGKEITEN:

❁ **Burg Kallmünz**: Strategisch günstig gelegene Spornburg, deren Anlage aus keltischer Zeit stammt. Erste urkundliche Erwähnung im Jahre 893. Erste Erwähnung als Burg der Wittelsbacher im Jahr 1329. Danach wechselnde Besitzer. 1504 Brand. 1633 Plünderung nach Wiederaufbau im Dreißigjährigen Krieg. 1641 endgültige Zerstörung durch schwedische Truppen. Anschließend Verwendung als Steinbruch. Wiederholte Sanierung durch die Gemeinde bis in die Neuzeit. 2010 Pläne, die Burg verstärkt touristisch zu nutzen (einschl. starker baulicher Veränderungen). Erfolgreiche Gegenbewegung „Finger weg von der Burg!“.
❁ **Ort Kallmünz**: Bekannt als „Perle des Naabtals“. Ort mit großer kunsthistorischer Geschichte, vor allem seit Wassily Kandinsky und Gabriele Münter 1903 hier ein Paar wurden – und nebenbei auch ein paar Bilder malten …

Sehenswert:

- Haus ohne Dach: einzige heute noch eingerichtete Höhlenwohnung Deutschlands.
- Steinerne Brücke: erbaut 1549–1558 (durch Eisgang und Wehrmachtstruppen stark beschädigt).
- Zahlreiche Skulpturen sowie Galerien im Ort.

❁ **Burgstall Kapellenberg ob Rohrbach**: Erbaut im späten 11. oder frühen 12. Jahrhundert auf dem Areal des heutigen Friedhofs. 1242 an das Hochstift Regensburg übergeben, 1272 bereits aufgegeben. Der östliche Teil der Kapelle hat seit dem 12. Jahrhundert überdauert.

❁ **Schloss Rohrbach**: Spätgotisches Giebelhaus von 1586. Wohnsitz der Besitzer des Rohrbacher Hammerwerks, das bis ins 14. Jahrhundert belegt ist. Es ist heute in Privatbesitz. Die Grablegen ehemaliger Besitzer findet man in der Pfarrkirche Heilige Dreifaltigkeit.

SAGENHAFTES:

Das Innere des **Osterlochs** hat die Natur mit Tropfsteinen ausgekleidet. In den geschwungenen Formen sahen manche die Jungfrau Maria mit dem Jesuskind. Dem Wasser, das dort in der Höhle glitzert, sagte man früher Heilkräfte zu. So kam es, dass sich einst so viele Pilger an der Höhle einfanden, dass sie sich um den Zugang zu dem Wasser prügelten. Heute ist die Höhle wieder ein verstecktes, selten besuchtes Juwel.

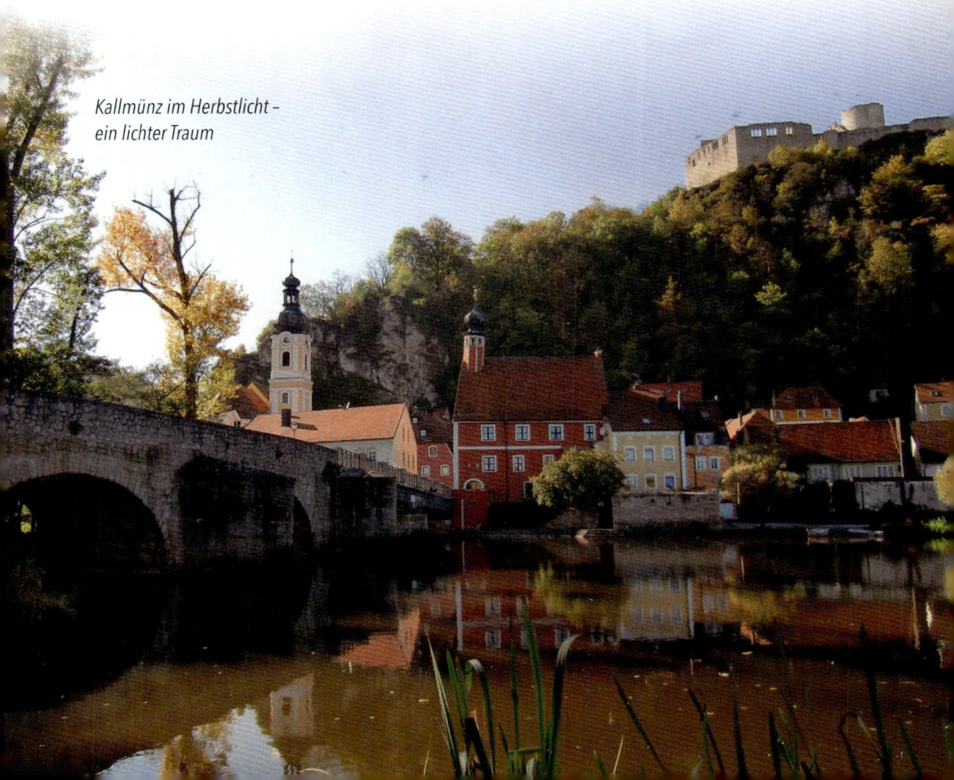

Kallmünz im Herbstlicht – ein lichter Traum

TOUR 9

WOLFSEGG – BURGSTALL LICHTENROTH – PIELENHOFEN – WALL

KANN SPUREN VON WEISSER FRAU ENTHALTEN!

15 KM / 4:30 H / 380 HM

Blick auf Wolfsegg

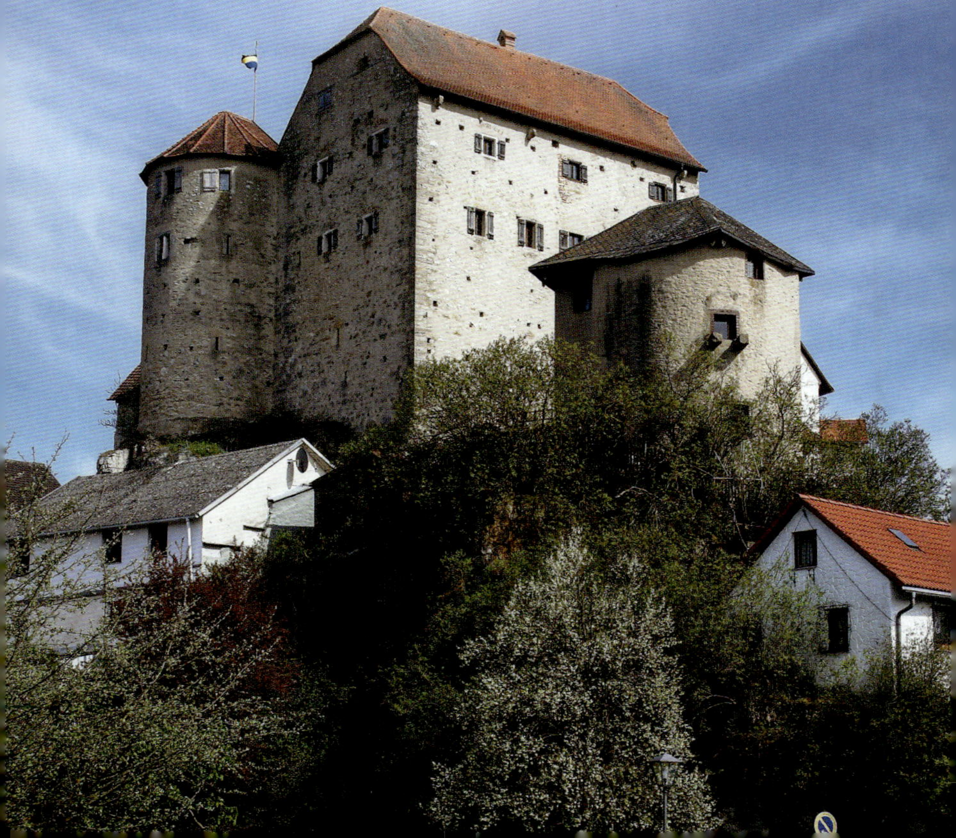

Man nehme: Naturwaldreservat-Filetstücke vom Jurasteig, die gut durchweichte Lende der Wolfsfährte, Waldvereinswege unterschiedlicher Couleur, verbinde das Ganze mit Stückchen vom Burgensteig und würze es mit unmarkierten Passagen aus dem Wildwegegarten. Dann hänge man den Braten zwischen zwei malerischen Ortschaften auf und spicke das Gericht mit einem alten Burgfelsen und, voilá, fertig ist ein naturbelassenes Wandererlebnis der ganz feinen Sorte.
Wer es aber so richtig scharf mag, wer sich nicht vor Dornen, umgestürzten Bäumen und zudringlichen Buchenschösslingen fürchtet, dem bringt der vergessene Pfad neben der Abkürzung vor allem eine Extraportion Brombeerschärfe! Als Essbesteck sollte man dann aber besser von den Wanderstöcken zur Machete wechseln.
Der Wirt wünscht wirklich guten Appetit!

WEGBESCHREIBUNG:

- Nach Burgumrundung (und ggf. -besichtigung) gelangt man über den Burgring nach links in die Judenberger Straße.
- Die eigentliche Wanderung startet am „Wanderpfahl" an der Ecke Judenberger Straße / Kirchstraße, zu Füßen der Grundschule. Folgen Sie ab hier dem W 51 auf einer Strecke von knapp zwei Kilometern. (Der Weg ist gut beschildert!)
- In der Nähe der Biersackschlaglichtung beendet der W 51 seine Zubringerfunktion und übergibt an den W 50, dem Sie ein kurzes Stück nach rechts folgen. Beim Abteilungsschild „Wagensonn" klinken

INFO:

Anfahrt: Von Lappersdorf/Kareth im Norden Regensburgs der Beschilderung nach Wolfsegg folgen. Alternative Anfahrt aus Richtung Kallmünz. Anfahrt nach Pielenhofen durch das Naabtal.

Parken: Parkplatz hinter der Burg Wolfsegg oder an anderen geeigneten Stellen in Wolfsegg (Navi: 93195 Wolfsegg, Burgring 7). Parken in Pielenhofen: Entlang der Angerstraße (Navi: 93188 Pielenhofen, Angerstraße 12)

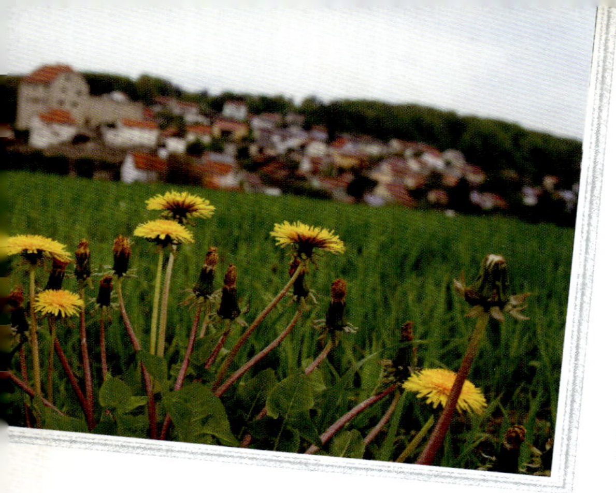

Sie sich nach links aus dem W 50 wieder aus, um nach weiteren gut 100 Metern rechter Hand einen widerwärtigen Tümpel aufzufinden. ❶ (Für die Beschreibung des verlassenen Wegs, der hier beginnt, siehe Variante „Extrascharf“ auf S. 67.)

Nach dem Tümpel folgen Sie dem Hauptweg nach rechts (**Kontrolle**: Marterl „Armer Sünder“ nach ca. 130 Metern links am Baum). Nach 230 Metern auf diesem Weg erreichen Sie ein etwas größeres Zusammentreffen von Forstwegen. Ignorieren! Halten Sie sich am Hochsitz entlang immer links am Waldrand, heißt im Klartext: Gehen Sie einfach geradeaus weiter. Es folgt ein Trampelpfad von knapp 350 Metern Länge. Grüßen Sie die alten, knorrigen Baumgesellen ganz herzlich!

Sie treffen dann auf einen etwas breiteren, gut frequentierten Mountainbike-Wander-Waldpfad, dem Sie ins Tal folgen. Vor Erreichen von Talsohle und Waldrand treffen Sie auf den vielgepriesenen Jurasteig. Folgen Sie ihm nach links auf eines seiner besten Stücke. Nach 600 Metern erreichen Sie die Einstiegsstelle eines vergessenen und überwucherten Hohlwegsystems ❷. Umkurven Sie diese Stelle auf dem Jurasteig.

Es folgt nun ein moderater Anstieg von knapp einem halben Kilometer. Unvermittelt gabelt der Jurasteig nach rechts ab. Sie aber gehen geradeaus weiter, um nach weiteren 300 Metern auf den **Burgstall Lichtenroth** (siehe Foto rechts) auf dem Engelsfels zu treffen. (Beim Abstieg durch den Halsgraben bietet ein Seil den nötigen Halt!

Nach Burgstallbesichtigung weiter auf dem Aufstiegsweg. Sie treffen wenig später auf eine Forstwegkurve (Hier kommt der „extrascharfe“ Weg aus Verhau von Minibuchen heraus!) (**Kontrolle**: Burgensteigschilder). Biegen Sie nach rechts ab, um den Forstweg nach 60 Metern erneut nach rechts zugunsten eines Trampelpfads zu verlassen. Herrlicher Abstieg auf unmarkiertem Weg. Etwas später Fusion mit dem Jurasteig. Auf Letzterem gut beschildert bis zu den Häusern von Pielenhofen.

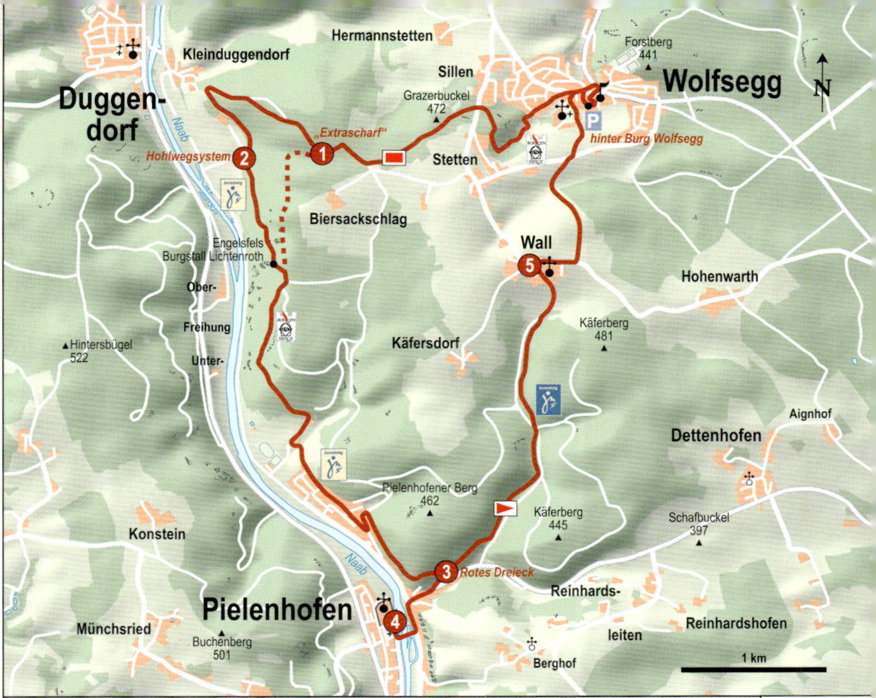
Hermannstetten
Kleinduggendorf
Duggen-
dorf
Forstberg
441
Wolfsegg
N
Sillen
Grazerbuckel
472
„Extrascharf"
hinter Burg Wolfsegg
Hohlwegsystem
Stetten
Naab
Biersackschlag
Engelsfels
Burgstall Lichtenroth
Wall
Ober-
Hohenwarth
Freihung
Hintersbügel
522
Unter-
Käferberg
481
Käfersdorf
Aignhof
Dettenhofen
Pielenhofener Berg
462
Käferberg
445
Schafbuckel
397
Konstein
Rotes Dreieck
Naab
Reinhards-
Pielenhofen
Reinhardshofen
Münchsried
leiten
Buchenberg
501
Berghof
1 km

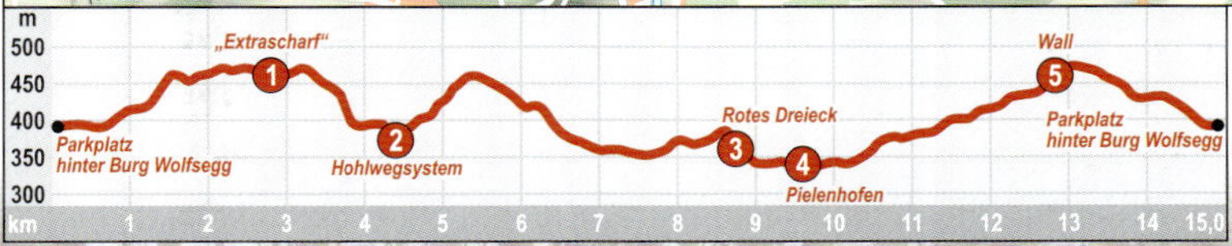
m
500
450
400
350
300
km
1
2
3
4
5
6
7
8
9
10
11
12
13
14
15,0
„Extrascharf"
Parkplatz hinter Burg Wolfsegg
Hohlwegsystem
Rotes Dreieck
Pielenhofen
Wall
Parkplatz hinter Burg Wolfsegg

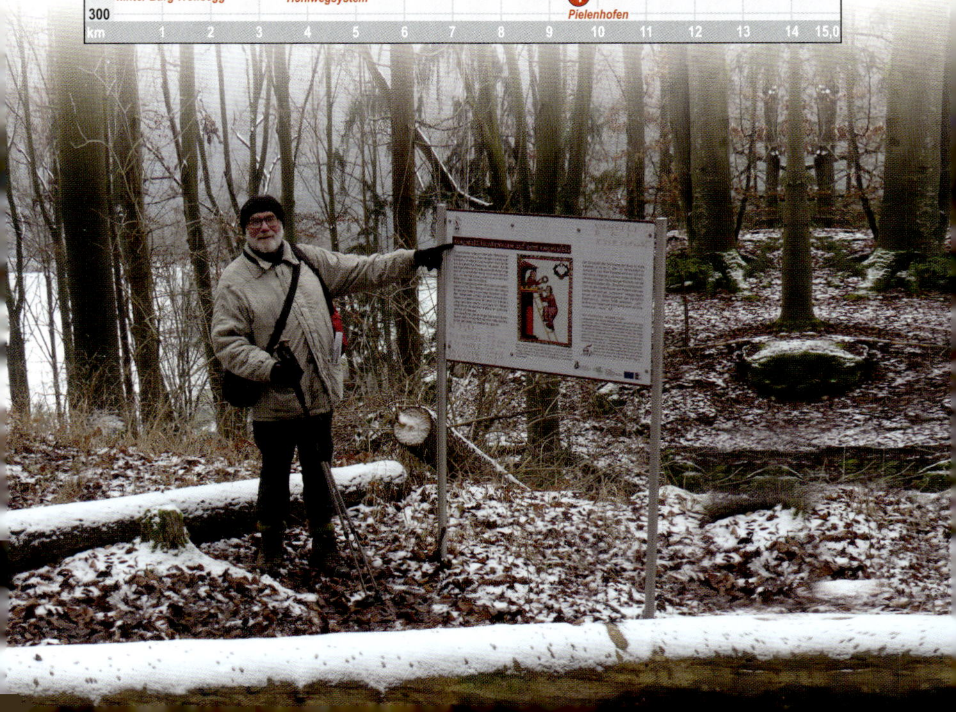

GUT ZU WISSEN:

Der Kulturkeller im Klosterstadel bietet interessante kulturelle Veranstaltungen: *www.klosterstadel.de/ Kulturkeller*

❋ Der Jurasteig schlägt an der Ecke Höllgrabenstraße/Sonnenstraße einen scharfen Linkshaken bergauf und geht weiter in der „Sonnenstraße Hausnummern 18-30". Auf dieser 800-Meter-Strecke gesellt sich die von links oben kommende Wolfsfährte-Schlaufe zum Jurasteig dazu. Man geht in der gleichen (nördlichen) Richtung weiter auf dem Jurasteig und der Schlaufe. Erst später (bei 3) kommt vom Tal der Weg mit dem ► herauf, der zugleich als Jurasteig nach Pielenhofen 4) hinabführt. Der Rückweg nach Wolfsegg folgt ab hier der Schlaufe und dem ►.

❋ Der Rest nach Wolfsegg ist schnell erzählt: Sie folgen den Schildern des ►.

❋ In Wall nach rechts aus der Ortschaft hinaus (Richtung Hohenwarth) und nach links hinein in

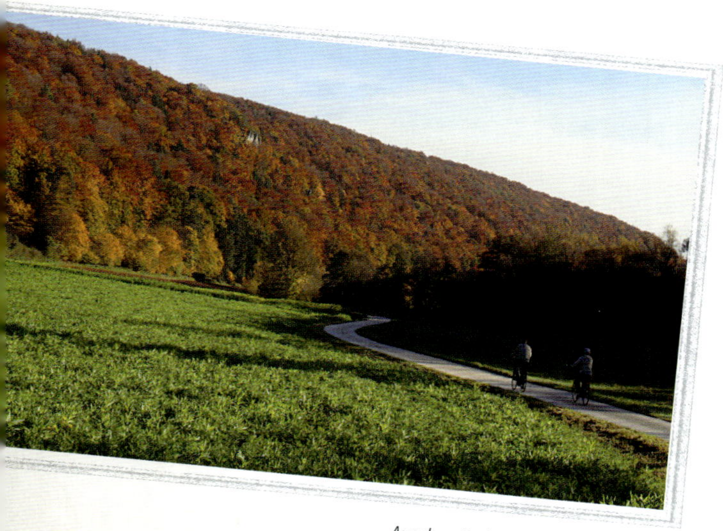

Aus dem Herbstwald ragt der Engelsfels mit dem Burgstall Lichtenroth heraus.

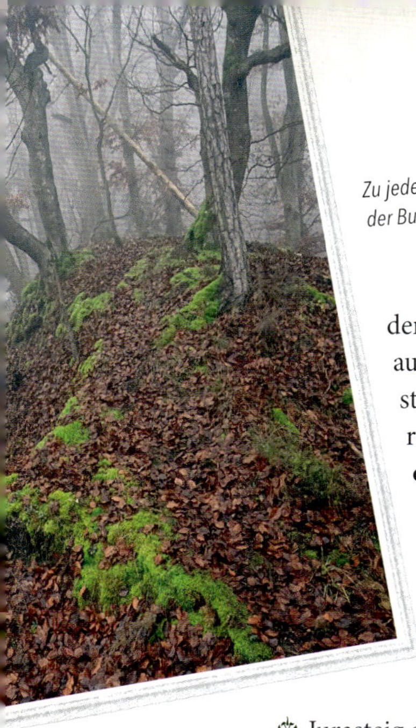

Zu jeder Jahreszeit ein Genuss: der Buchenwald an der Naab

den ersten Feldweg und auf diesem – eine Fahrstraße schräg überquerend – nach **Wolfsegg** hinunter. Schöner Blick auf die Burg!

Start bei Kloster in Pielenhofen:

Jurasteig ab Naabbrücke. Über die Naabbrücke, nach links auf der Angerstraße am Naabufer entlang. Der nach rechts abknickenden Vorfahrtsstraße (jetzt Dettenhofener Straße) folgen. Leichter Anstieg. Nach knapp 200 Metern führen die Jurasteigschilder nach links in den Wald hinauf. Abzweigung des Wolfsfährten-Schlaufenwegs bzw. ▬ in der Kehre nach weiteren knapp 200 Metern.

Variante „Extrascharf":

Folgen Sie bei Punkt 1 – dem grässlichen Tümpel – nicht nach rechts, sondern biegen Sie hier halblinks ab. Der Weg teilt sich dann dreifach. Sie nehmen die rechte Abzweigung, leicht bergab. Der Weg ist nicht mehr besonders ausgeprägt, bringt Sie aber nach 150 Metern auf den alten Weg, der – nach einem Linksknick – auf einer Länge von knapp ei-

GASTRONOMIE:

(in 93188 Pielenhofen)

Klosterwirtschaft
Klosterstraße 6,
www.klosterwirtschaft.de,
info@klosterwirtschaft.de,
09409 / 1525

Laden, Café
Rösterei Klosterstadel,
Klosterstraße 5,
www.klosterstadel.de,
buero@klosterstadel.de,
0160 / 93887981

(in 93195 Wolfsegg)

Bergwirtschaft Kumpfmüller
Waldweg 2,
www.gasthof-kumpfmueller.de,
info@gasthof-kumpfmueller.de,
09409 / 496

Taverne Pirgos
(direkt an der Burg)
Leonhard-von-Eck-Straße 5,
www.taverne-pirgos.eatbu.com,
09409 / 859735

Gaststätte Zur Krone
(direkt an der Burg)
Burggasse 1,
09409 / 348

SAGENHAFTES:

Hätten Geister Instagram, dann wäre die Weiße Frau von Burg Wolfsegg die mit den meisten Followern. Niemand im Land ist bekannter und berühmter als sie.

Schon bevor sie von Georg Rauchenberger 1973 im Burghof an einer Stelle gesehen wurde, an der man später tatsächlich Verwesungserde fand, war sie den Bewohnern des Ortes erschienen – als helles Licht, das strahlte und wieder erlosch, oder als nebelartige Erscheinung. ...

(*Fortsetzung S. 69*)

nem Kilometer an der Trogkante entlang bis zur abbiegenden Forststraße mit den Burgensteigschildern führt. Sie sollten auf jeden Fall alte Wanderkleidung anziehen! Viel Erfolg, viel Spaß!

Sie kommen in der Forstwegkehre mit den Burgensteigschildern wieder heraus (siehe Hauptweg)! PS: Um den **Burgstall Lichtenroth** zu sehen, müssen Sie an der Kreuzung dennoch ein kurzes Stück nach scharf rechts absteigen!

Kloster Pielenhofen mit seiner wechselvollen Geschichte

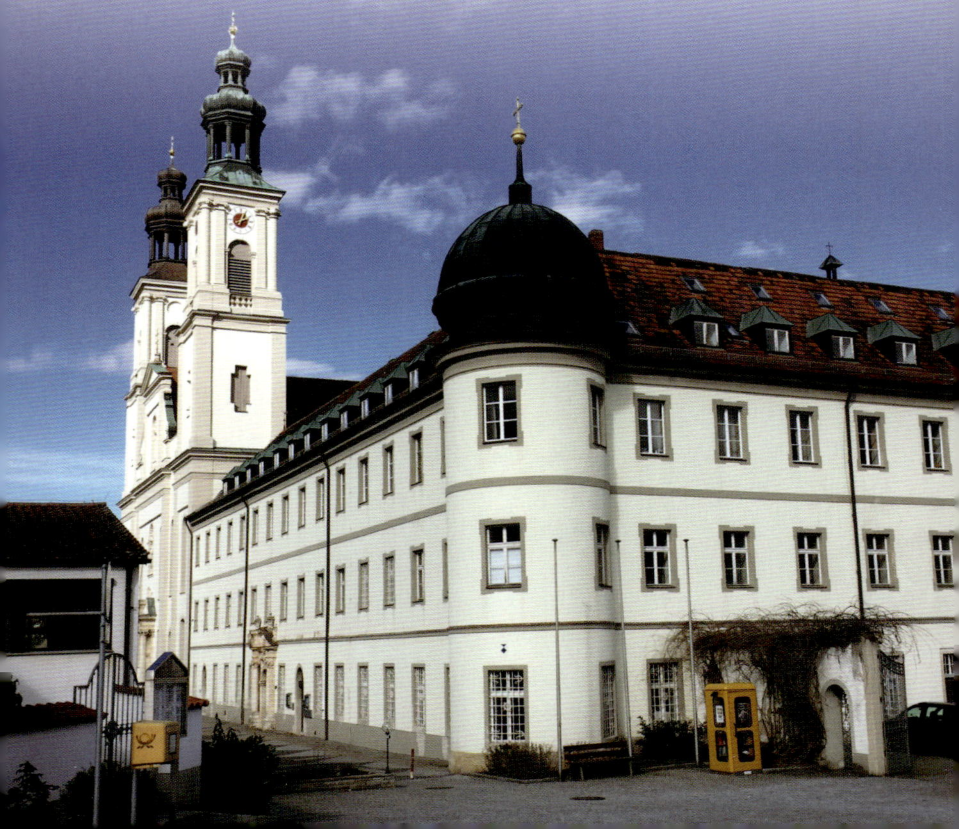

SEHENSWÜRDIGKEITEN:

Burg Wolfsegg: (sehr empfehlenswert!) Errichtet Ende des 13. Jahrhunderts, in verschiedenen Bauphasen ausgebaut. Heute eine der besterhaltenen Burganlagen der Oberpfalz samt Rittersaal, Burgmuseum, Höhlenmuseum und Gespenst. Alles Wissenswerte zur Geschichte sowie Öffnungszeiten unter: *www.burg-wolfsegg.de.*

Kloster Pielenhofen: Gründung 1240 durch die Herren von Hohen- und Ehrenfels als Zisterzienserinnenkloster. Nach 1542 unter weltlicher Verwaltung. Nach der Säkularisation (1803) Pfarrkirche. Anschließend Kloster der Karmelitinnen, Salesianerinnen, Grundschule der Regensburger Domspatzen. Seit 2013 Schule des Herder-Schulvereins. Die Kirche selbst stammt aus dem Barock.

Eisenwerk Pielenhofen: Die Zisterzienser betrieben auch industrielle Arbeiten. Zwischen 1397 und dem Ende des 19. Jahrhunderts wurde hier intensive Eisengewinnung aus den Erzen der umliegenden Gruben sowie aus Amberg und Sulzbach betrieben.

Burgstall Lichtenroth: Wurde erst 1297 nach der Zerstörung erwähnt. Die Lage war wohl spektakulär: Zur Bergseite durch einen Halsgraben geschützt, war die Burg von der Talseite praktisch uneinnehmbar. Ihre Funktion dürfte in der Überwachung des Naabtals gelegen haben, was ein Blick vom Engelsfelsen plausibel erscheinen lässt.

... Von mehreren möglichen Szenarien wird dieses am intensivsten, ausführlichsten geschildert: Der Hausherr, Ulrich der Laaberer, will den Hammerherrn im nahegelegenen Heitzenhofen zum Verkauf des Hammerwerks bewegen. Dieser weigert sich beharrlich. Hier bringt er selbst seine Frau ins Spiel: Sie sollte den Herrn des Hammers becircen und damit zum Kauf bewegen. Fatalerweise verliebte sich Frau von Laaber in den Hammermann. Dem Hausherrn blieb das natürlich nicht verborgen. Er erlaubte zwar seiner Frau die Rückkehr nach Wolfsegg, diese gab dann aber die Beziehung nicht auf. Das brachte den Gatten so in Rage, dass er sie in ihrem Zimmer erstach. Sein Anwalt hätte wohl auf „Affekt" plädiert und er hätte beteuert, dass er sie nur erschrecken wollte. So oder so, er begrub sie dann im eckigen Turm, wo heute noch Medien ein Ereignisfeld spüren.

HÖHLENBURG LOCH – BURGSTALL WEIHENSTEFEN – BURGSTALL EGELSBURG

DIE MAXIMALE AUSWAHL AN WOHNFORMEN: HÖHLE, BURG, SCHLOSS. DA IST FÜR JEDEN WAS DABEI!

9,7 KM / 3 H / 239 HM

Ruine Loch:
Im Laabergrund, in Fels gebaut,
aus alter Zeit herüberschaut –
ein Turm, ein Stück Mauer noch,
als stummer Zeug' – Ruine Loch.
Noch steht der Bergfried, längst geborsten,
in seinen Mauern Eulen horsten,
auf seinen Zinnen wuchern Fichten
das Werk noch völlig zu vernichten.
Verwaist, die Stätte öd und leer,
selbst Tor und Graben sind nicht mehr,
statt Burg gelassen – Felsenhöhl'
und Schutt und Strauch und Steingeröll.
Einst stolze Burg und sich'rer Hort
in Kriegsnot auf den ganzen Ort
ist heute sie dem Verfall geweiht,
ein Sinnbild der Vergänglichkeit.
Und doch träum ich so gern im Schatten,
dort oben auf den grünen Matten,
ist auch die alte Wehr zunichte
hier lebt noch fort ein Stück Geschichte.
Und sinnend gehe ich von hinnen;
denn Leben neu blüht aus Ruinen!

Sepp Fanderl, aus: *Oberpfälzische Burgen*. Gustav Bosse Verlag Regensburg. Heimatbuchreihe Band IV. 1952.

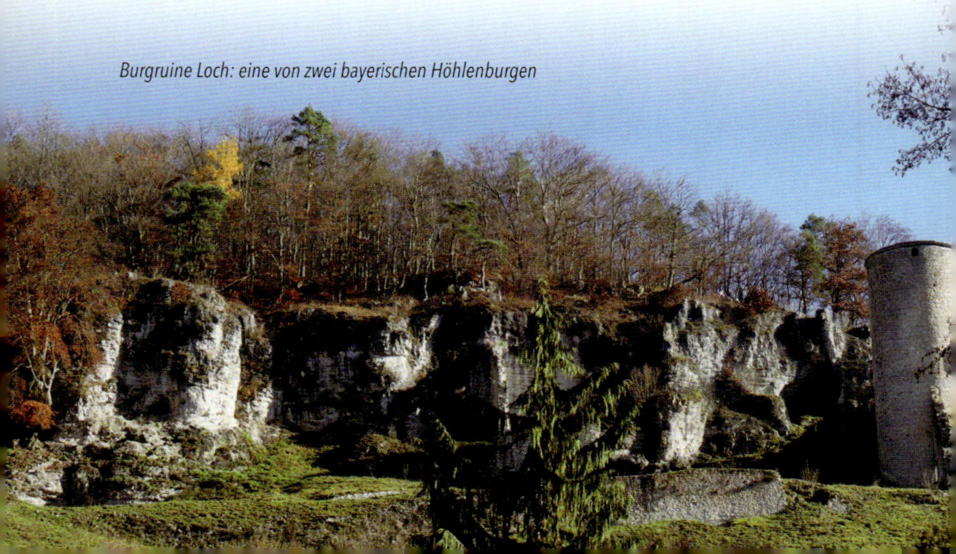

Burgruine Loch: eine von zwei bayerischen Höhlenburgen

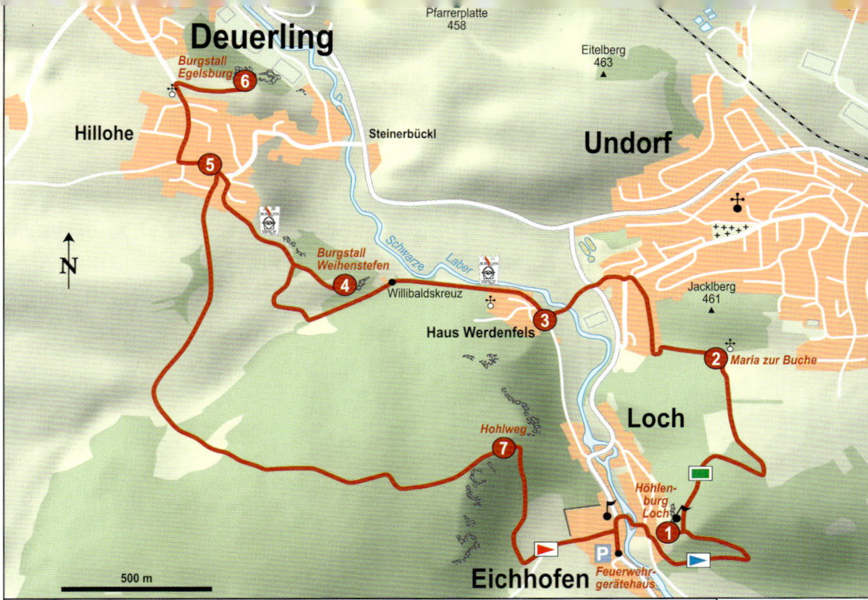

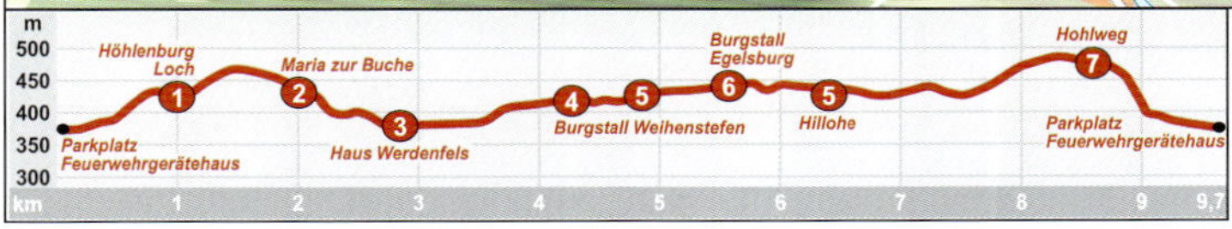

WEGBESCHREIBUNG:

✵ Start ist an der Schlossbrauerei **Eichhofen**. Gegenüber dem Schlossgebäude führt Sie ein kleiner Durchlass („Privatweg") zwischen den Brauereigebäuden über die Schwarze Laber. Rechts in die Labertalstraße, unmittelbar danach nach links, auf den Schwarzholzsteig, wo W 7 ▶ einen steilen Anlauf nimmt.

✵ Nach 400 Metern zweigt W 66 (Pieps Dengler Steig) ■ nach scharf links ab. Um auf **Burg Loch** ❶ herabblicken zu können, müssen Sie den Weg an

INFO:

Anfahrt: A3, Ausfahrt Nittendorf → Undorf → Eichhofen

Parken: beim Feuerwehrgerätehaus (auf eigene Gefahr) (Navi: 93152 Nittendorf/ Eichhofen, Von-Rosenbusch-Straße 9); alternativer Start: Undorf (Navi: 93152 Nittendorf/ Undorf, Lindenstraße 2)

ÖPNV: An- und Abreise mit der Bahn im Stundentakt möglich. Durch den Ort an der Kirche vorbei in die Werdenfelser Straße.*

(*Wegstrecke verlängert sich dadurch um 2 x 1 km.)

GASTRONOMIE:

Schlossbrauerei Eichhofen Brauereigasthof
Von-Rosenbusch-Straße 3,
93152 Nittendorf,
www.eichhofener.de,
schlossbrauerei@eichhofen.de

der ersten Rechtskurve oberhalb Eichhofen kurz verlassen.

Nach einer scharfen Linkskurve am Waldrand bringt Sie ▬ zur Kapelle **„Maria zur Buche"** ❷. Direkt an der Kapelle den W 66 verlassen – in Richtung der stärksten Geländeabsenkung. Bereits 10 Meter nach Durchqueren der ersten Baumreihen wird ein neuer Weg (knapp 200 m Strecke) ehemals ► sichtbar.

In der Siedlung angekommen finden Sie einen kleinen Fußweg durch die letzten Häuser hindurch zur Lindenstraße. Im Werdenfelserweg nach links und in der Kehre – an der Sitzbank vorbei – auf kurzem Schottersteig hinunter zur Fahrstraße.

Der Feldweg gegenüber („Durchfahrt verboten") bringt die Wandernden erst über die Schwarze Laber, dann – nach Rechtsschwenk auf

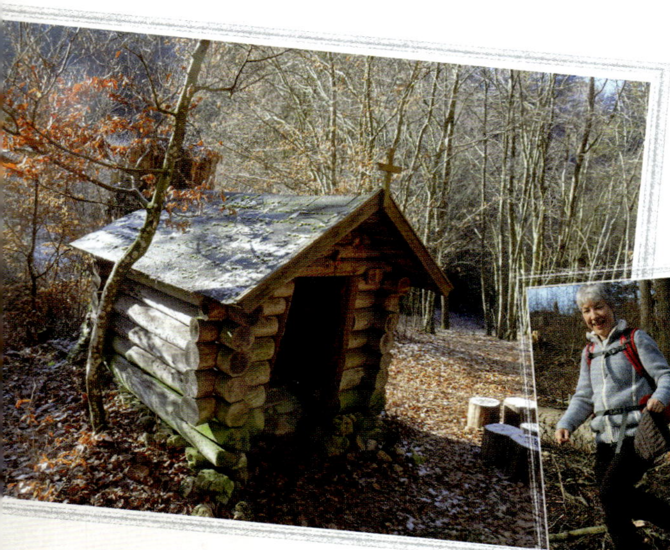

Ebenso versteckt wie romantisch: die Holzkapelle Maria zur Buche

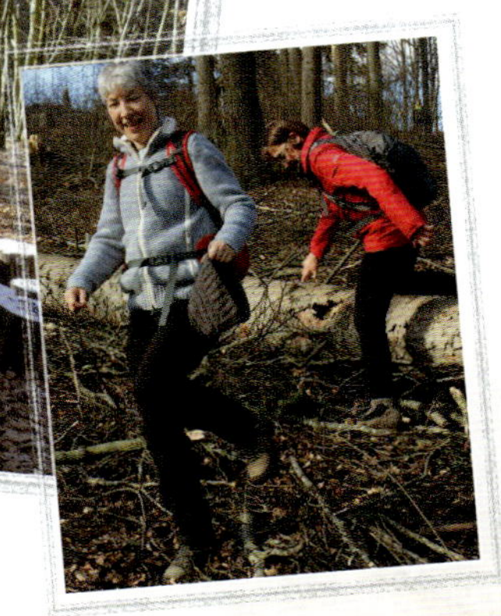

die Straße – zur Auffahrt zum **Haus Werdenfels** ❸. Sie bleiben auf Flussniveau! Spätestens beim Boden-Steinlabyrinth (zwischen Weg und Schwarzer Laber) treffen Sie auf die Burgensteigschilder, denen Sie nun folgen.

❊ Knapp 500 Meter weiter – am **Willibaldkreuz** links vorbei – führt der Steig im Wald bergauf. Wenn Sie aus dem Wald herauskommen, könnten Sie mit einem Blick über die rechte Schulter auf den Kalkfelsen die **Burg Weihenstefen** ❹ erblicken – wenn es sie denn überhaupt gab! Der offizielle Weg zum Burgstall führt allerdings in einem weiten Rechtsbogen (ø 100 Meter) um das Landschaftsschutzgebiet herum, bis Sie an einer Heckenecke auf eine T-Kreuzung stoßen. Der Burgensteig zweigt in beide Richtungen ab: Rechts als Sackgasse hinein ins Gehölz und auf unwegsamem Pfad bis zur Infotafel Weihenstefen. Links bringt Sie der Weg anschließend nach Hillohe. (**Kontrolle**: Jesus-Schrein und Insektenhotel mit Kalksteinensemble am Ortseingang.)

❊ In **Hillohe** ❺ angekommen nach links auf die Heimberger Straße, weiter nach rechts in den Kapellenweg. „Hilloher Kapelle" am Ortsende. 30 Meter weiter – am ersten Lichtmasten – rechts in den Feldweg, an der Scheune vorbei.

❊ Kurz dahinter finden Sie die Infotafel zum **Burgstall Egelsburg** ❻. Gehen Sie dann bis zum Aussichtspunkt auf Deuerling vor. Das unruhige Gelände zeugt noch von den Resten einer Burganlage. Zurück nach Hillohe und bis zur zweiten Abzweigung des Flurwegs (Straßenname!) nach rechts.

❊ Nach Passieren des Durchfahrt-verboten-Radfahrer-und-Anlieger-frei-Schilds betreten Sie einen Feldweg und unmarkiertes Terrain. (Überblick: Dieser Feldweg – später Waldweg – bringt Sie in einem

SAGENHAFTES:

In einer Sage aus Eichhofen kommt keines der noch stehenden Gebäude vor, weder Burg Loch noch das Schloss selbst. Es ist vielmehr ein Geisterschloss, das ein Musikant von der Kirchweih kommend auf seinem Weg nach Hause im Labertal erblickte. Beim Näherkommen sah er Ritter in ihren glänzenden Rüstungen und ihre Damen in feinen Gewändern ein rauschendes Fest feiern. Er wurde eingeladen, für die Geister aufzuspielen, und wurde als Dank mit Kohlen bedacht, die man in seinen Hut füllte. Der Musikant ging nach Hause, schüttete aber die Kohlen – verärgert über den mageren Lohn – in die Wiese. Am nächsten Morgen entdeckte er Goldstaub an seinem Hut. Die Kohlen hatten sich in Gold verwandelt, blieben aber – wie das Schloss selbst – verschwunden. Vergeblich suchte der Musikant nach dem Gold, so wie heute die modernen Geisterjäger nach dem Schloss. Vielleicht haben Sie ja mehr Glück – wenigstens mit dem Gold?

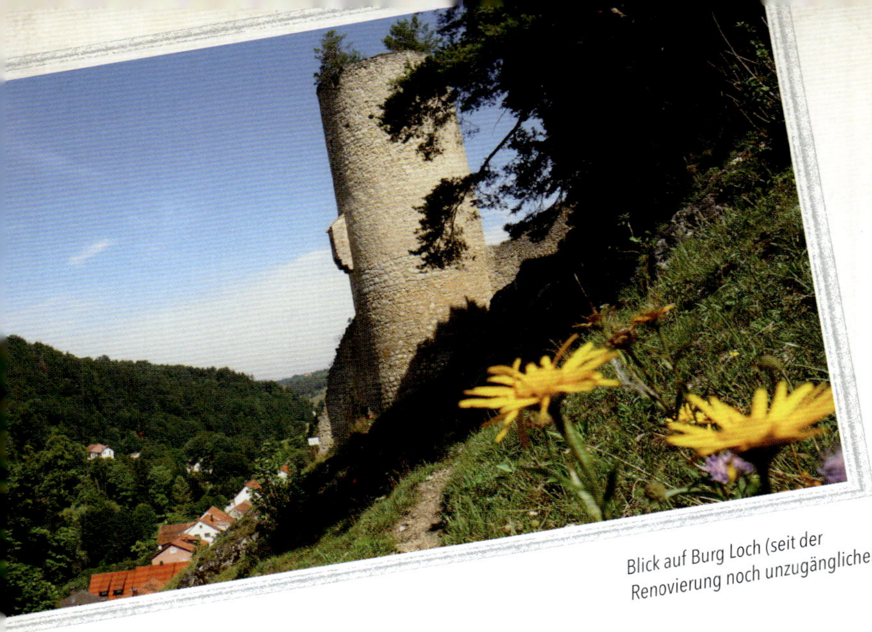

Blick auf Burg Loch (seit der Renovierung noch unzugänglicher)

großen, knapp 2 Kilometer langen leichten Linksbogen zurück bis oberhalb Eichhofen, bevor er in einer steilen Rechtskurve absteigt. Alle Abzweigungen ignorierend folgen Sie nun diesem Weg.)

❁ Auf der Höhe im Wald angekommen verhungert dieser Weg langsam, bevor er auf eine T-Kreuzung trifft. Hier nach rechts abbiegen. 50 Meter später (feiner Schotterboden auf 10 Meter Länge) vereinigen sich zwei weitere Waldwege. Sie gehen halblinks weiter. (**Kontrolle** etwas später: Minidoline mit Dekoschrott-Steingebilde rechter Hand.)

❁ Weiterhin alle Abzweigungen ignorierend gehen Sie nun gemächlich bergab. Wenn Sie alles richtig gegangen sind, stehen Sie alsbald oberhalb **Eichhofen** 7 und hören die Schwarze Laber gurgeln. Hier aber der scharfen 160°-Rechtskurve durch kurzen Hohlweg bergab folgen – von Eichhofen weg.

❁ Im Tal angekommen treffen Sie an einer Bank auf den Feldweg und ►. Von hier zurück in den Ort und bestenfalls zur Einkehr ins Schlossgasthaus.

SEHENSWÜRDIGKEITEN:

❋ **Schloss Eichhofen**: Ein sogenanntes Hammerschloss, erbaut im 16. Jhdt. Wohngebäude von Hammerwerk-Besitzern. Der Eisenhammer bestand bis 1848, die Getreidemühle lief bis 1970. Heute ein kleines, privates Kulturzentrum.

❋ **Loch** 1: Eine von zwei Höhlenburgen in Bayern. Um das 13. Jahrhundert durch die Rammelsteiner zum Schutz eines Hammerwerks gebaut. Spätere Besitzer verlegten ihren Wohnsitz in das benachbarte Schönhofen, weil die Burg zu unbequem war (kann man verstehen!). Inzwischen ist die Burg herrenlos und gehört damit dem Freistaat Bayern. Betreten ist nicht möglich.

❋ **Burgstall Weihenstefen** 4: Leitet sich ab von Wihensteten („wîh“ = heilig, geweiht). Fraglich ist, ob hier überhaupt je eine Burg stand oder ob die Anlage schon nach den ersten Arbeiten aufgegeben wurde. Wenn, dann war der Erbauer ein Gozbertus de Wihensteten (um 1150).

❋ **Burgstall Egelsburg** 6: Der Name leitet sich ab vom Burgherrn Egilolf von Stein, dessen Linie schon gegen Ende des 12. Jahrhunderts ausstarb, was auch das Ende der Burg bedeutete. Aufgabe dieser Burg war möglicherweise die Sicherung der Königsstraße und der Brücke im Ortsteil Steinerbrückl – eine Steinbrücke, was für die damalige Zeit ungewöhnlich war.

Das Labertal mit seinem typischen Magerrasen

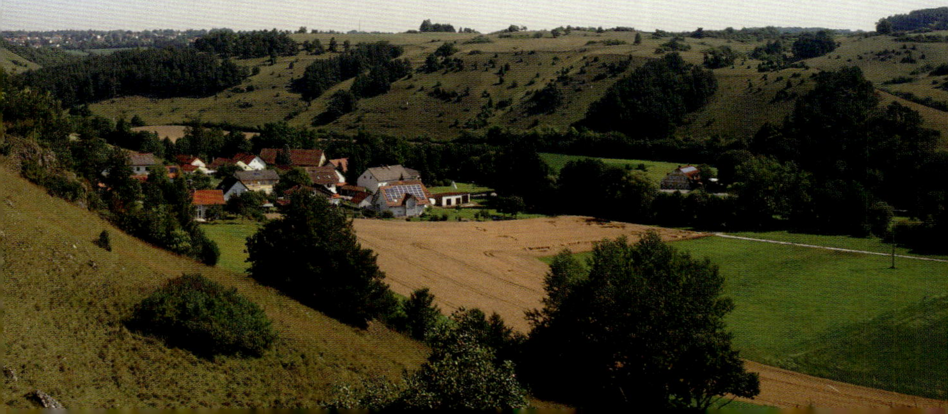

ETTERZHAUSENER LÖWENECK-RÄUBERRITTERRUNDE

VON LÖWEN, RÄUBERN, RITTERN UND EINER KURZEN BURG

6,6 KM / 2 H / 162 HM
8,8 KM / 2:40 H / 243 HM *

Wer war schlimmer? Ein Räuber oder ein Ritter? Antwort: Ein räubernder Ritter.
Vor den Toren Regensburgs treffen wir auf beide. Während von der ehemaligen **Burg Löweneck** nichts mehr zu sehen ist, wird vor unserem geistigen Auge das wilde Räuberleben in der **Räuberhöhle** lebendig. Das Maximalerlebnis bietet diese kleine wilde Wanderung, wenn man sie – mit Fackel oder Stirnlampe bewaffnet – als Nachtwanderung geht! Dann kann man auch die sagenhafte Geschichte (siehe S. 80) (zumindest im Kopfkino) nachspielen.

Herrlicher Blick auf Penk

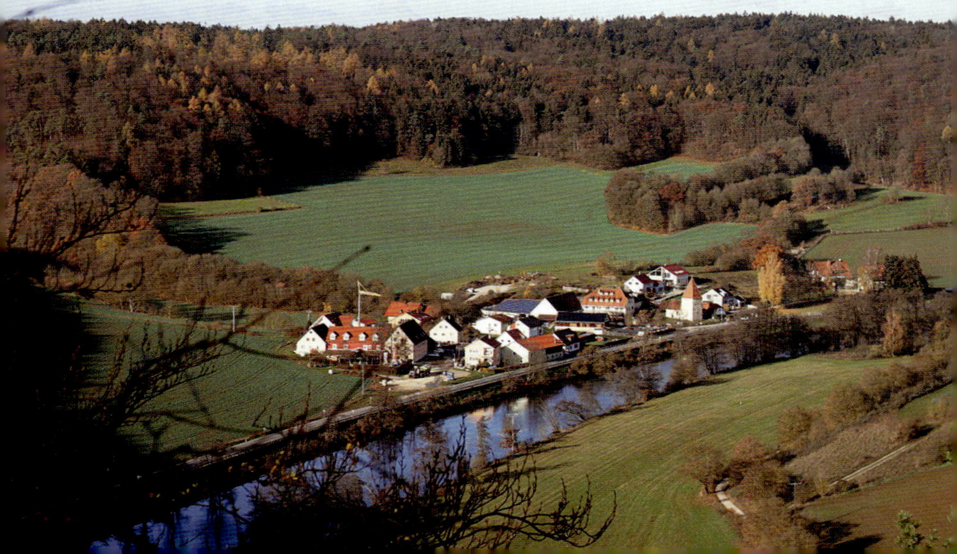

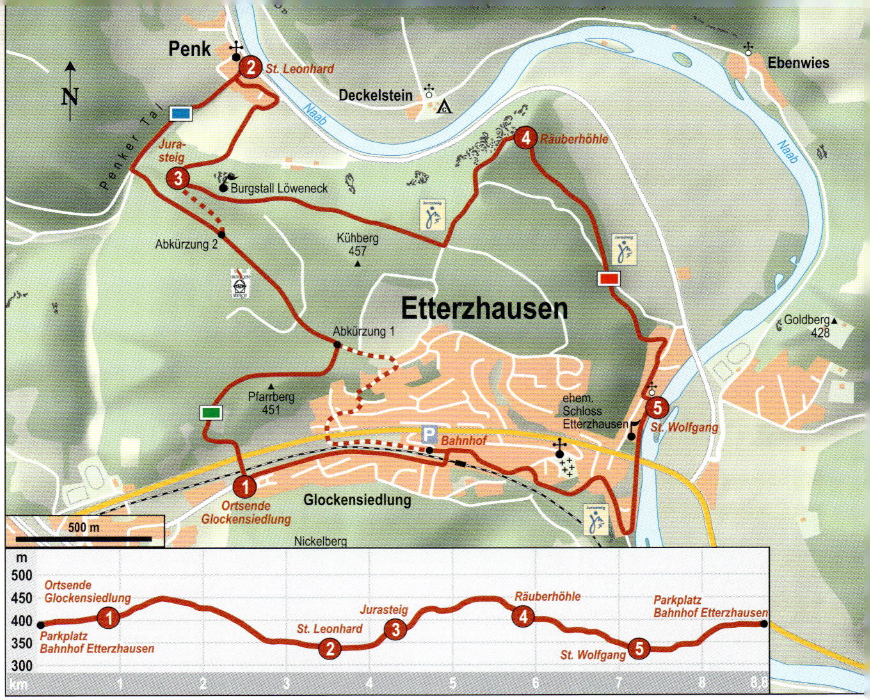

INFO:

*** Varianten:** Es gibt eine **kurze und eine lange** Variante der Route (siehe Karte oben / Text S. 77–79)

Anfahrt: A3, B8. An der Kreuzung am oberen Ortsende zum Bahnhof.

Parken: Bahnhof Etterzhausen (Navi: 93152 Etterzhausen, Bahnhofstraße 7)

ÖPNV: Mit Agilis (Bahn) stündliche An- und Abreise möglich. *TIPP*: RVV-(Gruppen) Ticket. Fahrzeiten unter *www.bahn.de*

WEGBESCHREIBUNG:

❋ **Abkürzung**: Start am Bahnhof, ab hier bereits dem Burgensteig bis zur Anforderungsampel an der B8 (Nürnberger Straße) folgen. Diese überqueren Sie und folgen dann Ritter Wonnebold (Burgensteig) bzw. den Serpentinen der Domspatzenstraße hinauf, wo Sie vor Hausnummer 33 auf den Durchlass treffen, der Sie auf den Feldweg bringt, den Sie nach links einschlagen.

❋ **Standardroute**: Start ist am Bahnhof, wo Sie mittels Fußgängertunnel die Gleise unterqueren und dem W 23 ▬ bis zum Ortsende der Glockensiedlung folgen ❶. (**Kontrolle** auf halber Strecke: Frei stehender Glockenturm.)

❋ Zunächst geht es sicher über die Bahnbrücke, dann aber über die vielbefahrene B8 samt Kreu-

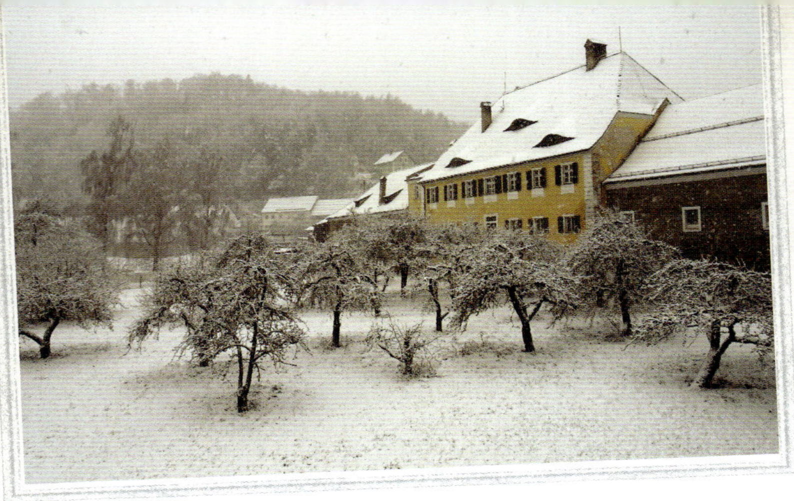

Auch im Winter ein schöner Anblick: die ehemalige Schlossökonomie. Was hindert uns daran, auch im Winter zu wandern?

zung. Hals- und Beinbruch! Wer drüben heil ankommt, wird von einem herrlichen Buchenmischwald entschädigt. ▬ weiter folgen.

❋ Nach zwei großen Schwüngen um den Pfarrberg stoßen Sie auf den Burgensteig. Links abbiegen. (Von rechts kommt die Abkürzung.) Der Weg beginnt mit leichtem Gefälle, wird dann immer steiler.

❋ Erneute **Abkürzung** gewünscht? Der Burgensteig teilt sich nach ca. 7 Gehminuten. Die Abkürzung läuft steil schräg bergauf, auf einem schmalen, „wilden" Wirtschaftsweg. Sie treffen bei ❸ wieder auf den Jurasteig. Biegen Sie dort nach rechts ab.

❋ Im Talgrund des Penker Tals angekommen, treffen Sie auf Jurasteig bzw. W 16 ▬. Diesem Weg talauswärts bis Penk folgen. Im Ort kurzer Abstecher geradeaus zur **Penker Kirche** ❷, danach weiter durch den kleinen Ort auf der Löweneckstraße zum Gasthaus Spitzauer. Mittels Jurasteig umrunden Sie das Gasthaus, gehen dann am Klettergerüst vorbei wieder hinauf in den Wald. Der Beschilderung bis zum **Burgstall Löweneck** folgen.

❋ Danach geht es auf dem Jurasteig weiter bis zu einem wunderbaren Aussichtspunkt auf Penk. Anschließend steiler Abstieg und kurzer Stichweg (Schild „Räuberhöhle 50 m") zur **Räuberhöhle** ❹. Sobald Sie Ihr wildes Räuberleben ausgelebt haben, folgen Sie besser **nicht** dem offensichtlichen Weg von der Höhle weg, sondern gehen ein paar Meter zum „50-m-Schild" zurück. Ab dort wieder Jurasteig bis **Etterzhausen**: Im Ort angekommen **nicht** dem Jurasteig am „Platz zur Alten Brücke" folgen, sondern geradeaus bis zur **St.-Wolfgangsgasse** mit dem Kirchlein aus dem 12. Jhdt. 5. Ein kleiner Verbindungsweg führt Sie von der Kirche zum Jurasteig zurück, welcher der Naab auf dem Uferweg flussabwärts folgt. (Sofern man eine Fließrichtung feststellen kann!)

Das **Ehemalige Schloss** rechter Hand liegen lassen. Wenige Meter später sichere Unterquerung der B8. Sie erreichen die Mariaorter Straße. Dem Jurasteig folgend biegen Sie rechts hinauf in den Ort ab, wo Sie im Ort die **Ehemalige Schlossökonomie** sehen. Weiter auf dem Jurasteig und die Tunnelstraße hinauf, aber **nicht (!) durch** den Tunnel, sondern auf OWV blau, rot grün zurück zum Bahnhof.

Achtung: Das Gestein Kalk bildet schmierige, rutschige Böden aus. Die Kombination aus diesen Böden, herausragenden Kalkblöcken und einer lockeren Laubauflage liefert im Bereich der Räuberhöhle an feuchten Herbst- und Wintertagen eine kritische Kreuzband-Killer-Kombi! **Empfehlung**: Griffiges Schuhwerk und Stöcke oder auf trockene Witterung warten!

MITTELALTER-WITZ:

Unterhalten sich zwei Henkersfrauen. Meint die eine zu der anderen: „Ich glaub', mein Mann hat den falschen Beruf."

„Wie kommst du da drauf?", will die andere wissen.

Meint die Erste: „Ach, er kann keinem was abschlagen."

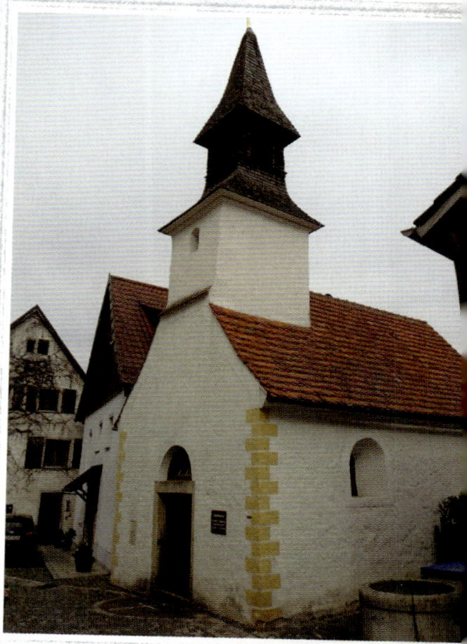

Versteckt in Etterzhausen: die Kirche St. Wolfgang aus dem 12. Jhdt.

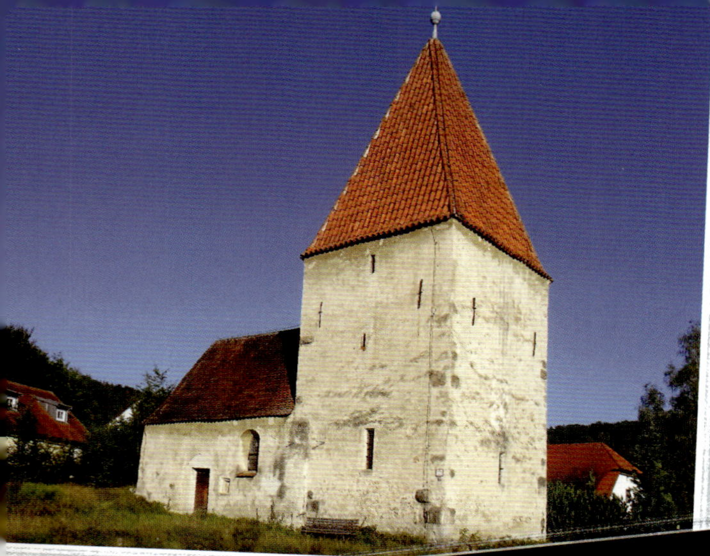

St. Leonhard in Penk ist eine der ältesten noch stehenden Landkirchen in Deutschland.

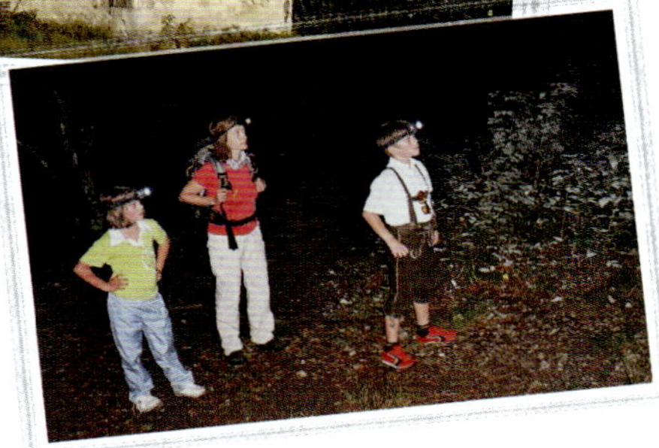

SAGENHAFTES:

Löweneck und Räuberhöhle finden in dieser Sage zusammen: Der Ritter von Löweneck hatte den Ritter von Eichhofen gefangen genommen und hielt ihn auf seiner Burg fest. Waltraud, die liebende Tochter des Eichhofeners, ließ sich als Magd an der Burg Löweneck anstellen, wo sie des Nachts zu ihrem Vater schleichen und ihn trösten konnte. Fußspuren im Sand verrieten sie aber. Ein jungendlicher Ritter und Burgbewohner hatte Mitleid mit Waldtraud und befreite sie und ihren Vater. Letzterer holte Verstärkung aus Eichhofen, stürmte die Burg, die Bewohner wurden verschleppt. Alle bis auf einen! Wer könnte das gewesen sein?

❈ **Tipp** für Nachtwanderung: Ca. 30 Minuten vor Einbruch der Nacht starten.

SEHENSWÜRDIGKEITEN:

❈ **Bahnhof** (Inbetriebnahme 1873)
❈ **Kirche Penk** ②: Katholische Nebenkirche St. Leonhard; „eine der ältesten stehenden Landkirchen in Deutschland" mit der ersten Steinkirche im Jahr 900. Mächtiger Chorturm, erbaut ca. 1423. St. Leonhard war keine Wehrkirche, wenngleich sie recht trutzig daherkommt!

❋ **Kirche St. Wolfgang** 5: Vermutlich im 12. Jahrhundert erbaut, 1522 erstmals urkundlich erwähnt und seinerzeit dem Heiligen Ulrich geweiht.

❋ **Ehemaliges Schloss**: Von den Rittern von Etterzhausen erbaute Burg; Bau der heutigen Anlage nach 1590, Zerstörung 1632, Neuaufbau und klassizistische Erweiterung 1769. Nach umfassender Sanierung heute in Privatbesitz.

❋ **Ehemalige Schlossökonomie**: Dreiflügelanlage aus der Mitte des 18. Jahrhunderts; ehem. Schlossbrauerei.

GASTRONOMIE:

Landgasthof Spitzauer
Löweneckstraße 1b,
93152 Nittendorf/Penk,
09404 / 9532255,
www.landgasthof-spitzauer.de,
info@landgasthof-spitzauer.de

Don Pietro Pizzeria
Nürnberger Str. 17,
93152 Nittendorf,
09404 / 640240,
www.don-pietro.de,
kontakt@don-pietro.de

Ein beliebtes Ausflugsziel: die Räuberhöhle bei Etterzhausen

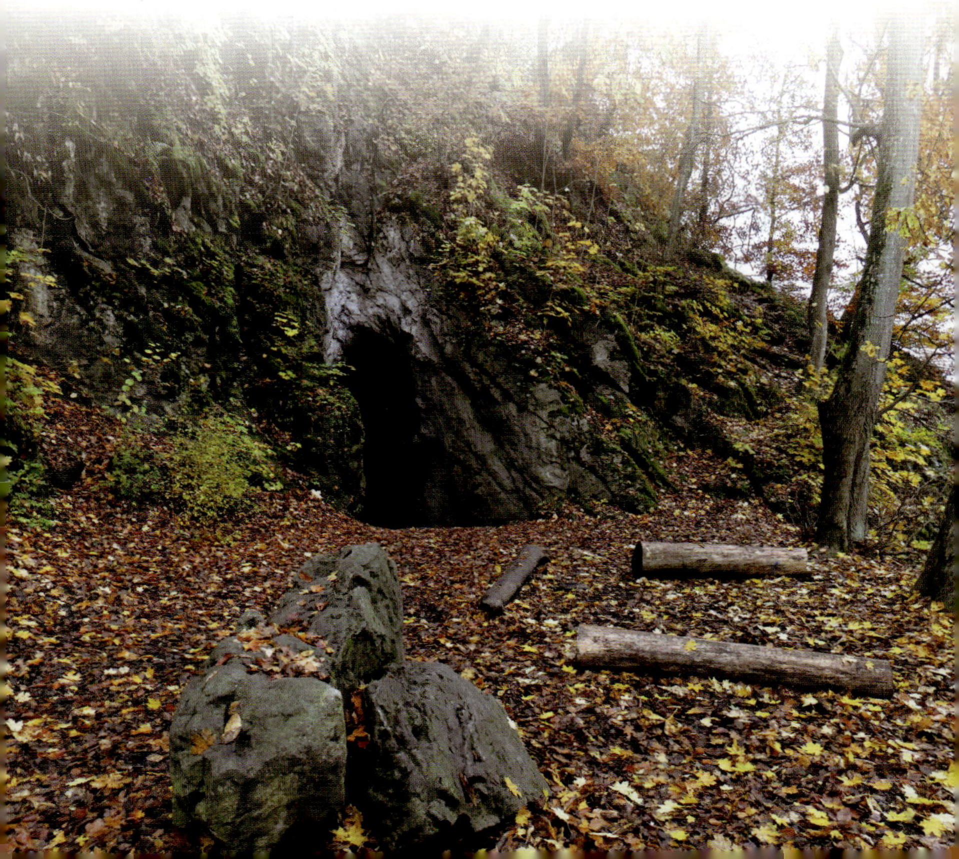

ADLERSBERG – KNEITING – GOLDBERG – DRABAFELS

EIN MITTELALTER OHNE GOTIK IST WIE EINE BURG OHNE GESPENSTER

9,9 KM / 3:30 H / 256 HM

Umberto Ecos Roman „Der Name der Rose“ spielt in einer Benediktinerabtei im Jahr 1327. Das Dominikanerinnenkloster Pettendorf – besser bekannt unter „Adlersberg“ – wurde ab 1274 errichtet und im Jahr 1341 geweiht. Vor unserem inneren Auge taucht das späte, immer noch finstere Mittelalter auf, eine Zeit, in der das Ritterwesen mit seinen Burgen langsam an Bedeutung verlor, die aber gleichwohl immer noch voller Mythen und Geheimnissen ist.

Blick vom Drabafelsen auf eine tiefblaue Naab

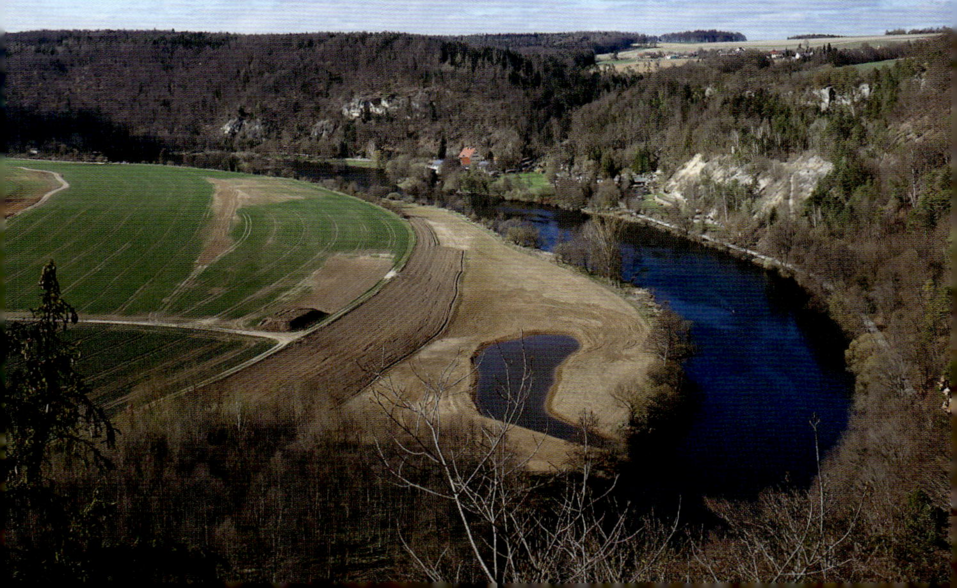

Eine Burg oder deren Reste findet man auf dieser Strecke nicht. Das Kloster Adlersberg sowie die Kapelle in Kneiting sind der Anker für diese Wanderung, die einen wunderbaren Blick auf Regensburg – die besterhaltene Stadt des Mittelalters – ermöglicht sowie einen Einblick in eine ökologische Sünde der Neuzeit.
Wer auf Anwesenheit einer Burg besteht, muss sich damit begnügen, dass der „Adlersberg" die Hochburg des Palmators ist!

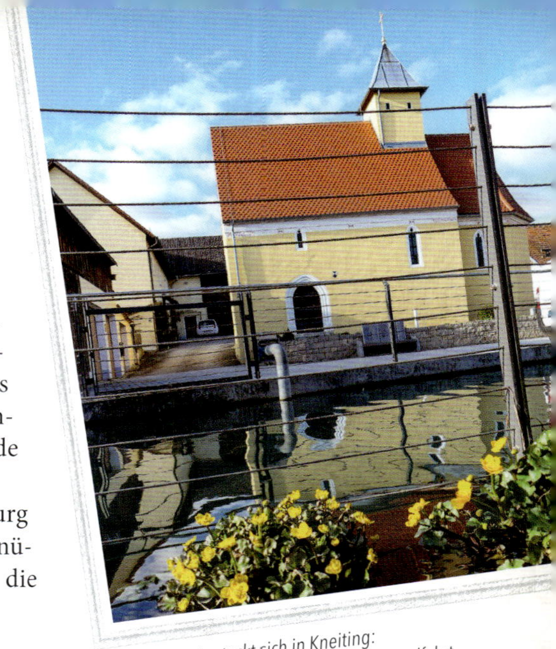

Versteckt sich in Kneiting: die Nebenkirche Mariä Himmelfahrt

WEGBESCHREIBUNG:

Start ist beim Prösslbräu in **Adlersberg**. Durch den südlichen Torbogen hinaus, über die Straße und auf dem Pressschotterweg ordentlich bergab. Unten angekommen auf Asphalt geradeaus. An der abknickenden Vorfahrtsstraße angekommen nach rechts, auf Hinterberg zu. Über das Grundstück der Gärtnerei, am oberen Ende des Grundstücks an der Gabelung links halten. Dann weiter hinauf auf selbigem Feldweg, an der Tafel 2 des Bienenlehrpfads vorbei, nach weiteren 50 Metern links auf den Feldweg, der Sie via „Alte Straße" ❶ nach **Kneiting** bringt.

Auf halber Strecke fantastische Aussicht auf Regensburg und eine erste kleine Rast nach dem Wäldchen. Im Ort angekommen, 50 Meter nach dem Ortsschild, in die Heidegasse, die Sie bis zum Ende gehen, dann nach rechts in die Postgasse und an

INFO:

Anfahrt: A 3, Ausfahrt Nittendorf bzw. A 93, Ausfahrt Regensburg-Pfaffenstein. Zwischen Regensburg und Kneiting nach Richtung Pettendorf; der Beschilderung nach Adlersberg folgen.

Parken: auf dem Parkplatz Richtung Pettendorf, hinter Kloster Adlersberg (Navi: 93186 Pettendorf, Dominikanerinnenstraße 2)

ÖPNV: RVV Linie 12

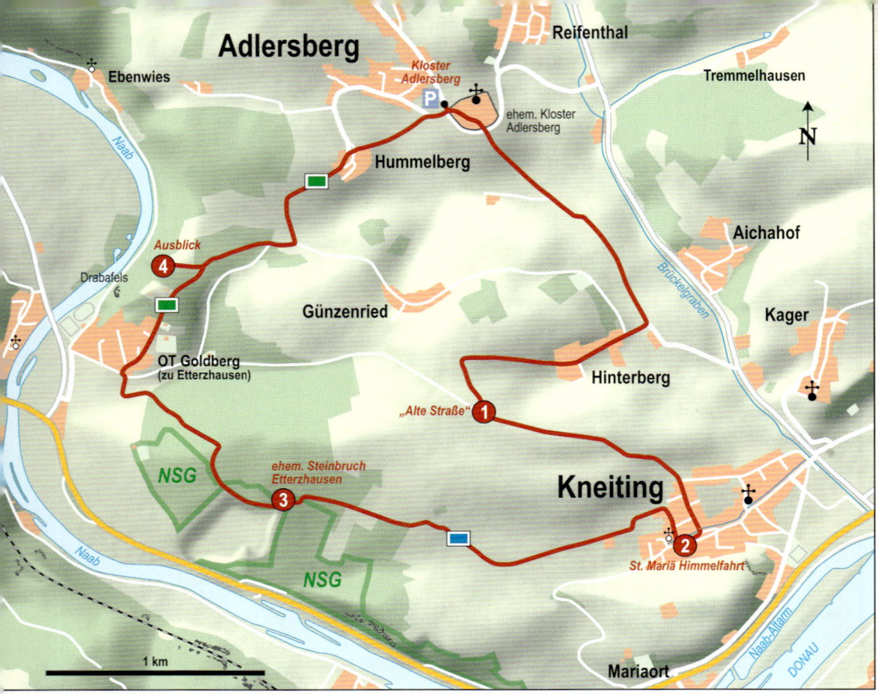

Löschteich und Kinderspielplatz entlang zur **Nebenkirche Mariä Himmelfahrt** 2. Erneute Rastmöglichkeit. Anschließend an der Kirche rechts in die Weingasse, an deren Ende Sie dem Asphalt nach links folgen. Der Weg geht über in einen Feldweg, dem Sie 600 Meter (eine Kreuzung querend) treu bleiben.

Kurz danach kommt ein Feldweg von **Mariaort** herauf. Biegen Sie in diesen Weg (an der Hecke) nach rechts ein, um ihm weitere 350 Meter bergauf zu folgen. Bevor der Feldweg in Asphalt übergeht, zweigt man nach links ab. Sie gehen diese Abzweigung, um sich nach weiteren kurzen 90 Metern aus dem W 67 nach links auszuklinken. (Der Weg geht alsbald am

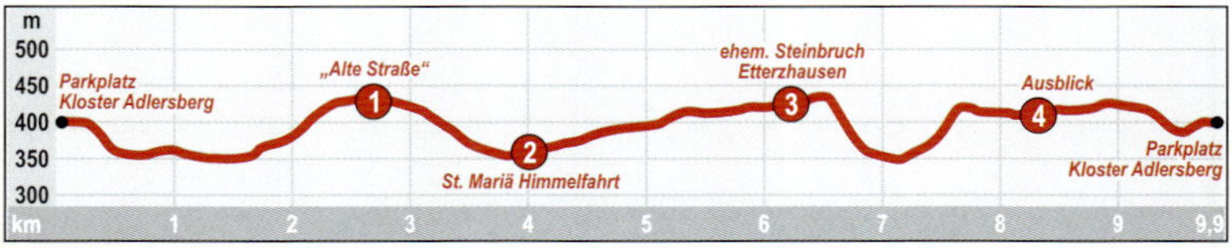

Wald vorbei, danach Lichtung linker Hand, dann wieder geschlossener Wald. „Naturschutzgebiet" beim Betreten.)

❋ Nach weiteren 300 Metern, beim 2. Schild „Naturschutzgebiet", kurz links und dann wieder rechts. Sie erreichen jetzt den Zaun, der Sie davon abhält in den ehemaligen **Steinbruch Etterzhausen** ③ abzustürzen! Gehen Sie diesen Zaun am oberen Rand des Steinbruchs entlang.

❋ Danach brauchen Sie etwas Intuition oder den Blick auf die Karte oder Glück oder ein GPS-Gerät: 50 Meter nach der Nordwestecke des Zauns, leicht bergauf in den Wald (Spuren sind im Laub erkennbar). Blaue Stangen und blau markierte Bäume helfen als **Kontrolle**. Nach 150 Metern Querweg. Halten Sie sich rechts, um nach weiteren 100 Metern auf einen Pfad zu stoßen, den Sie nach scharf links einschlagen (bergab). Sie sind nun auf einem bei Mountainbikern beliebten Serpentinenweg.

GUT ZU WISSEN:

In unmittelbarer Nähe der alten Kapelle in Kneiting entspringt eine Karstquelle. Warum ist der Löschwasserteich bei der alten Kirche, in dem das Wasser gespeichert wird, so blau-grün?

Weil das poröse Kalkgestein das Wasser kaum speichert und damit nicht reinigt und somit auch Pestizide und Düngemittel nicht herausgefiltert werden. Letztere sorgen für Eutrophierung (Überdüngung). Darüber freuen sich (grüne) Algen, die dann fleißig wachsen (und den Fischen den Sauerstoff stehlen). Wasser aus Karstquellen ist wegen der Rückstände nur selten zum Trinken geeignet.

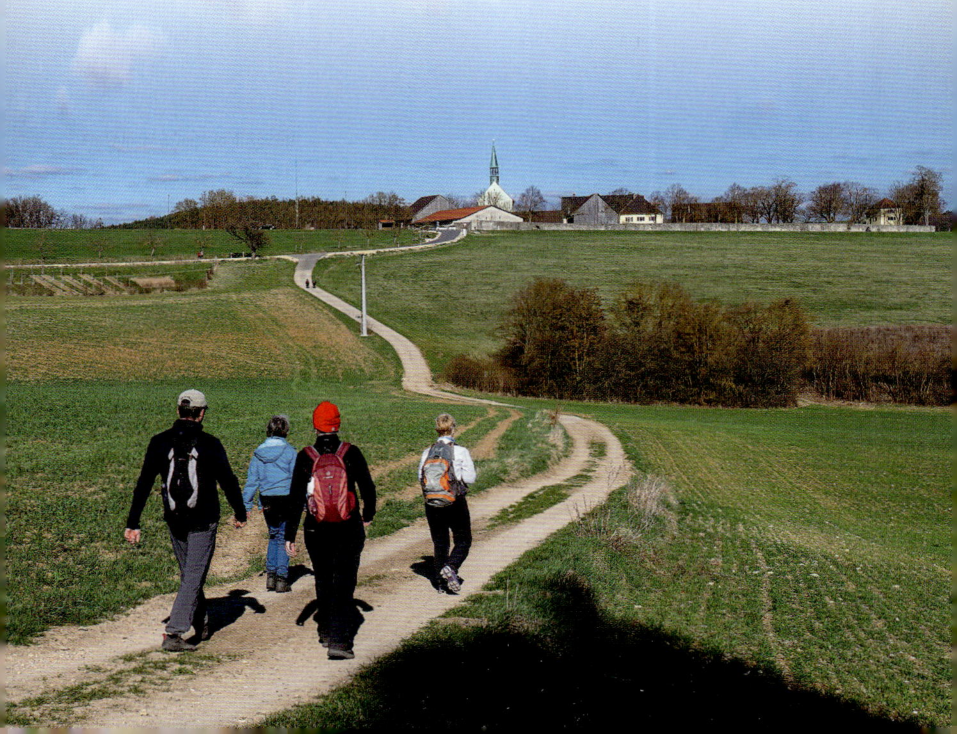

❋ Fast unten angekommen stößt man auf das ▭ auf dem von Osten herabkommenden Weg. Nach links, aus dem Wald heraus und 65 Meter nach dem Trafohäuschen nach rechts die Senke auf Feldweg queren. Vor dem modernen Haus im Ortsteil Goldberg stehend nach links, nach 25 Metern nach rechts.

❋ Am Laternenmasten am Eck begrüßt Sie nun der W 17 ▭. Steiler Anstieg. Aber immer daran denken: Sie sind nicht auf der Flucht!

❋ **Achtung**: Oben im Wald die Abzweigung nach halblinks **nicht** übersehen. An dieser Stelle zweigt scharf links der Stichweg am Waldrand entlang zum Aussichtspunkt Drabafels ab. Danach geht es hier wieder weiter 4.

Dort – hoch über dem **Drabafelsen** – befindet sich ein atemberaubender Ausblick übers Naabtal zwischen Etterzhausen zur Linken und der Naabkurve bei der Räuberhöhle zur Rechten. Auf dem W17 weiter nach Hummel- und dann Adlersberg.

❋ In Hummelberg beim Haltestellenschild vor dem KJF-Gebäude auf den Feldweg, der – bergab-bergauf – direkt nach Adlersberg führt!

GASTRONOMIE:

Prösslbräu Adlersberg
Dominikanerinnenstraße 2-3,
93186 Pettendorf,
www.adlersberg.com,
09404 / 1822

Hotel und Gasthof Krieger
93186 Mariaort,
Naabstraße 20,
www.gasthof-krieger.de,
gasthof@gasthof@krieger.de,
0941 / 84278

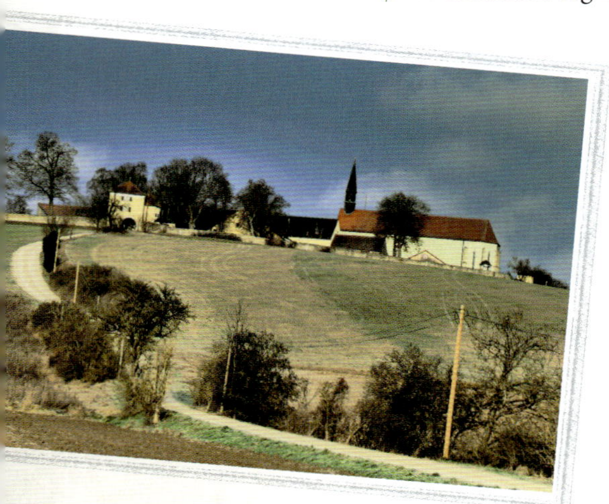

Blick auf Adlersberg

SEHENSWÜRDIGKEITEN:

❋ **Adlersberg**. Ehemaliges Dominikanerinnenkloster Adlersberg. Gestiftet von Ludwig dem Strengen als

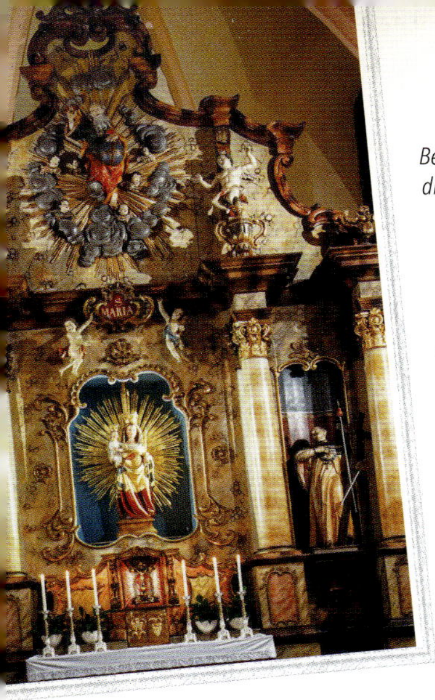

Bedeutendes Kunstwerk: die Adlersberger Madonna

„Kloster Pettendorf", Errichtung ab 1274, Weihe aber erst im Jahr 1341. Danach ein Ort, an dem vermögende Familien „aus dem Landadel und der freien Reichsstadt Regensburg" ihre unverheirateten Töchter unterbringen konnten. Blütezeit während der Regierungszeit vom Ludwig dem Bayern (1282–1347). Bedeutende Kunstwerke im Inneren (Adlersberger Madonna, Wandmalereien/Fresken).

❁ **Kneiting** ②. Katholische Nebenkirche und ehemalige Wallfahrtskirche St. Mariä Himmelfahrt. Spätgotisch aus dem 15. Jahrhundert.

❁ **Steinbruch Etterzhausen** ③: Dolomitabbau von 1978 bis 2015. Seit 1985 vehement von der zu diesem Zweck gegründeten Bund Naturschutz-Ortsgruppe bekämpft, die zahlreiche Gesetzesverstöße anprangerte und eine Ausweitung des Abbaus mittels eines Tunnels unter dem inzwischen gegründeten Naturschutzgebiet verhindern konnte. Seitdem holt sich die Natur dieses Biotop zurück und ist sogar Rückzugsgebiet für seltene Arten geworden.

SAGENHAFTES:

Die Nonne auf dem Adlersberg: Von einer Nonne namens Gisela wird berichtet, die im ehemaligen Kloster lebte. Laut der Sage beherrschte sie das Sticken so gut, dass sie diese Arbeit mit verbundenen Augen ausführen konnte. Es ist nun nicht ganz klar, was das mit dem Umstand zu tun hat, dass sie des Nachts viele Stunden vor dem gekreuzigten Heiland betete. Dem Teufel war das ein Dorn im Auge, er wollte sie vertreiben. Gisela rang mit dem Teufel und gewann den Kampf. Ein zweites Mal erschien der Teufel im Beichtstuhl, aber die fromme Ordensfrau durchschaute auch diese List. Als der Teufel ein drittes Mal – im Christusgewand – an ihr Krankenlager herantrat, bestand sie darauf, die Wundmale zu sehen. Da musste der Teufel passen und verschwand auf immer mit großem Getöse.

TOUR 13

EILSBRUNN – (NIEDER-) VIEHHAUSEN – ALLING

ES GIBT IMMER NOCH WAS ZU ENTDECKEN!

15 KM / 4:30 H / 247 HM*

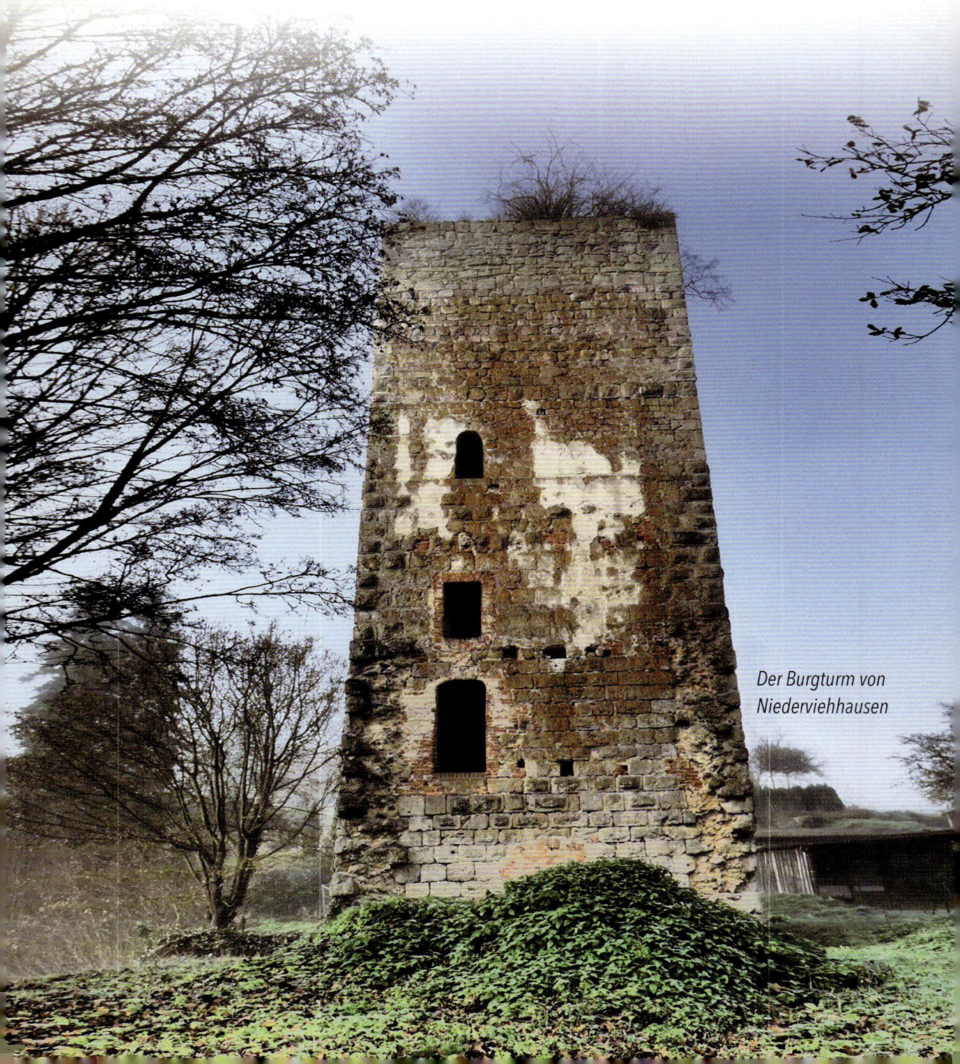

Der Burgturm von Niederviehhausen

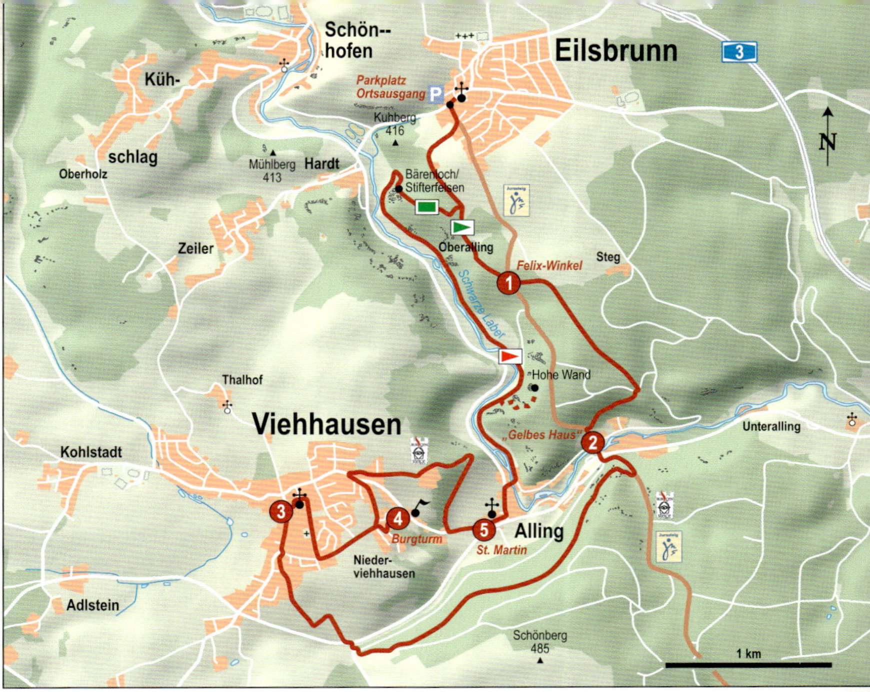

Die Gegend um Schönhofen wird bei Ausflüglern gerne auf Alpinersteig und das älteste Gasthaus der Welt reduziert. Dabei bietet dieser Abschnitt der Schwarzen Laber zwischen Eilsbrunn und Viehhausen viel mehr: verlassene Pfade, einsame Wege, ein Schloss, eine zünftige Einkehr, eine alte Burg, eine alte Kirche, Höhlen, Ausblicke und Flussromantik samt E-Werk. All das vereinigt der hier vorgestellte Wandervorschlag zu einer ausfüllenden, abwechslungsreichen Rundwanderung, auf der es viel zu entdecken gibt. Und die Wahrscheinlichkeit, dass man in der ersten Hälfte vor einer Horde Mountainbiker zur Seite springen muss, ist – anders als am Alpinersteig – extrem gering!

INFO:

*Tour ist verkürzbar

Anfahrt: A3, Ausfahrt Sinzing → Riegling/ Eilsbrunn

Parken: Wanderparkplatz am unteren Ortsausgang (Navi: 93161 Sinzing/ Eilsbrunn)

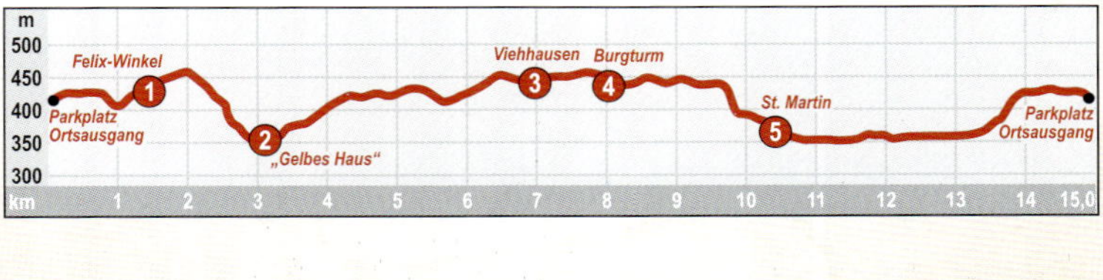

GASTRONOMIE:

Gasthaus Röhrl
Regensburger Straße 3,
93161 Sinzing-Eilsbrunn,
www.gaststaette-roehrl.de,
info@gaststaette-roehrl.de,
09404 / 2112

Gasthof Erber
Regensburger Straße 21,
93161 Sinzing-Eilsbrunn,
www.gasthof-erber.de,
info@gasthof-erber.de,
09404 / 8652
(sehr zuvorkommende Bewirtung)

Johann Schwindl Gaststätte
Jurastraße 19, 93161 Sinzing,
info@schwindlwirt.de,
09404 / 1058
(am Scheitelpunkt der Tour)

GUT ZU WISSEN:

Buckelquader wölben sich auf der Sichtseite nach außen und sind die Steine eines Bossenwerks. Sind die Oberflächen bearbeitet, spricht man von Polsterquader. Verwendung fanden sie zwischen dem 12. und 13. Jahrhundert, aber auch noch später.

Wer am Ende noch genug Kraft hat, kann zum Naturfreundehaus oberhalb Schönhofen zu Kaffee und Kuchen sprinten.

WEGBESCHREIBUNG:

Start ist an der **Eilsbrunner Kirche St. Wolfgang**. Von dieser aus auf der Regensburger Straße (Hauptstraße) leicht bergab, dem Jurasteig folgen. Nach dem zweiten Haus links in die Burgsteinstraße. Nach gut 100 Metern Anstieg zweigt der W 9 an einer Mini-Verkehrsinsel rechts ab in den Wald (**Kontrolle**: hölzernes Marienmarterl am „Einstieg“). Dieser wellig-ebene Waldweg bringt Sie erst in einem großen Linksbogen, dann geradeaus nach 700 Metern zu zwei weiteren Rechts-Abzweigungen.

Zuerst zweigt der W 11 zum Stifterfelsen ab. **Nicht gehen**: Hier kommen Sie später zurück! Wenige Meter weiter, an der Ecke der jetzt erreichten Lichtung, biegt „unser“ W 9 nach rechts ab. Diesem Weg folgen Sie erst mit etwas Gefälle, dann wieder bergauf auf einer Länge von gut 600 Metern. (NB: Dolinenlandschaft linker Hand beim Aufstieg!)

Sie stoßen beim **Felix-Winkel** (Holzschild in drei Metern Höhe) 1 auf den Jurasteig und stehen nun vor einer dreifach-Gabelung. Nehmen Sie den unauf-

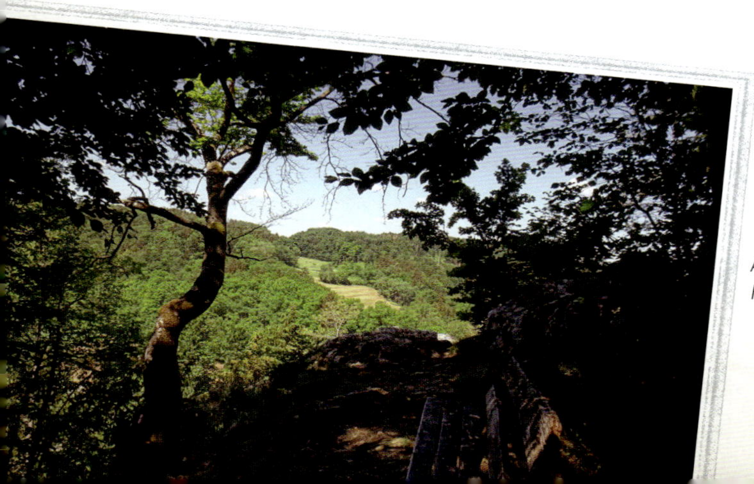

Aussichtspunkt Hohe Wand

fälligsten Weg nach halblinks, leicht bergauf. (**Nicht** den verlockenden Jurasteig geradeaus!) Sie sind jetzt auf der früheren Strecke des W 11 ▶ und erahnen noch die übermalten Schilder an den Bäumen!

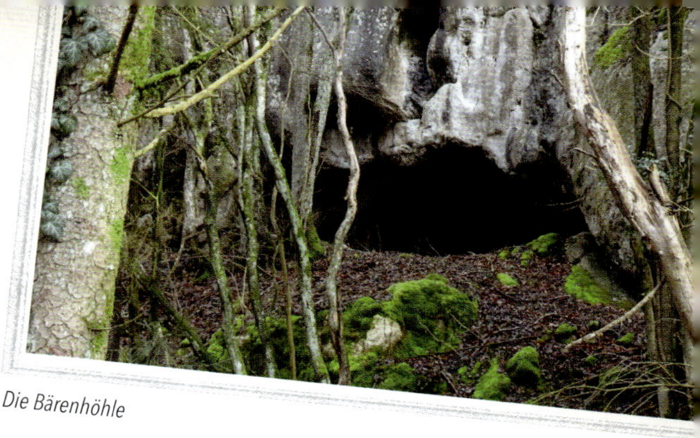

Die Bärenhöhle

❈ (**Kontrolle**: Oben, fast am Waldrand, vereinigt sich unser Pfad mit einem Weg, der vom Waldrand hereinführt.) Sie folgen dem Weg jetzt wieder in den Wald hinein bis zum Abteilungsschild „Prälatenstein". **Achtung**: Wenige Meter nach diesem Schild verschwindet, mit leichtem Anstieg, ein unscheinbarer Weg auf 10 Uhr, halblinks. Das ist jetzt der Richtige! (**Kontrolle**: Es tauchen bald die übermalten ▶-Schilder an den Buchen auf.) 100 Meter weiter eine zweite Y-Gabelung. Sie halten sich links (altes Dreiecks-Wanderschild erkennbar) auf dem unscheinbaren Weg. 600 Genussmeter auf diesem abgelegenen Weg! (50 Meter nach den querliegenden Bäumen rechts ein interessanter Biotopbaum mit Spechthöhlen!) Hinweis: Im online-Kartenmaterial ist im letzten Teil eine Rechtskurve eingetragen. Diese ignorieren!

❈ Am Ende spuckt Sie der Weg auf die Forststraße aus. Auf diese biegen Sie nach rechts ein und nehmen nach wenigen Metern auf der linken Seite den Abstieg W 5 ▶ nach Alling. (Gutes Schuhwerk ist ratsam!)

❈ Fast unten, vor Erreichen der Lichtung, **nicht** den Schildern ▶ folgen, sondern zum **„Gelben Haus"** ② absteigen. Jurasteig. Die Schwarze Laber überqueren, die Hauptstraße überqueren, dem Jurasteig am Parkplatz nach links auf den Forstweg folgen. Im Rechtsbogen geht es 250 Meter bergan.

❈ Hier zweigt, nach rechts, ein Weg vom Jurasteig ab, der sich nach wenigen Metern erneut verzweigt. Man nimmt den rechten Weg, 180°-Kehre in Bezug zum Jurasteig. Der jetzt betretene, unbeschilderte Forstweg (2,3 km – knapp 30 Min.) bringt Sie stetig bergauf und nach Vereinigung mit W 37 ▬ geht es rechts leicht bergab weiter. Dann scharfe Z-Kurve und an einer Schranke vorbei zur Straßen-T-Kreuzung nach Saxberg. Beide Straßen zur Viehhausener Seite überqueren.

Irrer Zickzack-Feldweg den Hang hinauf: Nach 200 Metern 90° links, nach 130 Metern – kurz nach der Hecke – 90° nach rechts, dann zwischen den Feldern bis **Viehhausen**.

Der Brunnenstraße bis Ivostraße folgen. Nach links zur Rosenbuschstraße und auf dieser bis **Kirche** bzw. **Schloss** bzw. Gasthaus Johann Schwindl (sehr gemütlich, mitten im Ort) ❸. Nach geistiger und körperlicher Stärkung die Kirche umrunden und an Kindergarten und Friedhof vorbei zur Ivostraße. In diese nach links abbiegen.

Der Ivostraße übers Feld bis zu ihrem Ende folgen, wo Sie dann vor der Sackgasse-2,8t-Anlieger-frei-Turmstraße stehen. Dort mit Rechtskurve kurz hinein, nach dem neu gebauten, weißen Designerhaus links (dort Infotafel Burgensteig), danach kurzer Abstieg zum Burgturm **Niederviehhausen** ❹. Fototermin am Turm! (Aktuell ist nur ein kleines Kellergewölbe neben dem Turm frei zugänglich.) Dann zurück zum Sackgassenschild. Auf der Turmstraße nach rechts Richtung Ortszentrum. (Ab hier wieder Burgensteig!)

In der Jurastraße angekommen, sehen Sie auf der gegenüberliegen Seite eine Nepomuk-Kastanien-Kombi. Diese im Uhrzeigersinn in die Mühlbergstraße umrunden. (Ab hier zusätzlich [■].) Nach Abstieg durch Buchenmischwald treffen Sie auf die „Schwarze-Laber-Schlaufe“ des Jurasteigs. Hier rechts abbiegen. Alle Wanderschilder führen nach Alling. Vorbei an der Bushaltestelle an der Hauptstraße.

Der Zugang zur Allinger **Kirche St. Martin** ❺ erfolgt erlaubterweise über das Grundstück (Hinweisschild am Zaun). 100 m auf der Labertalstraße Richtung Schönhofen, dann nach rechts (Am Röth) und über die Schwarze Laber. Nach links auf den W 24 [▶]/Radweg abbiegen.

Nach einem 500-Meter-Rechtsbogen taucht am Waldrand die Abzweigung zum W 10 „Höhlensteig“ [●] auf. Sind Sie noch fit, dann steigen Sie auf bis zum **Aussichtspunkt „Hohe Wand“.** Sowohl Weg als auch Aussichtspunkt lohnen die Mühe. Nach Abstieg: Im Felsmassiv der Hohen Wand befinden sich zahlreiche kleine Schwemmhöhlen.

Auf einer Länge von knapp 2 km dem [▶]/Radweg, dann Uferpfad folgen. (Radweg vor der Brücke nach halbrechts verlassen!) 160 Meter nach dem verfallenen Haus (Neudeutsch „lost place“) zweigt der W 11 [■] nach rechts ab – steil bergauf. Kurzer Anstieg, dann Rechtsknick, dann Abzweigung zur

Bärenhöhle. Danach weiterer Anstieg bis **zum Stifterfelsen** (erneut kurzer Abstecher zum Aussichtspunkt), wo einst eine Burg stand (Infotafel beim Klärwerk unterhalb Eilsbrunn). Auf dem W 11 bis zum „Lassopunkt". Von dort auf bekanntem Weg zurück nach Eilsbrunn.

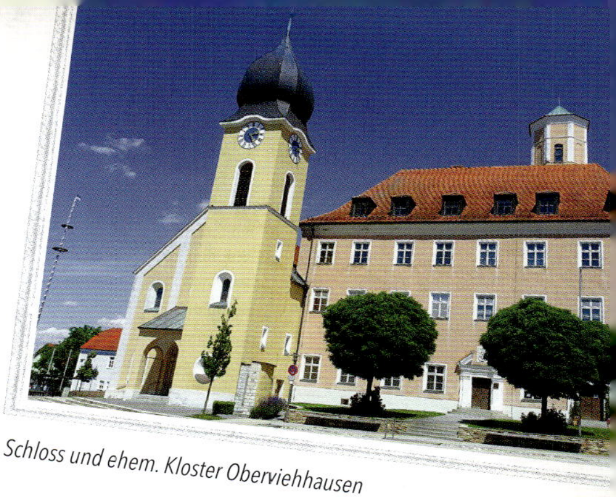

Schloss und ehem. Kloster Oberviehhausen

SEHENSWÜRDIGKEITEN:

❉ **Gasthof Röhrl**. Ältestes Gasthaus der Welt. Wird seit 2010 vom Guinnessbuch der Weltrekorde geführt, weil das Gasthaus seit 1658 durchgehend geöffnet ist. Laut Homepage sind Führungen durch die Ausstellung möglich.

❉ **Schloss/Ehem. Kloster Oberviehhausen** 3: Erste urkundliche Erwähnung einer Burg 1435. 1681 kleines Schloss im Barockstil. 1848 Kauf durch Friedrich Pustet. 1848–1974 Klarissenkloster. 1978–1989 Servitenkloster. Heute Pfarrhaus.

❉ **Kirche St. Leonhard**: Neuromanisch aus dem Jahr 1867. (Kapelle mit Votivkerzen in der Seitenkapelle!)

❉ **Burgruine Niederviehhausen** 4: Höhenburg aus der Zeit zwischen 1100 und 1200. Der 22 Meter hohe Turm aus Buckelquadern steht versteckt im Ort. Geplant ist oder war oben eine Aussichtsplattform. Zum Zeitpunkt der Drucklegung ist dort aber immer noch ein Gerüst. Ein kleines Kellergewölbe ist frei zugänglich.

❉ **Friedhofskirche Alling** 5 (Ehemalige Pfarrkirche Mariä Himmelfahrt): Stammt aus dem Mittelalter, wurde aber im 17./18. Jahrhundert verändert.

❉ Burgstall **Wallburg** auf dem **Stifterfelsen**: Burg aus dem Jahr 1060 zur Überwachung der Straße im Labertal. Zerstörung im 13. Jhdt. Reste der Wallanlage liegen auf Privatgrund. Burgensteig-Infotafel am Parkplatz an der Kläranlage.

TOUR 14

HIRSCHLING – LEONBERG – KAPPL

MAL ÜBER DEN TELLERRAND DES REGENTALS BLICKEN!

10,7 KM / 3:30 H / 250 HM *

Burg Leonberg

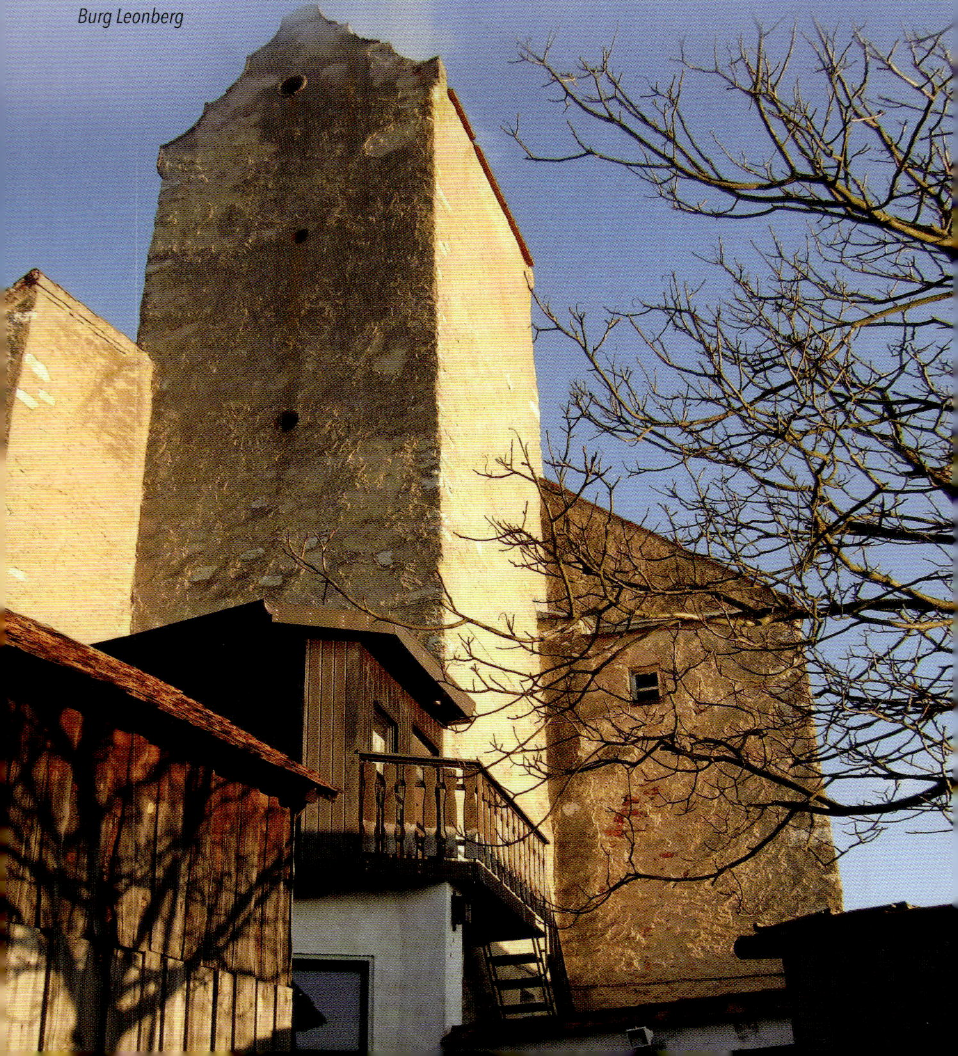

Die Wanderwegdichte im Regental ist enorm. Auch die Zahl an breiten Forststraßen. Da war es an der Zeit, ansprechende Alternativen zu finden und zu präsentieren – und dabei noch zwei Burgen zu verbinden.

Blick auf Leonberg mit Kirche und Burg (Schloss ist nicht im Bild!)

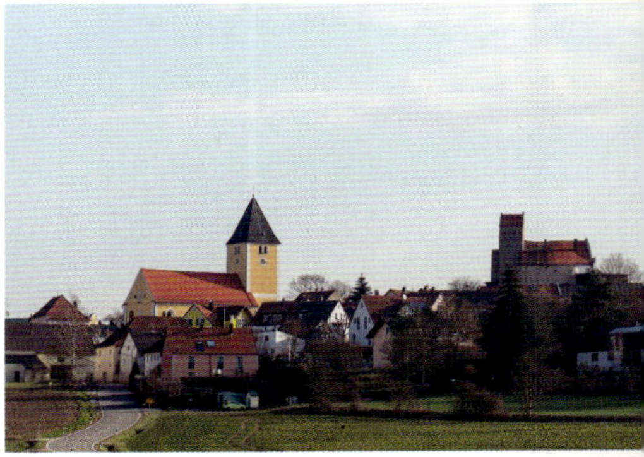

Das Ergebnis ist eine interessante Tour, die aus dem Regental herausführt und Weitblick nach Westen eröffnet. Wer es besonders wild mag, kann einen wirklich ausgefallenen Weg durch das Tal namens „Kessel" zurück nach Hirschling wählen. Die Wahrscheinlichkeit, hier auf Wanderkollegen zu treffen, ist praktisch null. Kaum eine Tour dürfte mehr alte Hohlwege enthalten als diese. Seien wir froh drum, dass wir keine störrischen Ochsen dabeihaben, die unser Hab und Gut diese engen Gassen hinaufrumpeln müssen.

INFO:

***kurze Version:**
(ohne Leonberg)
7,6 km, 2:20 h, 230 Hm

Anfahrt: A93, Ausfahrt Regenstauf oder Ponholz → Regenstauf → Im Ort nach Nittenau abbiegen. Kleine „Abfahrt" von der Hauptstraße nach Hirschling über Regenbrücke.

Parken: Beim Schloss Hirschling (Navi: 93128 Regenstauf/Hirschling, Schloßbreite 1)
Alternativ: Schloss Leonberg, Schloßplatz 1, 93142 Maxhütte-Haidhof/Leonberg

WEGBESCHREIBUNG:

❁ **Start** ist vom Wanderparkplatz in Hirschling beim Schloss, gleich nach der Brücke. Sie gehen im Brückenweg am Schloss und Gasthaus Hartl vorbei, bis vor zur Kreuzung Burgweg/Ramspauer Straße.

❁ Beim Trafohäuschen begeben Sie sich auf Burgensteig und ▬. Beide Wandersysteme biegen an der Feldwegkreuzung beim 2. Strommasten (1) nach links ab.

❁ Nach zwei Abzweigungen in den Schneidergraben, die Sie ignorieren, teilt sich der Weg am Waldrand. Sie nehmen **nicht** die Burgensteig-/▬-Vari-

SAGENHAFTES

Pendler gab es früher schon, so auch einen Mann, der zwischen Hirschling und Maxhütte hin- und herging, also auf „unserer" Strecke. Als er eines Nachts im Licht des Mondes oberhalb von Hirschling stand und auf den Ort herunterblickte, jagte unter furchtbarem Getöse das **Nachtgoich**, Pferdegewieher, Hundegebell, Katzenmiauen und Geschrei der Jäger gleichzeitig von sich gebend. Der Mann warf sich zu Boden und konnte – wahrscheinlich am ganzen Leib zitternd – unbeschadet zusehen, wie das Nachtgoich über den Regen verschwand.

ante, sondern halten sich rechts an dieser Gabelung. Der alte Hohlweg im Wald führt nun steil hinauf und trifft nach knapp 100 Metern auf weitere Hohlwege.

Folgen Sie diesem Weg weitere knapp 200 Meter. Wenige Meter nach einem Hochsitz führt der Waldweg nach links hinunter zur breiten Forststraße (mit Burgensteig und ▬). Folgen Sie der kurvigen Schotterstraße nach rechts, leicht bergauf. An der nächsten großen Forststraßenverzweigung halten Sie sich links (auf Burgensteig/▬ bleiben). Der Weg beschreibt nun eine große Bergauf-Linkskurve, bevor er auf der Geraden den Scheitelpunkt erreicht.

Mit Blick auf den Scheitelpunkt sehen Sie nach halbrechts, eine Böschung hinauf, einen Waldpfad abzweigen. Folgen Sie diesem herrlichen „Single-Trail" – auch über die nächsten drei Kreuzungen (nach 500/550 Metern)! (Weg ist teilweise recht unscheinbar.)

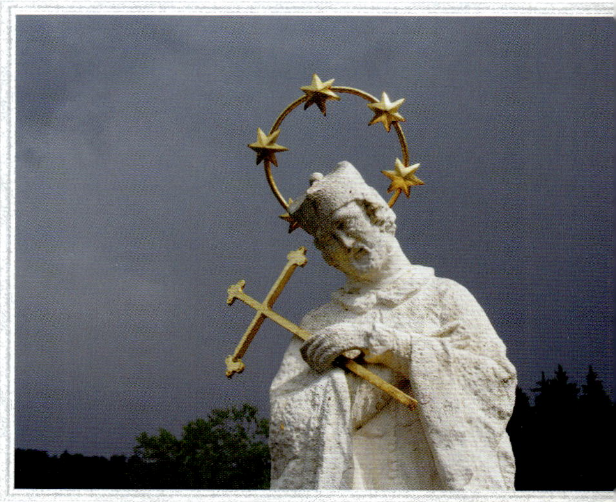

Nach einem Gewitterguss leuchtet Nepomuk in der Abendsonne.

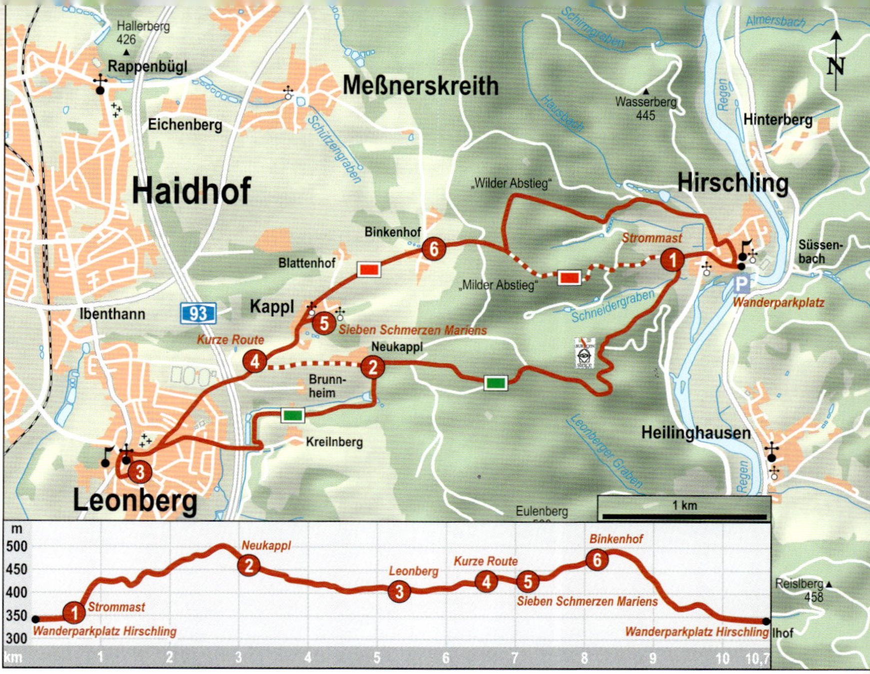

Vor **Neukappl** 2 gelangen Sie in einem kurzen Linksschwenk auf den Forstweg.

- Entscheidung in Neukappl: Kurze Route über Kappl? Dann weiter auf Straße bis Kapelle bei 4.
- Lange Strecke: Vom Parkplatz bei Neukappl steigen Sie am Waldrand nach links bergab, bis Sie nach den Teichen im Wald auf den O 45 treffen. Folgen Sie diesem Weg bis Burg, Kirche und Schloss Leonberg. 3 (Die Burg liegt „hinter" der Kirche im Burgweg.)
- Rückweg zu den beiden Kappl-Kirchen über Friedhofstraße, dann Kapplstraße. Sportplatz links, Autobahn.

An der Wegkapelle links vorbei, auf Asphaltstraßen-Kreuzweg bis Kappl. Besichtigung der zwei Kirchen in Kappl. Die Kapelle **„Sieben Schmerzen Mariens"** liegt auf Grundstück Nr. 2. Sehr freundliche Grundstücksbesitzer, Kirche ist i. d. R. offen. Andernfalls klingeln! Danach zurück auf „Hauptstraße", weiter bis **Binkenhof**.

GUT ZU WISSEN:

Recherchiert man im Internet eine Kirche namens „Kappl", liefert die Suche ausschließlich die Dreifaltigkeits-Kappl bei Waldsassen. Daneben gibt es aber noch die „Kleine Kappl" bei Ottengrün sowie die Kirche in der Ortschaft Kappl bei Leonberg.

(Das ist mein Kenntnisstand. Wer weitere Kappls in der Oberpfalz kennt, meldet sich bitte beim Autor!). Entsprechend gibt es auch (mindestens) drei ähnliche „Steinerne Brücken": Regensburg, Kallmünz, Tirschenreuth.

GASTRONOMIE:

(in 93142 Maxhütte-Haidhof/Leonberg)

Gasthaus St. Clemenshaus Pfarrheim
Pfarrhofstraße 3,
www.sankt-clemenshaus.de,
info@sankt-clemenshaus.de,
09471 / 20224

Pizzeria Ettore
Kapplstraße 15,
www.ettore-pizzeria.de,
09471 / 31175

In Binkenhof gehen Sie weiter geradeaus über die Kreuzung: **Kontrolle**: Zigarettenautomat linker Hand. Nach 250 Metern treffen Sie am Waldrand auf eine Aussichtsbank, nach weiteren 70 Metern auf eine ausladende Kreuzung samt Strommast. Folgen Sie zum übernächsten Strommasten. Hier Entscheidung.

„Wilder" oder „milder" Abstieg nach **Hirschling**?!

- **„Milder" Abstieg:** Folgen Sie den roten Schildern bzw. den Strommasten nach Hirschling.
- **„Wilder Abstieg**: 10 Meter vor dem Strommast gehen nach links zwei Wege ab (Das Tal heißt „Im Kessel"!). Nehmen Sie den linken (führt sofort steil bergab). Er erfordert Trittsicherheit, Wanderstöcke, festes, wasserdichtes Schuhwerk, ist aber machbar und auf jeden Fall ein Erlebnis abseits des Mainstreams! Imposanter Wollsackgranit im Wald/Unterholz links nach erstem Abstieg. Herrlicher Waldweg im unteren Teil!

Nach erfolgreichem Abstieg treffen Sie bei Fischteichen auf einen breiten Forstweg. Biegen Sie nach links ab und folgen Sie diesem Weg 250 Meter – kurvig leicht bergauf – bis zur nächsten Kreuzung. Links

Kapelle Hirschling

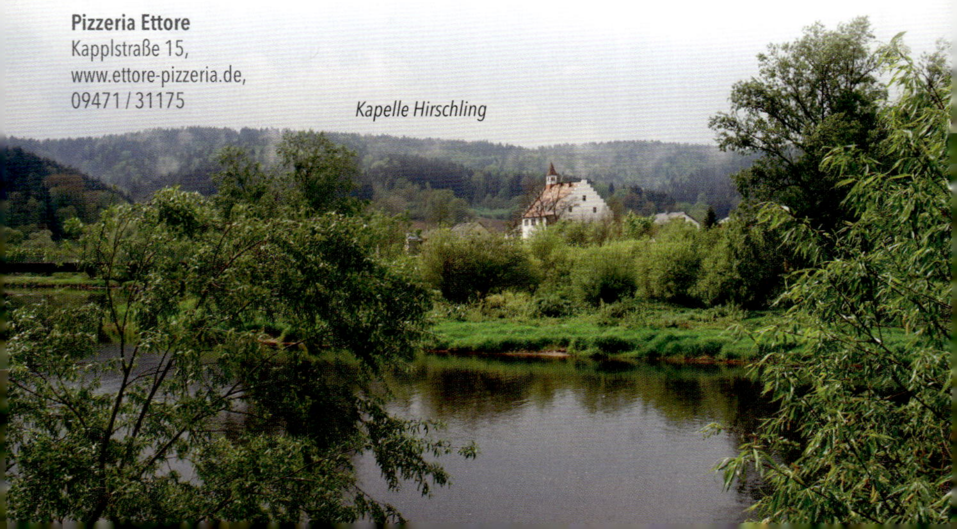

vom Schild „Hirschlinger Panoramaweg 8“ beginnt (recht unscheinbar) ein herrlicher Hohlweg. Er bringt sie zum Hirschlinger Kesselweg.

❋ Via Kesselweg, Burgweg und Silbergwend schaffen Sie es zur Hirschlinger Kapelle zurück.

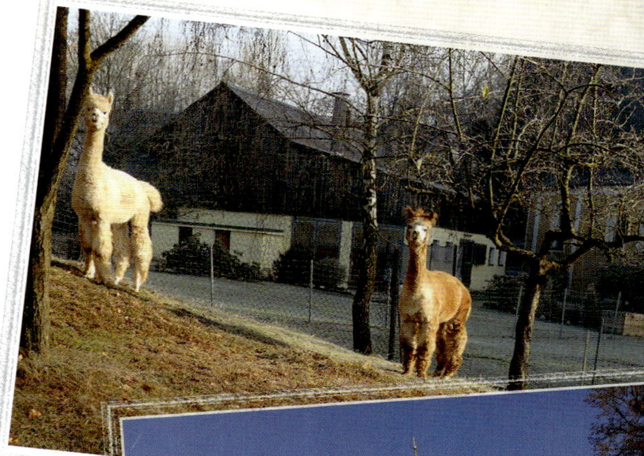

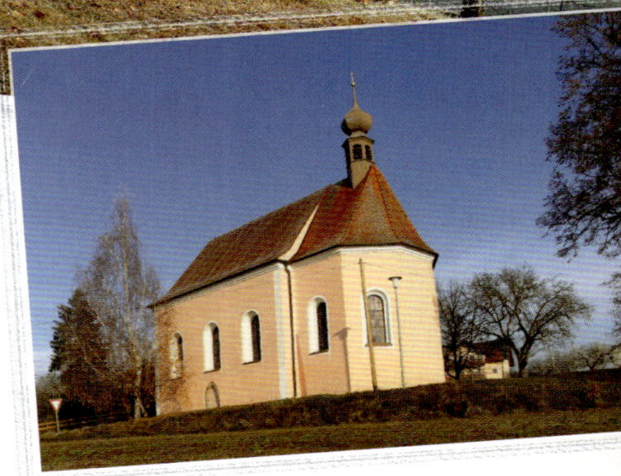

Die Kirche von Kappl

SEHENSWÜRDIGKEITEN:

❋ **Schloss Hirschling**: Erbaut im 12. Jahrhundert von den Herren von Heresing (Hirschling). Verkauf 1415 an den Landrichter zu Burglengenfeld. Dann immer wechselnde Besitzer: Albrecht Sinzenhofer, Hans von Leublfing, die Parsberger, Hektor von Vischbach, Jakob Freiherr von Bazendorf. Barockisierung des Schlosses 1697 und wieder wechselnde Besitzer. Heute weiterhin in Privatbesitz. An der Nordseite des Schlosses sind Grundmauernreste der alten Burg erhalten.

❋ **Burg Leonberg („Altes Schloss“ / „Gschlössl“)**: strategisch günstig gelegene Höhenburg, die auf die Limperger und das 13./14. Jahrhundert zurückgeht. Zerstörung im Dreißigjährigen Krieg, danach Aufbau des Hauptgebäudes. Heute ist die Burg in Besitz von sieben Eigentümern.

❋ **Schloss Leonberg**: 1885–90 erbautes, neubarockes Palais. Im Rahmen der Revolution 1919 wurde das Schloss gestürmt und geplündert. General S. Patton, Oberbefehlshaber der 3. Armee, wohnte nach dem 23. April 1945 im Schloss. Heute noch private Nutzung und nicht zugänglich.

FISCHBACH – BIERPANSCHERBURG STOCKENFELS – RUMMELSBERG – SCHWARZE MADONNA – WASSERSTEIN

FISCH, GEPANSCHTES BIER, RUMMEL, WASSER. EINE TOUR, DIE BESSER IST, ALS DIE ORTSNAMEN VERMUTEN LASSEN

15 KM / 5 H / 475 HM
11 KM / 3:30 / 300 HM*

Die „Steckeschlääferklamm" bei Bingen kam mir wieder in den Sinn, als ich diese Wanderung erkundete. Am Ende dieses kurzen romantischen Wegs, der Teil des Rheinburgensteigs ist, kommt die Auflösung des hessischen Wortes: „Stöcke-Schleifer", womit die Vorfahren der Nordic Walker gemeint sind. Damit sind wir bei der Zielgruppe dieser aussichtsreichen Bierpanscherburgschwarzemadonnawassersteinrunde! Der größte Teil dieser Rundwanderung besteht

Blick auf die Bierpanscherburg Stockenfels

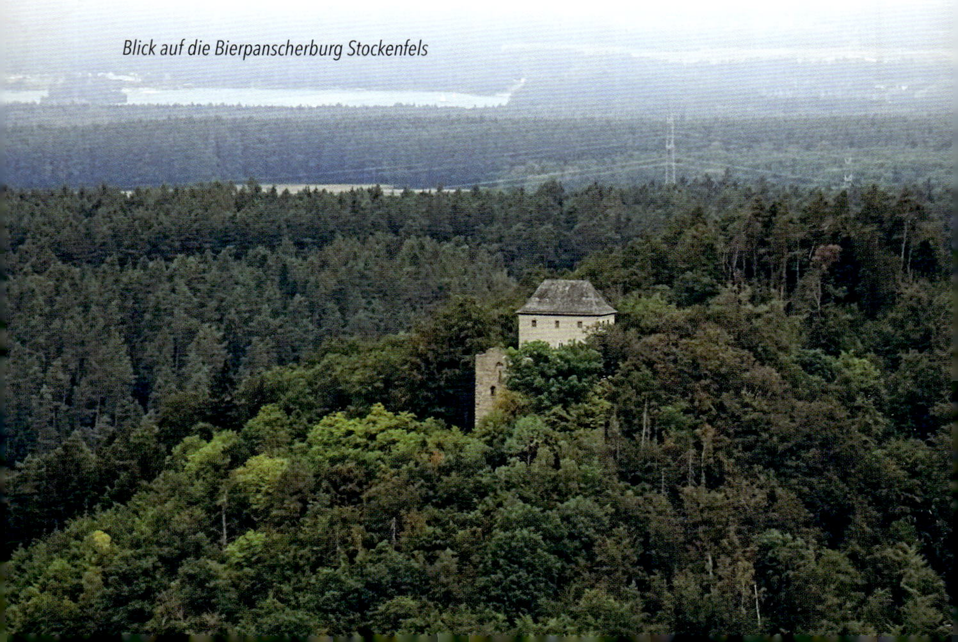

aus mehr oder weniger breiten Forststraßen und bieten sich an für eine flotte Gehrunde – und das in den vier Größen S, M, L und XL. An denjenigen Stellen, an denen es weniger breit zugeht (Abstieg von der Stockenfelsburg, Aufstieg zum Rummelsberg), ist man ebenfalls gut beraten, die Stecken einzusetzen. Man muss sie ja nicht schleifen lassen. Die Welt ist auch so laut genug.
Die Eckpunkte dieser Wanderung haben mit Flüssigem zu tun: Klärteiche, Bierpanscher, Wasserstein, Bruder-Barnabas-Brunnen. Dessen Bier sollte immer gut eingeschenkt sein, damit niemand unfreiwillig auf Stockenfels landet.

WEGBESCHREIBUNG:

❉ Die Wanderung startet beim **Fischbacher Friedhof** ❶. Der Nittenauer Straße (Hauptstraße) ortsauswärts nach Brunn folgen. Im Ort Brunn biegen Sie an der Kreuzung „Gasthaus Sonne-Kreuz-Haltestelle" in den talwärts führenden Brunnmühlweg ab. Dieser Weg führt an den Abwasserteichen und am Brunnmühlbach vorbei, bis Sie auf eine Forststraße stoßen. (Wenn man bedenkt, dass die ganze Plörre dieser Abwasserteiche im Regen landet (ich wüsste nicht, wo sonst), dann darf man sich über die schlechte Wasserqualität des Regen-Flusses nicht wundern …)
❉ An der Forststraße angekommen, schwenken Sie auf diese nach rechts ein. Sie haben jetzt zwei Wanderzeichen vor sich: Ni6 bzw. Naturpark 6. Sie wandern höhenlinienparallel (d. h. eben) dahin, ignorieren auch den Weg, der im nächsten Seitental am Heubach bergab nach links abzweigt und folgen nach ca. 15 Minuten auf diesem Forstweg in einer Rechtskurve Wanderweg

INFO:

***Varianten:** Die Hauptrouten laufen unter **M** und **XL** (M-Version: 11 km / 3:30 / 300 Hm. XL-Version: 15 km / 5 h / 475 Hm). Um Version **S** (8,9 km / 2:40 h / 230 Hm) zu gehen, einfach in Brunn am Kreuz geradeaus weiter, um durch Neubäu hindurch zur Stockenfels zu kommen. Dann über Rummelfels zurück. Version **L** verzichtet auf den Wasserstein und geht im Dellenbachtal zurück nach Fischbach (12,1 km / 4:00 h / 380 Hm).

Anfahrt: Autobahn A93, Ausfahrt 35 „Teublitz", auf der SAD1 Richtung Bruck/Nittenau, nach 6,5 km rechts nach Fischbach abbiegen.

Parken: beim Friedhof (Navi: 93149 Fischbach, Nittenauer Straße 2). Alternative bei der Kirche St. Jakob im Ort (Bruder-Barnabas-Brunnen).

GASTRONOMIE:

Gasthaus zur Sonne
Brunn 17, 93149 Nittenau, www.stockenfelser-schuetzen.de/Sonne.html, 09436 / 693 (bietet laut Homepage Burgführungen mit Ritteressen an!)

SAGENHAFTES

Burg Stockenfels ist die Bierpanscherburg schlechthin. Dorthin werden alle Brauer und Kellner (m/w/d) verbannt, die zu Lebzeiten Bier panschten oder – man höre und sei gewarnt – schlecht einschenkten: Pünktlich um Mitternacht tut sich der Burgbrunnen auf. Unten füllt ein Teufel Eimer voll Wasser und die Stafette aus verdammten Seelen muss die Eimer auf einer endlos scheinenden Leiter hinaufreichen, bis zum Oberteufel, der oben auf der Turmspitze sitzend das Wasser über die Zinnen kippt, von wo es in den Kuchenpfalter Bach läuft, der auch im trockensten Sommer nicht trockenfällt. Wie auch?

Wahrlich kein schöner Ort, wenn man bedenkt, wie viele Münchner Oktoberfestwirte unter den Insassen der Burg sein müssen! Erlösung findet, wer die Menge geschöpft hat, die er oder sie zeitlebens panschte. (Man sagt, manche Malefizianten seien schon 300 Jahre da.) Der Nittenauer Festspielverein spielt die Sage in Form einer Geisterwanderung nach.

Ni6, der noch enger nach rechts weiterführt – leicht bergauf.

❋ Am Rand der Lichtung angekommen, zwei Mal links auf den Wanderweg 6 und ▬ erst weiter bergauf, dann bergab zur **Burg Stockenfels** 2. Kurze Gedenkminuten für die armen Seelen der Burg (siehe „Sagenhaftes"). Von der Burg weiter auf ▬ bzw. Burgensteig, gerade über eine Forstwegkreuzung, bis hinunter zum Regen, wo einst die Zille übersetzte (hier Burgensteig-Infotafel zur Burg).

❋ Auf dem Radweg Nittenau-Stefling geht es jetzt für Sie weiter, flussaufwärts (links). Linker Hand taucht im Wald der imposante **Rainstein** auf. Das ist gut. Nach knapp einem Kilometer haben Sie die (Privatgrund!) Teiche zur Rechten passiert. 70 Meter weiter zweigt ein weniger stark frequentierter Forstweg Y-mäßig bergauf ab. Das ist unser Weg für 2,2 Kilometer (gute 30 Minuten). Schon hübsch weit oben, mit guten Ausblicken ins Regental unterwegs, treffen Sie auf eine etwas unübersichtliche Kreuzung mit einer vagen Lichtung linker Hand. (Diese Kreuzung ist die Abzweigung zur **Variante L und XL**! Punkt bitte merken!)

❋ Um zum **Rummelfels** zu gelangen, halten Sie sich halblinks/geradeaus, auf dem Forstweg, der nach oben (in dem Fall sogar Norden) führt. 130 Meter später zweigt scharf nach rechts ein kleiner Waldweg ab, nach 15 Metern nach links ein Pfad. Dieser bringt sie auf 250 Metern Strecke zu einem Totholzpfahl mit „Rummelsberg"-Naturpark-Wanderschild. Sackgassen-Trampelpfad auf den **Rummelfels** 3, auf dem einst eine Trutzburg gestanden haben soll.

❋ Wenn Sie die Runden L oder XL gehen wollen, dann überspringen Sie diesen Punkt! **Version M** geht ab dem Totholzwegweiserpfahl immer nach Norden, weiter bergauf, erreicht bald nach dem Scheitelpunkt

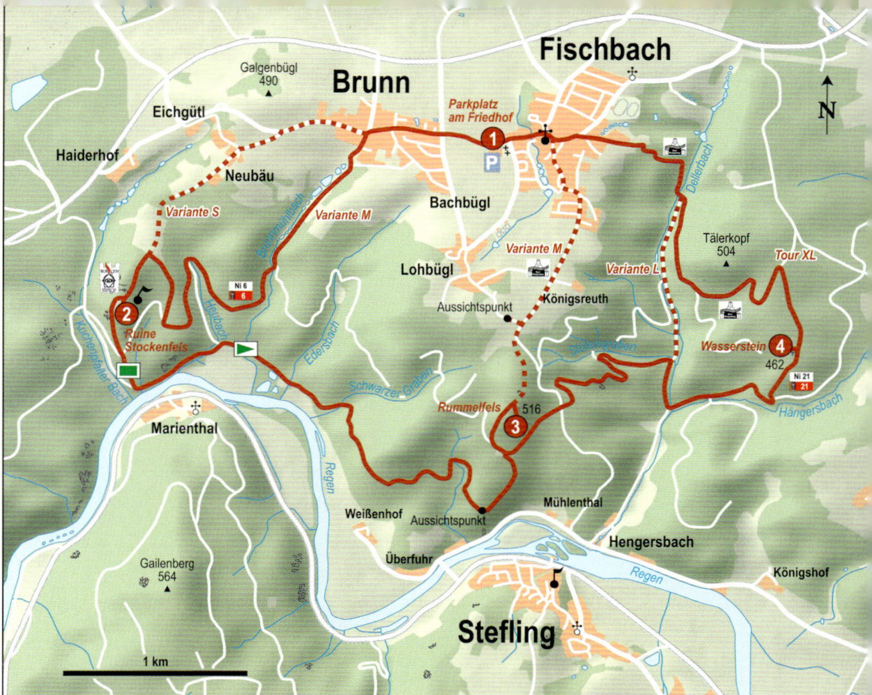

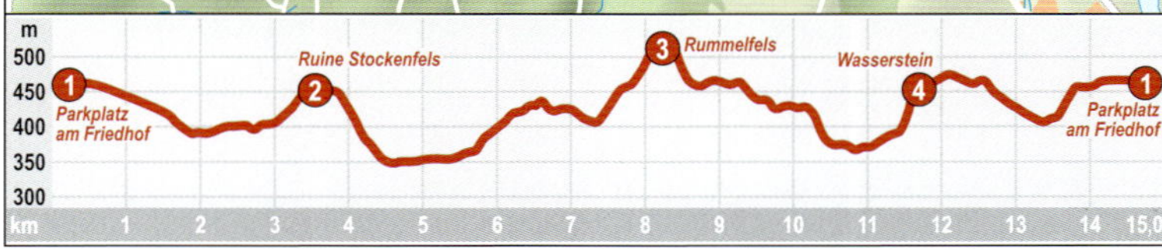

den Waldrand. Dort halbrechts und anschließend auf breiter Straße – am Marterl bei Königsreuth vorbei – nach **Fischbach** ❶ hinunter und zurück (gelegentliche Beschilderung: *3-Burgenweg*). Bitte beachten: Auf halber Strecke Abstecher nach links zum Aussichtspunkt mit Blick in den Landkreis Schwandorf!

✵ **Versionen L und XL** gehen vom Rummelfels zurück bis zur „Bitte-Merken-Forstwegskreuzung“. Jetzt im Linksbogen um den „Rummelfelsberg“, insgesamt gute 400 Meter. An der Kreuzung nach der Schranke treffen Sie gegenüber auf die **Schwarze Madonna**. Kurzes Gebet für gutes Wetter und sichere Heimkehr.

✵ Vor der Madonna stehend machen Sie einen „Linksschwenk – Marsch – gerade“. Es folgt ein Forstweg, der bergab mäandriert. Aber **Achtung**: Keine 50 Meter **VOR** der Kehre mit dem Stöfelsgraben (Graben und Bach) zweigt scharf

GUT ZU WISSEN:

Der Sage nach sind auch diejenigen Neugierigen verdammt, die den schöpfenden Panschern beim Schöpfen zuschauen woll(t)en. (Heute bekannt als „Gaffen"!) Sie schauen allnächtlich dem Geistertreiben zu. Da würde ich mir eine Nachtwanderung in dieser Ecke der Oberpfalz gut überlegen! Auch würde ich davon absehen, in der Nähe der Burg ein Biermischgetränk zu konsumieren, also kein Weißbier mit Grapefruit und einem Schuss Kirschlikör aus der Dose oder Ähnliches.

MUSS MAN NICHT WISSEN:

In vielen Gemeinden gab es für bestimmte Tage das Verbot, seine Notdurft im Freien, vor allem in der Nähe von Bächen und Flüssen, zu verrichten. Grund war, dass am nächsten Tag das Wasser aus diesen Gewässern zum Bierbrauen entnommen wurde: „Der Herr Bürgermeister gibt bekannt, dass am Mittwoch Bier gebraucht wird und deshalb ab Dienstag nicht mehr in den Bach geschissen werden darf."

rechts ein alter, aber breiter Waldweg steil ab (**Kontrolle**: Buche mit orangem P und →). Auf ihm Abstieg durch den finsteren Stöfelsgraben – mit dem Bach zur Linken.

❋ Unten angekommen geht **Version L** nach links, auf Forstweg im Dellerbach bergauf und überspringt die nächsten beiden Punkte!

❋ **Version XL** geht rechts, 270 Meter. Dann endlich tauchen rechts am Baum wieder Wanderschilder auf, nämlich Wanderweg 9, aber vor allem „Wasserstein". Folgen Sie der Wasserstein-Beschilderung (an der aktuellen Kreuzung links abbiegen, dann links halten und später noch mal links in den Wald hinauf) bis zu diesem Naturdenkmal.

❋ Vom **Wasserstein** 5 (dort Raststation mit Unterstand) aus weiter auf Waldweg nach Norden. Doch Obacht: 250 Meter nach dem Stein treffen Sie auf eine T-Gabelung. Während der Ni21 nach rechts führt, wählen Sie den nach links führenden Schlängel-Forstweg bergab bis zum Dellerbach, wo Version L gemütlich heraufgewandert kommt (**Vorsicht**: In diesem Bereich wuchert der Riesenbärenklau. Diese Pflanze auf keinen Fall berühren!).

❋ Nach dem Schlenker über den Dellerbach „sauberer" Anstieg nach Fischbach zurück (3-Burgenweg).

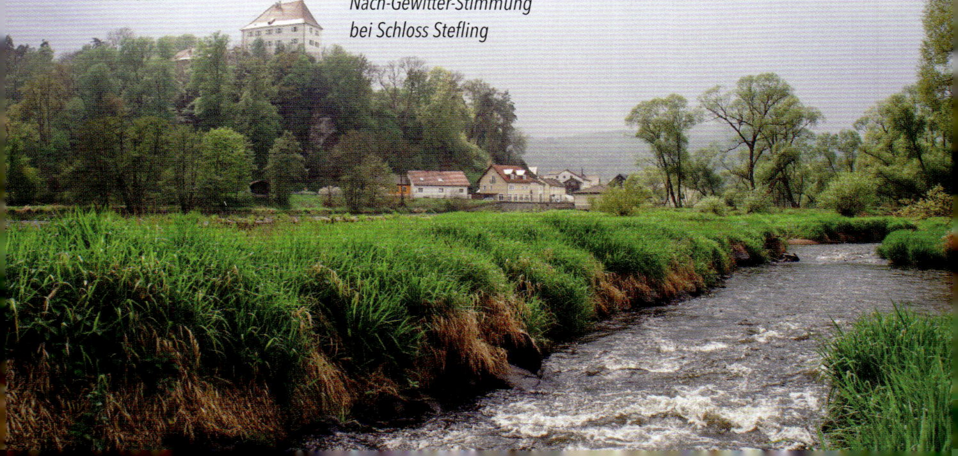

Nach-Gewitter-Stimmung bei Schloss Stefling

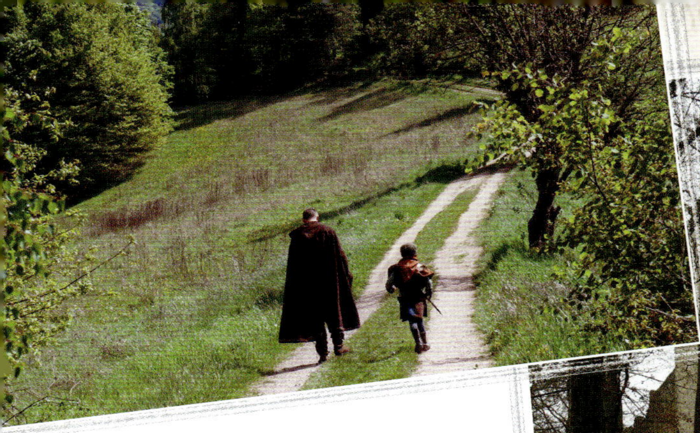

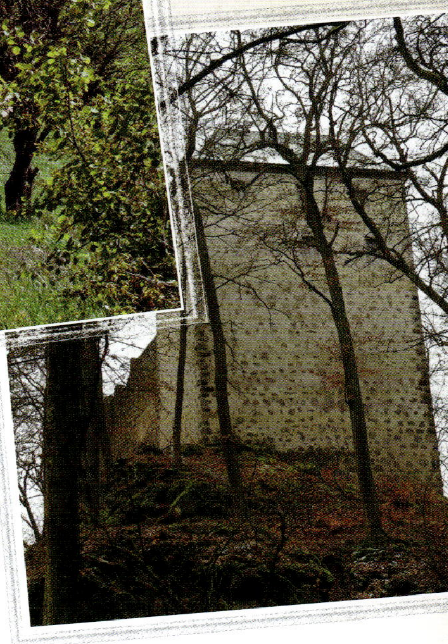

Stockenfels: Früher wurden die Knappen zu Rittern, heute werden die Ritter immer knapper.

SEHENSWÜRDIGKEITEN:

❖ **Höhenburg Stockenfels**: Erbaut von Herzog Ludwig dem Strengen (1229–1294) und Herzog Ludwig IV. (1282–1328). Danach häufige Besitzerwechsel: Raubritter, die Regensburger Auer, Wittelsbacher, Ritter Georg Heuras von Satzburg, Albrecht von Wirsberg. Seit Beginn des 19. Jahrhunderts in Besitz der Grafen von Drechsel. (Infos zu den Regen-Burgen und deren Geschichte sowie Führungen und Veranstaltungen unter *www.derkastellan.de.*)

❖ **Bruder-Barnabas-Brunnen** (bei der Kirche St. Jakob): 1750 wurde Valentin Stephan Still in Fischbach geboren. Als Paulanerpater und später Braumeister des Klosters Neudeck am Nockerberg bei München erfand er den Salvator, das Starkbier, das den Mönchen während der Fastenzeit die feste Nahrung ersetzte. Mit den Worten *Salve pater patriae! Bibas, princeps optime*! ging die erste Maß Salvator immer an den Kurfürsten. Im Jahr 2005 ließ die Brauerei den Brunnen in Fischbach als Erinnerung an den berühmten Sohn der Gemeinde errichten, den wir nur unter seinem Namen Bruder Barnabas kennen.

WEITERFÜHRENDE WANDERTIPPS:

Ein buntes „ColorRado" von 13 Wanderungen bietet Wanderführerkollege Gerhard Besenhard in seinem Buch *„Wanderführer Regental -Die schönsten Touren zwischen Regenstauf und Nittenau"*, Battenberg Gietl Verlag, 2019.

TOUR 16

KARLSTEIN – STADEL – KIRCHBERG – RIESENSPRUNG – DRACKENSTEIN

IN VIELEN KLEINEN SCHRITTEN ZUM WUNDERBAREN RIESENSPRUNG

13,8 KM / 4:30 H / 462 HM*

INFO:

***Varianten:**
Südvariante
(Karlstein-Stadel-Birkenzant):
8 km / 2:30 h / 250 Hm
Nordvariante
(Karlstein-Kirchberg-Riesensprung):
8,7 km / 2:30 h / 260 Hm

Anfahrt: A93 Ausfahrt Ponholz oder Regenstauf → Regenstauf → St2149 Richtung Nittenau → in Kleinramspau nach Karlstein abbiegen

Parken: Karlstein Schlossparkstraße (kostenloser Parkplatz) (Navi: 93128 Regenstauf/ Karlstein, Schlossparkstraße 1)

Noch heute zeugt der Bergfried von Forstenberg von der einst ritterlichen Präsenz im Vorwald. Vier weitere gekennzeichnete Burgställe erreicht das Wandervolk auf seinem Auf und Ab in die Geschichte und die Täler des Vorwalds.
Ein alter Hohlweg führt später von Kirchberg zur Fernsicht-Theresien-Kapelle hinauf. Sprichwörtlicher Höhepunkt der Tour ist der Sprint zum Riesensprung. Der Abstieg zurück nach Karlstein ist dann Dornröschen-romantisch. Die Wanderung endet stilgerecht in der „Hochgräflich von Drechselschen Verschönerungsanlage".
Was an dieser Tour besonders fasziniert, ist die große Abgeschiedenheit, vor allem auf den unmarkierten Wegen: Keine Wanderer, keine Mountainbiker, keine Autobahn, keine Flugzeuge. Für das Lärmaufkommen innerhalb Ihrer eigenen Wandergruppe bin ich nicht zuständig, aber vielleicht sorgen ja die ordentlichen Höhenmeter für Schweigen!?

Foto rechts: Ruine Forstenberg im Herbstwald

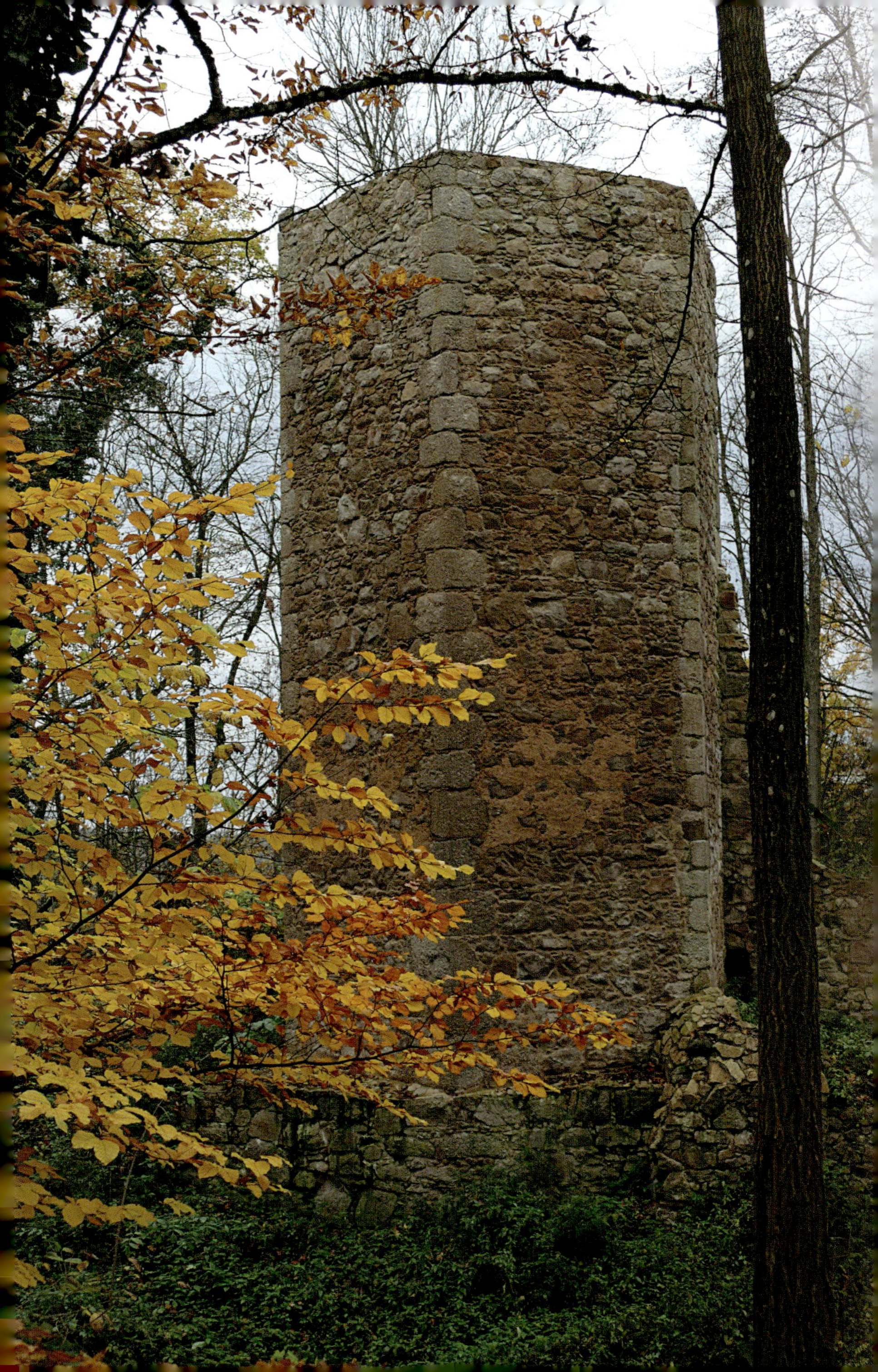

WEGBESCHREIBUNG:

❋ **Nordvariante**: Start in Karlstein, um den Dorfteich herum bis zum Ortsausgang Richtung Schneckenreuth. Am Ortsschild nach links auf den Waldweg. Am Karlsteiner Bach entlang (megaidyllisch!) bis zum Holzkreuz, wo Sie linker Hand auf das ▭ stoßen, dem Sie beim Aufstieg über den Postberg bis zur Kreuzung bei ❹ folgen (Weiter bei ❹ (siehe S. 111)).

❋ **Süd- und Gesamtvariante**: Start am Dorfteich, am Hl. Nepomuk vorbei bis rechts zum Alleeweg. Ab hier folgen Sie dem Burgenstein bzw. O 63 ▭. Nach kurzem Anstieg Infotafel „Burg Karlstein".

❋ Nach Erreichen der Höhe zweigt ein Weg nach leicht rechts in den Wald ab und erreicht 100 Meter später **Ruine Forstenberg**. Turmumrundung, dann zurück auf den Wanderweg. An einem derzeit herrenlosen Gipfelkreuz vorbei bringt Sie das ▭-Burgensteig-Doppel sicher bis nach Stadel hinunter und nach einem beherzten Linksschwenk nach der Ziegenkoppel zum Ortsschild „Stadel" (Rettungstreffpunkt R-L-2189) ❶.

❋ Gehen Sie nun auf der aus Ihrer Sicht rechten Seite des **Stadlmühlbachs** an den Häusern des Orts vorbei. Sie passieren die Kapelle, erreichen das Infoschild **Burgstall Stadel**. Die Dorfstraße macht dann eine gemütliche Bergauf-Rechtskurve. Danach gehen Sie **geradeaus** weiter, ignorierend, dass die markierte Version (Hasenweg/▭ an einem Grundstück nach rechts abzweigt. Vor dem letzten Haus (Haus Nr. 9 „Privatgrundstück Durchgang verboten") geht unser Waldweg nach halblinks, steil hinauf. Herrlicher Kiefernwald!

Blick auf Kirchberg

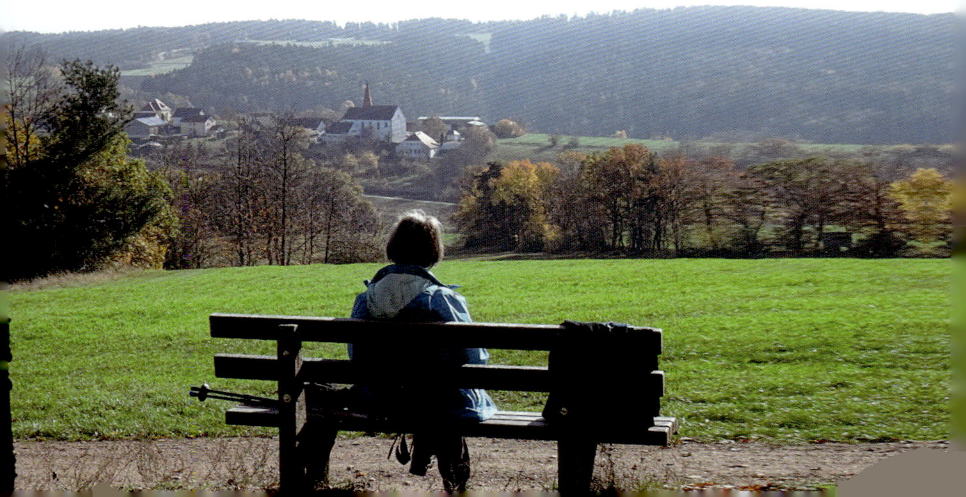

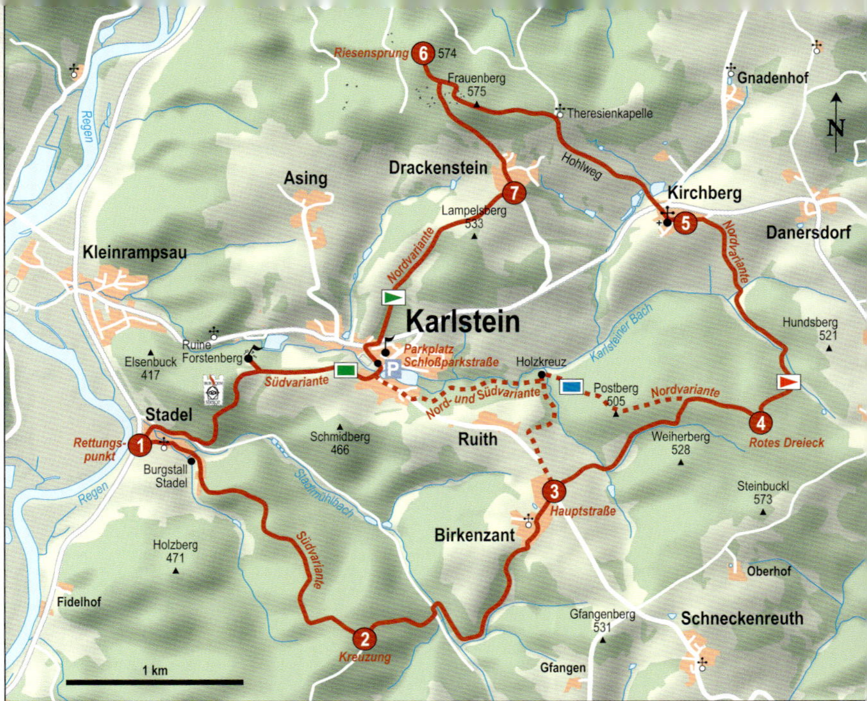

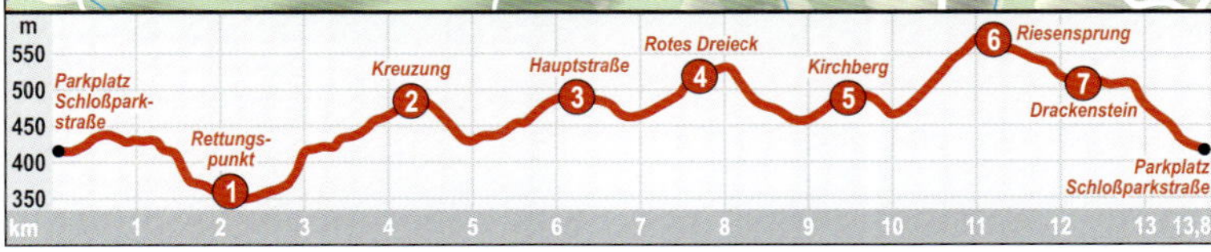

❁ Nach 250 Metern steilen Anstiegs im Wald die Kreuzung überqueren. Nach weiteren 700 kurvigen Metern rechts halten, dann weiter bis zur Megakreuzung auf der großen Lichtung. (**Kontrolle**: Hier kommen Hasenweg/▬ von rechts herauf.) Weitere 350 Meter auf dem Hasen-Forstwanderweg links, leicht bergauf. Dann stoßen Sie mit der Nase auf das Hasenschild an der Gabelung 2. Sie verlassen den Hasenweg/▬ nach links. Bergab, jetzt ohne Markierung.

❁ Im **Stadelmühlbachtal** angekommen, biegen Sie nach links ab, überqueren nach 30 oder 50 Metern den Stadelmühlbach nach rechts und biegen sofort wieder nach rechts ab. Dieser einsame, wenig gegangene, aber schöne

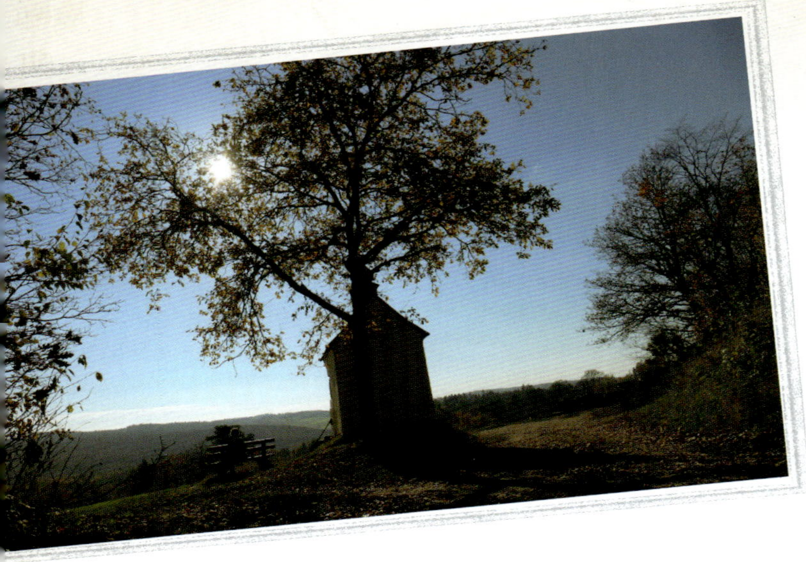

Wunderbar gelegen: die Theresienkapelle

Weg beschreibt eine Linkskurve ins nächste Seitental und führt dann entlang einer großen Lichtung nach **Birkenzant** hinauf. Durch den Ort, an der Kapelle rechts, bis zur Hauptstraße 3 und auf diese nach links abbiegen.

Südvariante: Sie können ab Birkenzant weitere 200 Meter auf der Fahrstraße gehen und biegen dann nach rechts auf den Feldweg ab. Nach weiteren 200 Metern Rechtsknick und durch die kleine, grasige Senke zum Wald, und in selbigem weiter bis zum Holzkreuz. Dort angekommen, nach links am **Karlsteiner Bach** entlang Richtung Karlstein. Herrlicher Weg über zwei Holzbrücken!

Gesamtvariante: Nach 50 Metern auf der Fahrstraße nach rechts auf den Feldweg („Durchfahrt verboten – Anlieger frei"). Abstieg ins Tal. An der Gabelung (mit leichtem Rechtsversatz) geradeaus weiter. 200 Meter im Talgrund entlang Richtung Wald,

GASTRONOMIE:

Landgasthof Lautenschlager
Schloßparkstraße 3,
93128 Regenstauf,
www.landgasthof-lautenschlager.de,
info@landgasthof-lautenschlager.de,
09402 / 5393

Ramspauer Hof
Dorfstraße 5,
93128 Regenstauf,
www.ramspauer-hof.com,
Ramspauer-Hof@Kneitinger.de,
09402 / 4560

weitere 250 Meter im Wald, am Bach entlang. An der Gabelung in einer Lichtung halten Sie sich links und folgen dann dem Weg steil bergauf, bis Sie auf dem Höhenrücken angekommen auf den Wanderweg ▬ stoßen. Diesem nach rechts, leicht bergauf folgen. Kurz danach – linker Hand – Wollsackgipfel mit Blick zum Jugenberg.

❋ **Ab hier auch Nordvariante** 4: Sobald Sie den querenden O 41 ▶ erreichen, folgen Sie diesem, indem Sie scharf links Richtung Grafenwinn/Kirchberg abbiegen. Im Tal angekommen nach links und nach kurzer Wegstrecke am Bach selbigen überqueren (beschildert!) und auf die rechte Talseite wechseln. Dem weiterhin beschilderten Wegverlauf ins weithin sichtbare **Kirchberg** folgen. Beim Ortsschild angekommen, nach links in den Ort, Richtung Kirche 5.

❋ Weil Sie kein Auto sind, können Sie von der Kirche aus bergab gegen die Einbahnstraße gehen und an der farbenfrohen Church Mountain Ranch die Fahrstraße überqueren. Am Trafohäuschen im Talgrund vorbei Richtung Brunnstube und einem „V-Baum".

❋ Links an diesem vorbei erreichen Sie 100 Meter später einen alten Hohlweg, der mit Eichen und Ahorn bestanden ist. Wandern Sie an der rechten Seite dieses Hohlwegs bis zur weithin sichtbaren **Theresienkapelle** hinauf. Dort können Sie mal so richtig ausrasten!

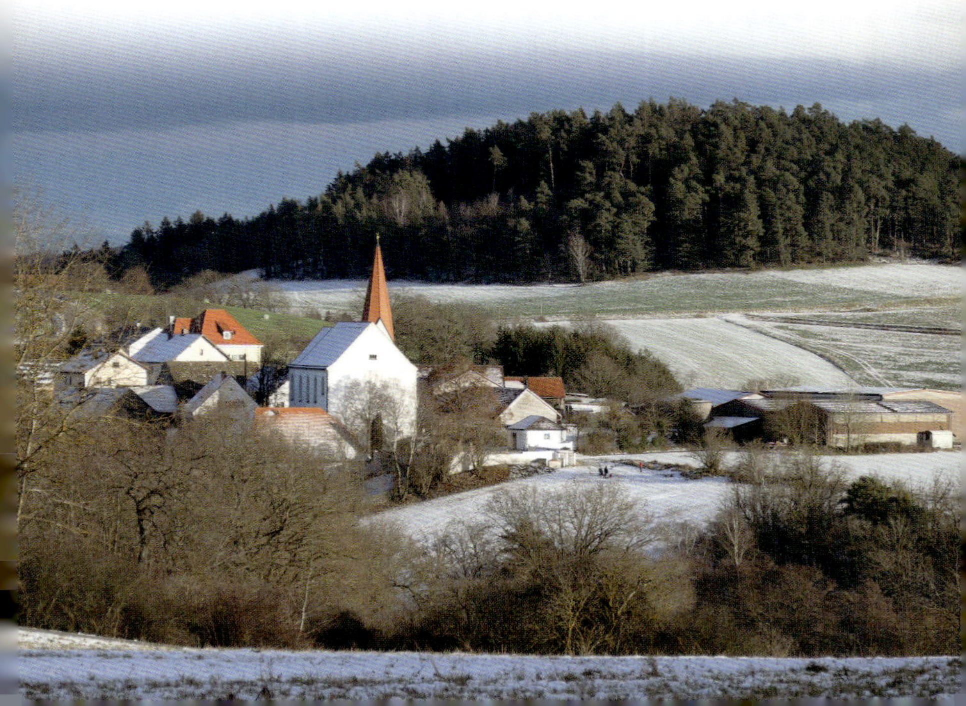

SAGENHAFTES:

In Karlstein soll vor langer Zeit eine **geizige Bäuerin** gelebt haben. Ganz anders als ihre Magd, die einem Bettler ein paar übriggebliebene Knödel schenken wollte. Aber die Bäuerin ging unsanft dazwischen und forderte die Magd auf, die Knödel den Schweinen zu geben. Der alte Bettler verließ hungrig und traurig den Hof. Am Abend war die Bäuerin verschwunden, doch am nächsten Morgen fand die Magd ihre geizige Herrin im Saustall vor, wo diese zwar in Menschengestalt, aber mit einem Schweinskopf versehen aus dem Trog fraß. Vermutlich Knödel.

❉ Wenn Sie mit Blick zur Kapelle stehen, sehen Sie halblinks vor sich einen Weg in den Wald hineinführen (**nicht** der Forstweg „hinter“ der Kapelle, **nicht** den Weg am Wald entlang!). Nehmen Sie besagten Weg, um nach einem halben Kilometer das Blockmeer auf dem **Frauenberg** (575 m) zu durchwandern. Dann weiter (kleiner Zickzack-Abstieg) zur Waldwegekreuzung. An dieser dann links nach **Drackenstein**. (Vorher noch Besteigung des **Riesensprungs** möglich 6 (574 m; Sackgasse)). Der Weg nach Drackenstein (südlich des Frauenbergs) erfolgt intuitiv bzw. „auf Sicht“ in großem Abwärts-Linksbogen!

❉ Durch den Ort bis zur Burgensteiginfotafel bei Haus Nr. 12 (dort ehem. Burgstall) 7. Am Ortsende weiter nach rechts auf den ▬-Wanderweg. Diesem wunderbaren Weg folgen Sie bis **Karlstein**.

Das ehemalige Schulhaus von Karlstein ist idyllisch am Dorfteich gelegen.

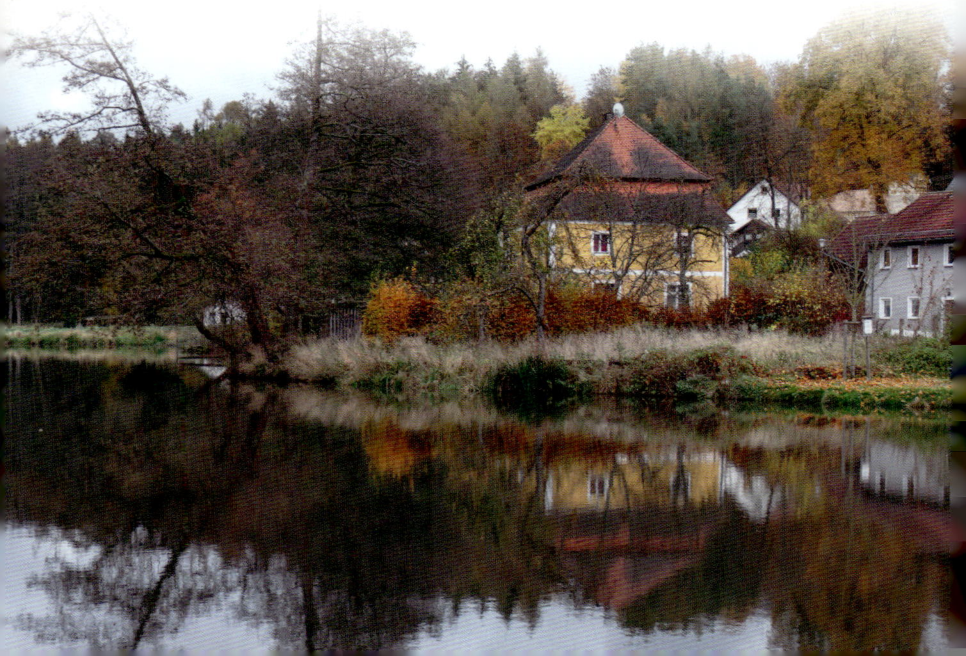

(**Achtung**: Vor lauter Aus- und Fernsicht die Abzweigung in den Wald hinein **nicht** verpassen!) Nach Durchwanderung der **Hochgräflich von Drechselschen Verschönerungsanlagen Carlstein** erreichen Sie die Hauptstraße, sehen gegenüber das Denkmal für Graf Ulrich von Drechsel und finden von hier zum Auto zurück.

SEHENSWÜRDIGKEITEN:

❉ **Burg/Schloss Karlstein**: Entstanden aus „Chadolzstain". Zeitpunkt der Erbauung unbekannt, danach ständig wechselnde Besitzer. Schloss aus dem 16. Jhdt., im 19. Jhdt. zum vierflügeligen Schloss umgebaut. → Siehe Burgensteigtafel vor Ort.

❉ **Forstenberg**: Gründung vermutlich im 13. Jhdt. Erste Besitzer „Chunrat und Ernst di Forstpergär". Danach ständig wechselnde Besitzer. Aufgabe vermutlich ab 17. Jhdt.

❉ **Burgstall Stadel** **1** „Beste ze dem Stadel". Kleine Burg. Erster bekannter Inhaber 1342 Wernt aus der Ritterfamilie Stör. Aufgabe im 16. Jhdt. → Siehe Burgensteigtafel vor Ort.

❉ **Kirchberg** **5**: Pfarrkirche Mariä Himmelfahrt. Langhaus von 1770. Gruft der Grafen von Drechsel.

❉ **Drackenstein** **7**: „Fels, auf dem ein Drache lebt." Erste Erwähnung eines Besitzers Friedrich von Trackenstein 1339. Heute steht das Haus Nr. 12 an dieser Stelle. (Das große Haus in der Flucht des Schildes. Privatgrundstück.) → Infos zur Burg und zu den zwei dort geschehenen Morden 1552 und 1573 auf der Burgensteigtafel vor Ort.

❉ **Riesensprung**: Der Berg oberhalb Drackensteins heißt Riesensprung. Josef Schneider schreibt dazu: „In grauer Vorzeit soll ein Riese vom fünf Kilometer entfernten Regenstaufer Schlossberg hierher gesprungen sein. Bei der Landung zertrümmerte er die Felsspitze des Berges. Die mit Felsbrocken übersäte Stelle wird deshalb noch heute ‚Riesensprung' genannt."

TOUR 17

UNTERLICHTENWALD – BURGSTALL OBERLICHTENWALD – BURGSTALL LICHTENBERG – OTTERBACHTAL

DIE DIVA

14 KM / 4:30 / 281 HM

Möchte man den Touren in diesem Buch menschliche Charaktereigenschaften zuteilen, dann ist diese Tour die Diva: schwer zu fassen, leicht zickig, tiefgründig, aber in jedem Fall hochinteressant.
Der „Expressway“ von Unterlichtenwald zum Koreawirt ist ja ebenso bekannt wie langweilig. (Das idyllische Otterbachambiente entschädigt wohl für die Forststraße.) Schwierig wird's, wenn man die zwei Burgställe Oberlichtenwald und Lichtenberg einbinden und zu einem Rundweg verknüpfen möchte. Eine sinnvolle Erschließung durch Wanderwege war bisher (meines Wissens) Fehlanzeige. Die hier vorgestellte Version schafft nun Abhilfe, aber Sie werden schnell merken, dass es wie im richtigen Leben ist: Ein ständiges Auf und Ab, und manchmal muss man sich auch ein bisschen durchschlagen können.

Die BN-Jahreszeitenwandergruppe bei Heuweg

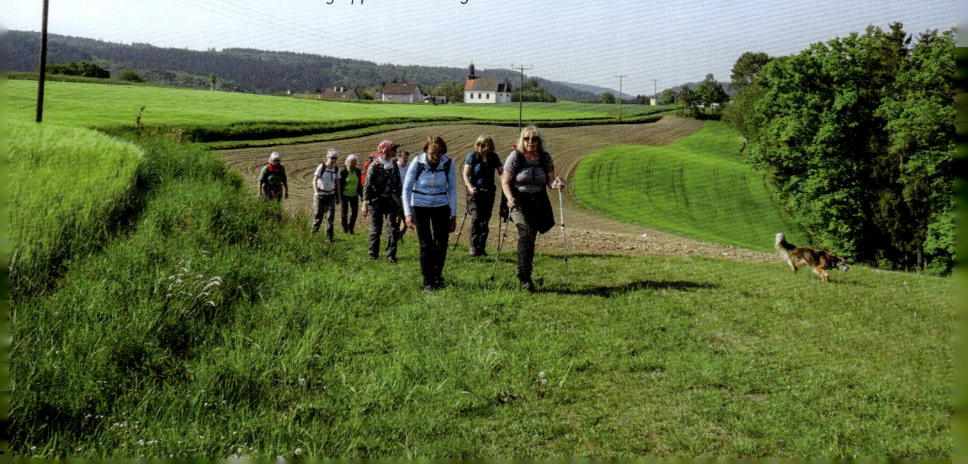

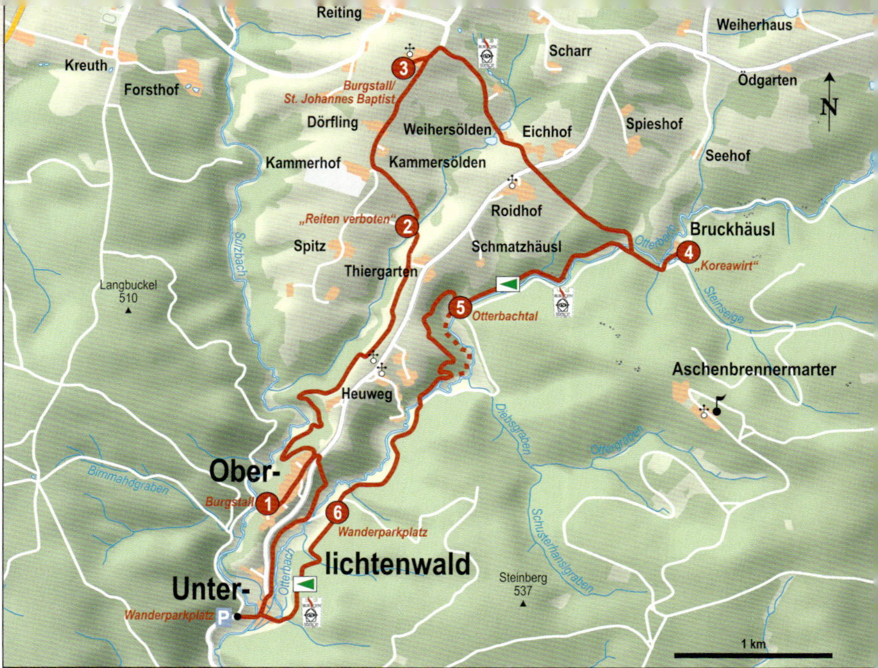

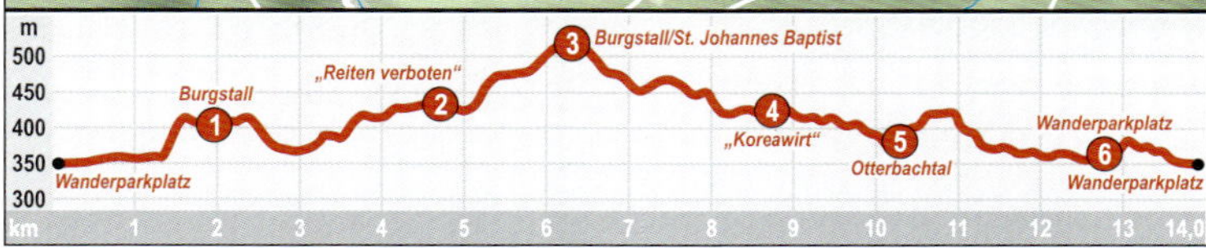

WEGBESCHREIBUNG:

Start ist am (Wander-)Parkplatz vor Unterlichtenwald. Gehen Sie ein kurzes Stück auf der Hauptstraße am Straßenrand und im Ort weitere 130 Meter bis zur Abzweigung nach rechts in die vielsagende Straße „Unterlichtenwald“ (**Kontrolle**: Verkehrsspiegel, Briefkasten, Sackgasse, Haus Nr. 13, 15, 17, 19). Folgen Sie dieser kleinen Straße durchs Otterbachtal, bis Sie zur Brücke über den Otterbach gelangen. **VOR** der Brücke biegen Sie nach links ab und gehen bis zur roten Bank am Waldrand. Links neben der roten Bank – etwas versteckt – finden Sie

INFO:

Anfahrt: Von Donaustauf auf der St 2125 nach Westen. Erste Ausfahrt bei Sulzbach a. d. Donau nach Norden, Richtung Altenthann.

Parken: Am Wanderparkplatz 130 Meter vor der Ortschaft Unterlichtenwald (Navi: 93177 Altenthann/ Unterlichtenwald, Rettungstreffpunkt R-L-2176)
Alternativ: Im Otterbachtal (Anfahrt durch Unterlichtenwald).

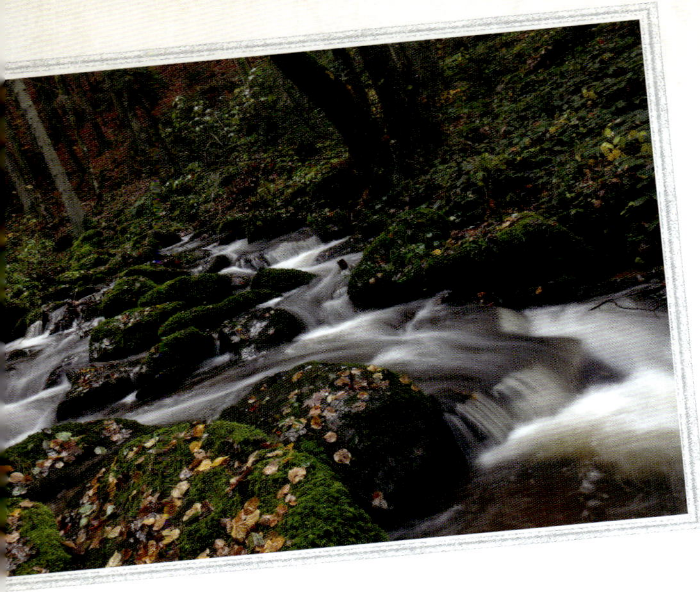

Der Otterbach – den Ausflüglern ein beliebter Begleiter und den Fotografen ein willkommenes Motiv

einen Waldpfad, der Sie gleich nach Überqueren der Straße Richtung Altenthann ans nördliche Ende von Oberlichtenwald (Verkehrsschild „*Altenthann/Ortsende-Oberlichtenwald*“) bringt.

❋ Merken Sie sich diesen Punkt und gehen Sie von hier im Ort auf der Dorfstraße am Feuerwehrhaus vorbei bis zum Ende der Sackgasse bis zur Burgensteig-Infotafel „Oberlichtenwald“ ❶. Danach wieder zurück zum gemerkten Punkt. Hier zweigt ein Feldweg Y-mäßig nach halblinks ab. Folgen Sie diesem Weg in einem großen 300-Meter-abwärts-Linksbogen, bis fast hinunter ins Sulzbachtal. Fast unten – via Spitzkehre – biegen Sie nach rechts (Nordosten) ins Sulzbachtal ein.

❋ Nach weiteren 300 Metern finden Sie einen Stapel alter Betonteile (die hoffentlich noch länger hier liegen). Verlassen Sie das Sulzbachtal wieder nach rechts, 50 Meter knackig bergauf, dann nach links. Nach weiteren knapp 300 Metern beschreibt dieser Waldweg eine „saubere“ Rechtskehre bergauf. Gehen Sie dann geradeaus weiter. Sie erreichen eine Lichtung und sehen die Häuser eines Einsiedlerhofs halbrechts vor sich. Bleiben Sie aber am Waldrand, dann wieder in den Wald hinein.

❋ Alsbald erreichen Sie einen eingesenkten Weg am Waldrand. Verlassen Sie diesen Weg „wild" und gehen Sie zwischen den Feldern zum Trafohäuschen. Hier beginnt Ihr Feldweg Richtung Norden, bis Sie bei Thiergarten auf die kleine Fahrstraße stoßen. Auf der Straße nach links abbiegen und Abstieg ins Spitzweiherbachtal. Linkskurve im Talboden, danach Feldweg nach rechts, auf ein Stück Wald zu. ❷ (**Kontrolle**: Am Waldrand informiert ein paragrafenschwangeres Schild, dass Pferde hier nicht weiterreiten können. (Das Schild an sich ist wohl eher für die Reiter gedacht!))

❋ Zwei Hohlwege würden nun rechts und links am Schild vorbei gehen, aber sie sind zugewuchert. Die Machete vergessen? In diesem Fall gehen Sie am Schild links vorbei und schlagen sich auf dem kurzen Stück (gute 100 Meter) zwischen Feld (links) und Wald (rechts) nach oben, bis Sie wieder auf den Feldweg stoßen. Auf diesem weiter nach halblinks bergauf.

❋ **Achtung**: Auf der ersten Höhe angekommen, nicht dem Wegeverlauf durch den Kammersöldenhof folgen, sondern ein paar Meter geradeaus zur Fahrstraße. Auf dieser biegen Sie nach rechts ab und gehen nun (unterwegs Wegkapelle, dann Gestüt, dann Solaranlage) bis zur **Kirche von Lichtenberg** ❸. Zugang über Grundstück – ist OK. Schlüssel zur Kirche kann bei den Herrschaften im alten Wohnhaus erbeten werden.

❋ Gute 100 Meter weiter auf der Fahrstraße nach Norden treffen Sie auf den Burgensteig, der nach rechts ins Tal abbiegt. Folgen Sie dem Burgensteig durch Weihersölden hindurch und über die Hauptstraße bis ins Otterbachtal.

❋ **VOR** der Brücke im Otterbachtal nach links auf den Waldpfad wechseln und auf diesem bis **Bruckhäusl**, auch bekannt als **„Koreawirt**." Pause. Stärkung. Auf selbigem Weg zurück.

❋ Auf der rechten Bachseite (Blick flussabwärts) führt ein relativ unscheinbarer Pfad am Wald entlang.
Folgen Sie diesem herrlichen Weg und damit dem Otterbach.

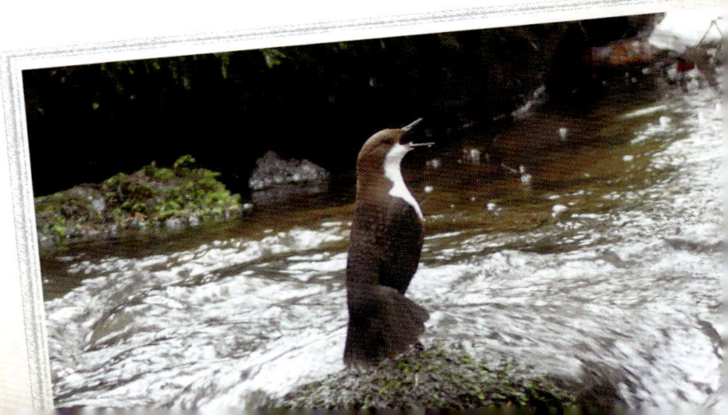

Wasseramseln lieben den Otterbach.

SAGENHAFTES

Wandert man von Oberlichtenwald nach Spitz hinauf, kann man sich nicht vorstellen, dass hier die Eisenbahn verkehrt. Genau das geschah aber, nachdem ein Oberlichtenwalder Bauer ständig den Namen Gottes gelästert hatte. Als ihm die Heugabel entzweibrach, bedachte der allseits unbeliebte Zeitgenosse unseren Herrn wieder mit einer Tirade aus derben Flüchen. In der Folge fuhr eine mit glühenden Wagen beladene Lokomotive auf den Bauern zu, bis ihn eine unsichtbare Hand zur Seite riss. Erst bei Spitz verlangsamte der Zug wieder seine Fahrt. Der Bestrafte blieb gelähmt und stumm zurück – und starb wenige Tage später. Eine interessante Geschichte, die aber vergleichsweise modern ist, denn Züge gibt es ja nun doch noch nicht so lange.

GASTRONOMIE:

Der Koreawirt – Die Waldgaststätte König im Otterbachtal
Bruckhaus 1,
93177 Altenthann,
09408 / 555
(Musikevents, Themenabende, Filmabende, Kabarett!)

Landgasthof Hammermühle
Thiergartenstraße 1,
93093 Donaustauf,
www.hammermuehle-donaustauf.de,
09403 / 96840

❉ Nach 1,2 Kilometern (bei 5) müssen Sie eine Entscheidung treffen:

1. Sie ziehen die Schuhe aus und waten durch den Otterbach ans gegenüberliegende Ufer, d.h. zur Forststraße mit dem Burgensteig. Auf dieser Straße dann weiter bis zum Wanderparkplatz am Waldrand 6.
2. Sie folgen dem Otterbach beharrlich auf Singletrail und passieren den Otterbach an einer sehr steilen Felswand (nicht jedermanns Geschmack, v. a. bei glitschiger Witterung). Danach vor bis zur Brücke und weiter zum Wanderparkplatz am Waldrand 6.
3. **Meine Empfehlung**: Dort, wo der Otterbach einen großen Linksmäander beginnt (ca. 250 Meter vor der steilen Felswand unter Option 2.) haben Sie eine Lichtung erreicht und stehen an einer ehrwürdigen Eiche (mit pilzverzierten Holzstapeln daneben). Von dieser Eiche aus folgen Sie 100 Meter dem Saum zwischen Gras (links) und hohem Gestrüpp (rechts) leicht bergauf. Dann treffen Sie auf einen ordentlichen Waldweg (nach links), der Sie hinauf an die Trogkante bringt, und danach wieder bergab (ganz oben

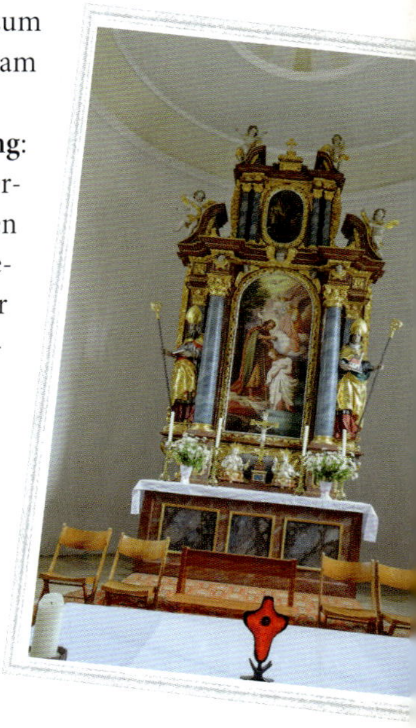

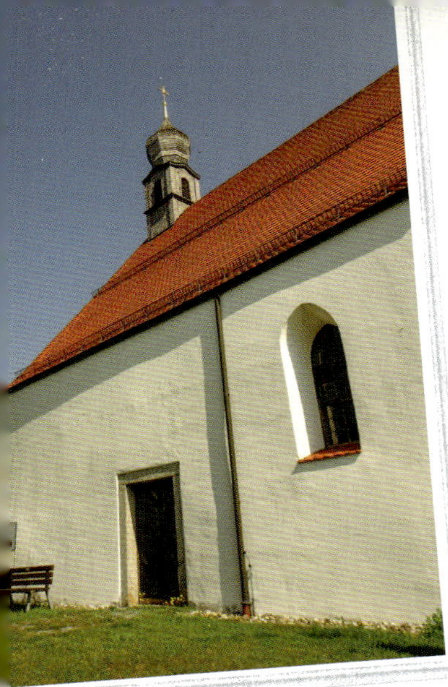

Die Kirche von Lichtenberg enthält noch Teile der alten Burg. Auf dem Foto links (S. 118) ist der Altar der Kirche zu sehen.

angekommen wieder nach links abbiegen!). Wieder im Otterbachtal zurück nach rechts abbiegen, später via Brücke die Talseite wechseln und dann zum Wanderparkplatz am Waldrand.

Nach Unterlichtenwald gehen Sie auf dem Burgensteig Richtung **Hammermühle** weiter, bis zur Abzweigung nach Unterlichtenwald. Dann zurück zum Auto. (Alternativ können Sie vom Wanderparkplatz 6 auch das Tal queren und auf bereits bekanntem Weg zum Auto gehen.

SEHENSWÜRDIGKEITEN:

Burgstall Oberlichtenwald: Vermutlich hochmittelalterliche Rodungsburg (erstmals 1348/49 belegt), weil oder nachdem die Bewohner (namentlich *Hektor der Lichtenperger*) von Lichtenberg ihren Familiensitz verlagert hatten. Dann übernahmen die Zengers und 1590 war Lichtenwald schon verfallen.

Burgstall Lichtenberg: Vermutlich als Rodungszentrum um 1160 erbaute Burg von den Herren von Lichtenberg (welche Ministeriale des Hochstifts Regensburg waren). Die Burg blieb längere Zeit im Besitz der Lichtenberger, trotz wechselvoller Geschichte. 1365 Verkauf an die Chamerauer. Mitte des 16. Jahrhunderts hatte eine Vorgängerkirche der heutigen Kapelle St. Johannes Baptist die alte Burg abgelöst.

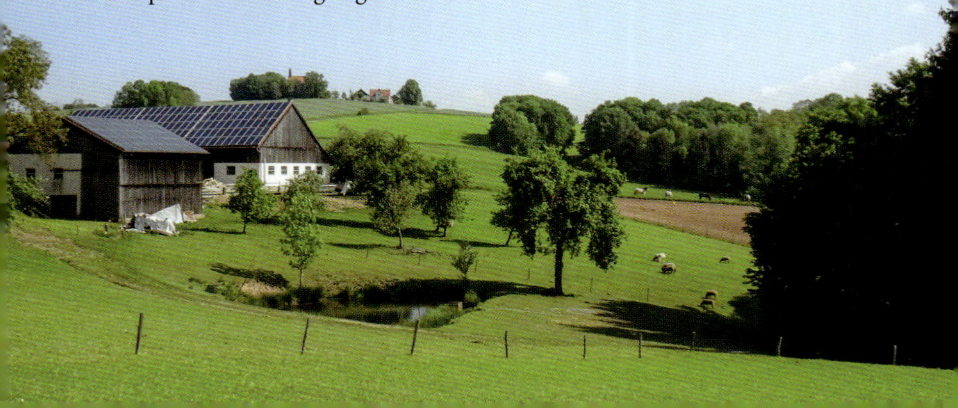

BRENNBERG – HEILSBERG – BURGSTALL NEUHAUS – UND VIELLEICHT NOCH DIE „HÖLLE"?

WAS ES NICHT GIBT, KANN NICHT VERFALLEN. ODER: HABEN BURGEN EIN MHD?

14,5 KM / 4:30 H / 457 HM *

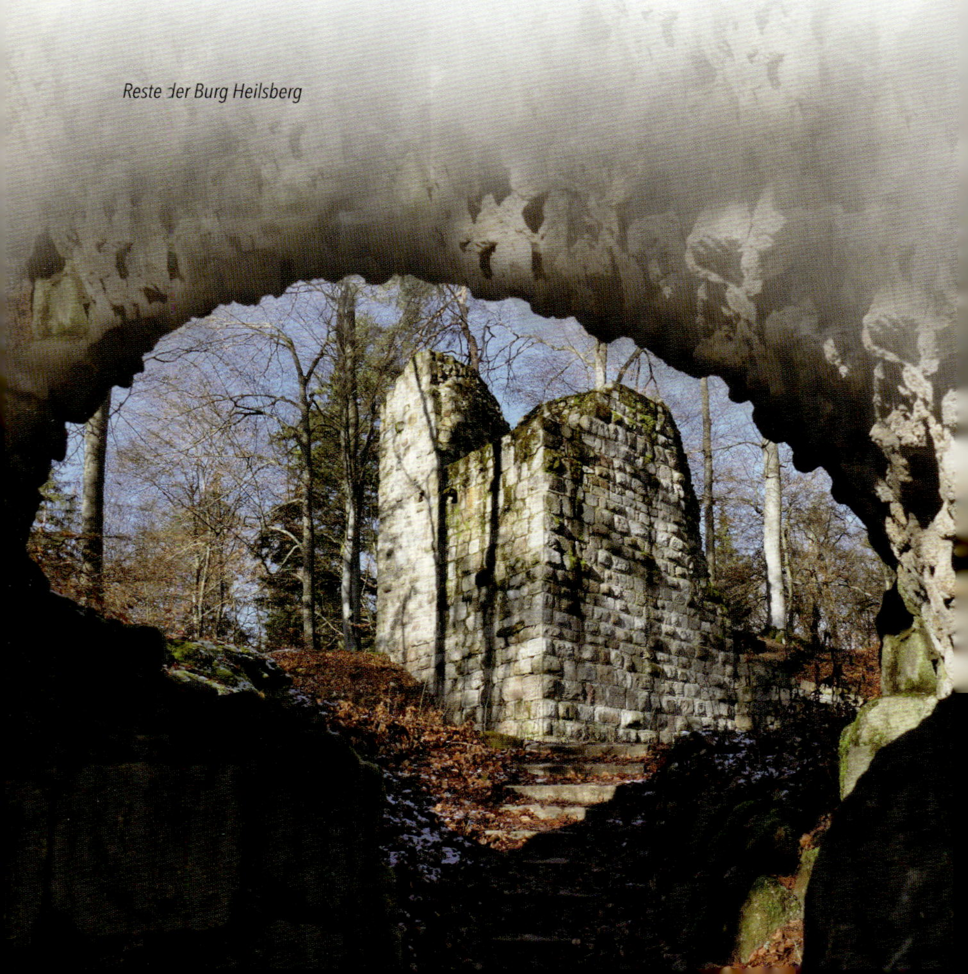

Reste der Burg Heilsberg

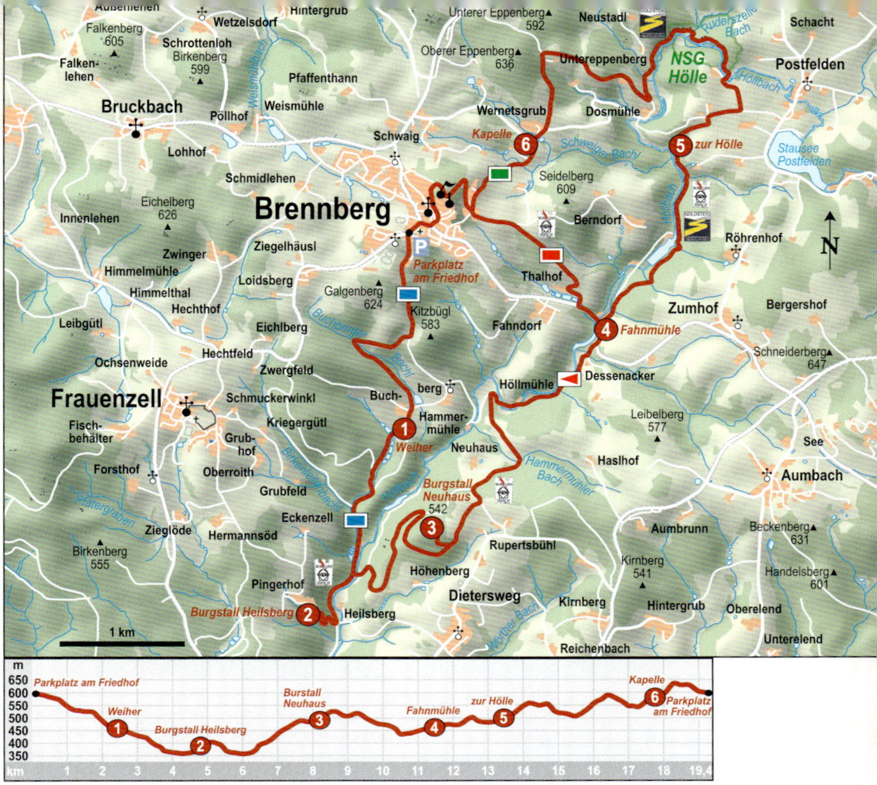

INFO:

***Varianten:** *Basisrunde*: 14,5 km / 4:30 h / 457 Hm (Mit Burgbesteigung). *Mit Erweiterung* „Hölle" (Ohne Burgbesteigung am Ende): 19,4 km / 6 h / 500 Hm

Anfahrt: A3, Ausfahrt Wiesent, Richtung Brennberg

Parken: Brennberg, Parkplatz beim Friedhof (Navi: 93179 Brennberg, Johannisstraße 2)

ÖPNV: RVV Linie 5, Umsteigen in Donaustauf in die Linie 36/37

Als mein Vater und ich am 22. August 1988 in den Grand Canyon abstiegen, war schon der Abstieg anstrengend. Der Aufstieg – immerhin 1400 Höhenmeter – bei 50 Grad ohne Schatten und am Ende ohne Wasser wurde zum Vorgeschmack auf die Hölle. Diese gibt es auch bei Brennberg und ist genauso bekannt und überrannt wie beliebt. „Ausbichte" (Übersetzung für Zuagroaste: wetter- und distanzmäßig Unerschrockene) Weitwanderer können das Naturschutzgebiet am Ende dieser Rundwanderung noch draufpacken. Die Standardversion der hier vorgestellten Burgen-Rundwanderung steigt in der ersten Hälfte steil ab – bis zur Ruine Heilsberg –, um dann wieder steil aufzusteigen, zu einer Burg, die nie gebaut

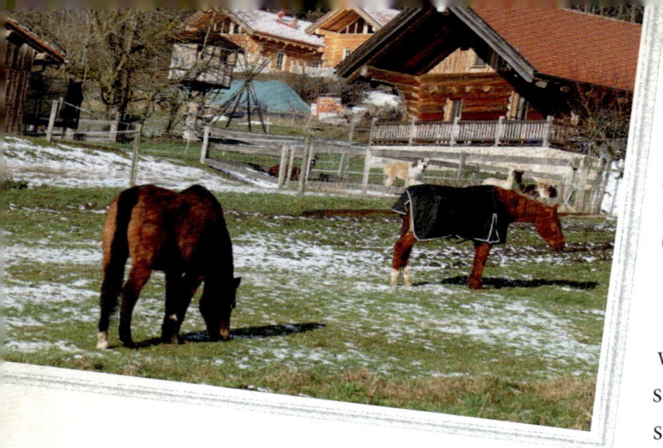

Pferde lieben den Ferienhof Laumer in Buchberg. (www.ferienhof-laumer.de)

wurde, und der das Schicksal, eine Ruine zu werden, somit erspart blieb.
Auch nicht schlecht. Bonus dieser Burgen- bzw. Ruinenrunde: Sie sind (im südlichen Basisteil) weitgehend allein unterwegs und können dennoch die Schönheit und Ruhe des Höllbachtals genießen! Mit Blick auf den Grand Canyon sollten Sie beim Aufstieg froh und dankbar sein, dass unsere Ruinen in den Gemäßigten Breiten stehen!

WEGBESCHREIBUNG:

Start ist neben dem Friedhof in Brennberg (öffentliche Toiletten im Infohäuschen). Auf der Hauptstraße Richtung Wiesent geht es am **historischen Spital Brennberg** links vorbei in die Johannisstraße. Sie sind jetzt auf dem O 70 : 2,2 Kilometer Abstieg bis Buchberg (**Achtung**: Der Weg zweigt nach der Hälfte von der Straße nach rechts ab und folgt nach der T-Kreuzung dem Buchberger Bächlein nach links, bergab. (Schilder fehlen wegen Rodungsarbeiten 2020!)).

Am Rettungstreffpunkt R-L-2079/Kreuz/Goldsteigzubringer weiter, aber nach 120 Metern dem Zaun des Gestüts nach rechts zu den Weihern folgen ❶! Am Ende der Weiher kurzer Weg geradeaus durch den Wald, dann nach links auf die Forststraße. Nach knapp 200 Metern sind Sie wieder auf des Goldsteigs blauem S bzw. dem . Folgen Sie dem Weg, bis rechts am Wegrand das Hinweisschild zur **Burgruine Heilsberg** ❷ auftaucht. Wonnebold (Burgensteig) bringt Sie in drei ritterlichen Kehren zur Ruine hinauf! Besichtigung der Ruine, ggf. Picknick, dann wieder Abstieg und gute 500 Meter zurück auf selbigem Forstweg zur Brücke (**Kontrolle**: farbenfrohes „Maria-Hilf-Marterl"). Überqueren Sie hier den Höllbach nach Osten (also von unten kommend nach rechts), um weiter dem Burgensteig bis zum **Burgstall Neuhaus** ③ zu folgen. (**Kontrollen**: Kurzer gemeinsamer Weg mit O 50 ►, dann geht der Burgensteig „solo" bergauf. Anstieg, dann Abzweigung nach links. Eine scharfe Rechtskehre. Fast auf dem Gipfel angekommen, bereits auf der Ostseite des Heilsbergs, wenig gegangener Stichweg (Wonnebold hilft) bis zum Gipfel mit dem Blockmeer.) Abstieg wie Aufstieg vom Heilsberg, an der Abzweigung links weiter und weiterhin leichter Anstieg auf Burgensteig, Richtung offenes Gelände.

❊ Burgensteig: zuverlässig (aber nicht üppig) beschildert, deshalb hier nur Anhaltspunkte: Schilfgras zur Linken, Marterl mit Bank und Baumpaar zur Rechten, am Hochspannungsmast 169 vorbei, 350 Meter Abstieg auf Asphalt, kurzer Abstieg nach Neuhaus (mit

SAGENHAFTES

Auch auf Burg Brennberg weilt eine weiße Frau, vor allem an Sonntagen. Herzog der Strenge ließ seine Gemahlin wegen angeblicher Untreue enthaupten und erstach auch noch die Hofdame Helika. Deren Bruder Reimar – Grund für die Eifersucht – wurde gevierteilt. Interessanterweise ist es Helika, die auf Brennberg umgeht. Von den anderen beiden Mordopfern ist nichts bekannt.

MITTELALTER-WITZ

"Ich bin entrüstet!" sagte der Ritter, der nackt im Wald stand.

Morgenstunde – Zeit für die Geister, ins Bett zu gehen

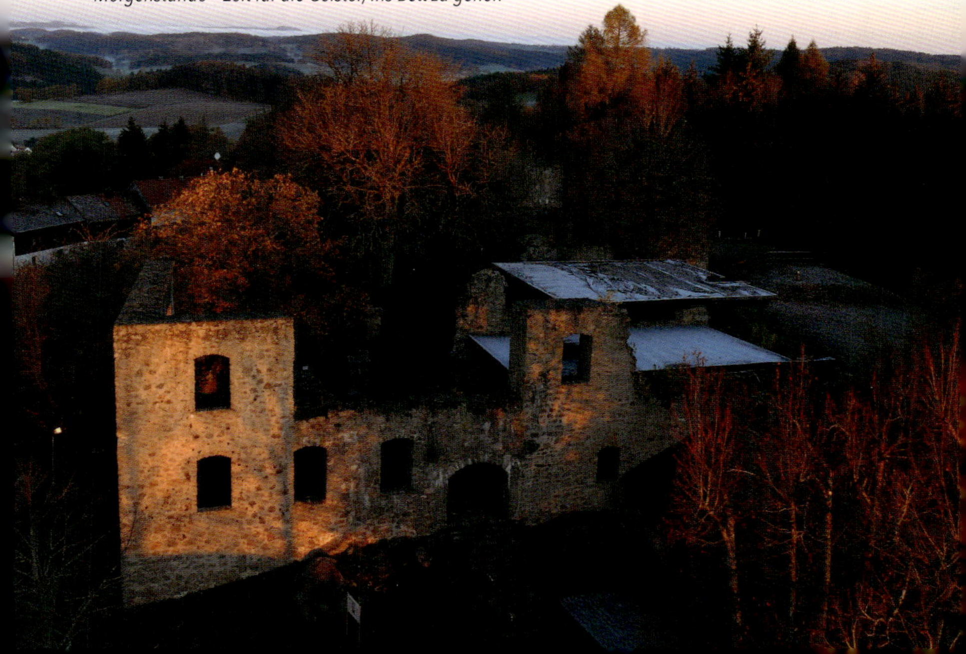

GASTRONOMIE:

Hirschberger Holzofenkuchl
Reimarstraße 5,
93179 Brennberg,
www.holzofenkuchl.com,
willkommen@holzofenkuchl.com,
09484 / 287

Gasthaus zur Burg
St.-Rupert-Straße 3,
93179 Brennberg,
www.gasthaus-zur-burg.net,
09484 / 281

Etwas außerhalb:

Jagawirt zu Aumbach
Aumbach 117,
93191 Rettenbach,
www.jagawirt-aumbach.de,
info@jagawirt-aumbach.de,
09484 / 8969388

Hofstube Röhrenhof
Röhrenhof 1, 93191 Rettenbach,
www.hofstube-roehrenhof.metro.rest.de, bornschlegl@hofstube-roehrenhof.de, 09484 / 234

Hochvolt-Blick nach Brennberg), in der Kehre geradeaus weiter auf Wald-Feldweg, Linkskurve und Abstieg via Hohlweg (mehrere Optionen) ins Höllbachtal.

❋ Im **Höllbachtal** angekommen treffen Sie wieder auf den ▬, den Sie vorher verlassen hatten. Abbiegung nach rechts und an der Höllmühle vorbei, geradeaus, immer leicht bergauf am **Höllbach** entlang. 800 Meter nach der Höllmühle stößt von rechts der Goldsteig hinzu, nach weiteren 100 Metern landet man unsanft auf der Fahrstraße, die vom Berg herunterkommt. Gehen Sie noch 200 Meter weiter bis zur Abzweigung zur **Fahnmühle** ❹ hinunter. Die Entscheidung muss vor der Brücke fallen: Die „Höllenschlaufe" noch dazu? Dann zweigt man hier zur Mühle hinunter ab, bleibt also auf dem Goldsteig. (Weiter geht's beim übernächsten Punkt!)

❋ Um zurück nach Brennberg zu kommen, gehen Sie ein (etwas unangenehmes) Stück über die Brücke und gute 200 Meter rechts neben der Fahrstraße (im Grünen) bergauf.

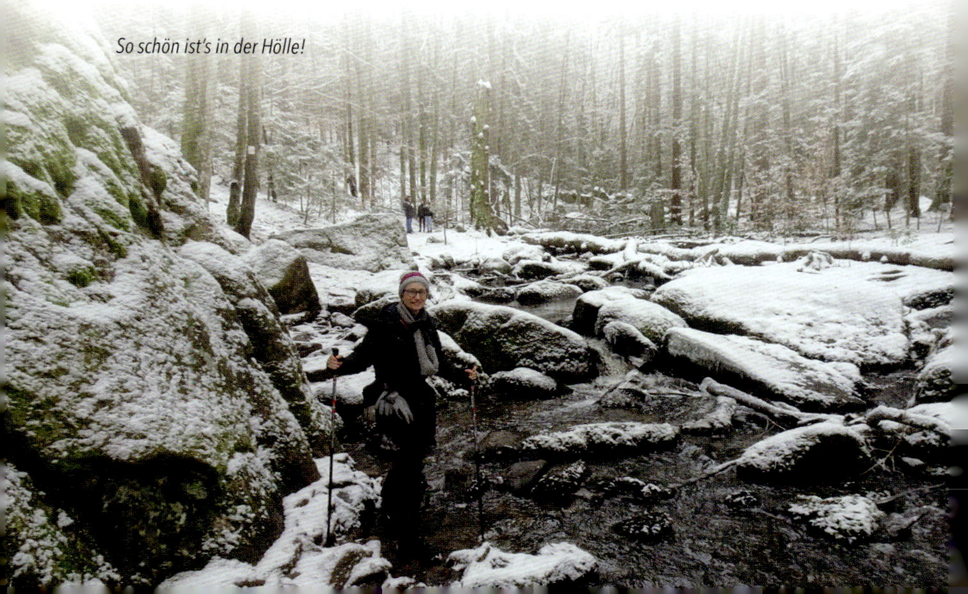

So schön ist's in der Hölle!

Danach zweigt der O 59 ▬ nach rechts ab. Dieser Weg – auch noch durch Burgensteigschilder verstärkt – bringt euch Wandernde zurück nach Brennberg.

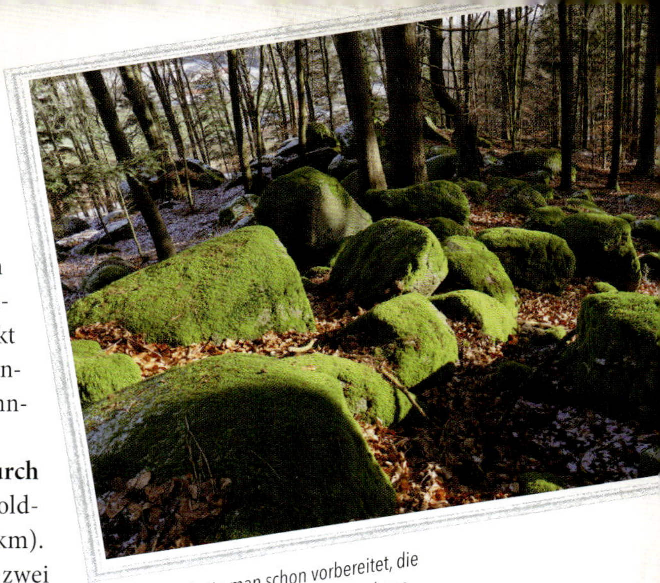

Die Steine hatte man schon vorbereitet, die Burg aber nie gebaut: Burgstall Neuhaus

❋ **Weite Runde durch die Hölle**: Dem Goldsteig folgen (1,8 km). (Stausee, E-Werk, zwei Brücken nach links.) Dann trennen sich Goldsteig und Burgensteig. Lassen Sie den Goldsteig nach links ziehen und steigen Sie – Wonnebold folgend – bergan in der Kerbe aus dem Tal. Auf der Höhe „im Freien" angekommen beim Infotafelschilderwald mit Parkplatz am Straßenrand nach links. Ab hier sind Sie wieder auf dem Goldsteig, den Sie jetzt entgegen der vorherigen Gehrichtung in die **Hölle** hinein gehen.

❋ Hölle, Hölle, Hölle. Und immer Goldsteig. Nach Rechtsbogen die zweite Brücke überqueren. Im großen Linksbogen am Bach entlang. Der Abstieg in die Hölle kann eine teuflische Angelegenheit sein, vor allem nach Regen- und Schneefällen. Ein unvergessliches Erlebnis ist dieser verboten schöne Flecken Natur aber auch für Wiederholungstäter. Spätestens nach Querung des Ruderszeller Baches, der von Norden zum Höllbach stößt, haben Sie den Gang durch die Hölle geschafft.

❋ **VOR** der dritten Brücke (die mit dem Knick in der Mitte) nach halbrechts geradeaus (keine Schilder mehr!) und kurz später aus dem Wald heraus. Mit dem Naturschutzgebietschild im Rücken nach links abbiegen, hoch zur Kehre oberhalb Dosmühle. Hier nach rechts, am nächsten Hof vorbei (**Kontrolle**: bellende Hunde, Grab Bernadette Pinzinger, danach gelbes Trafohäuschen).

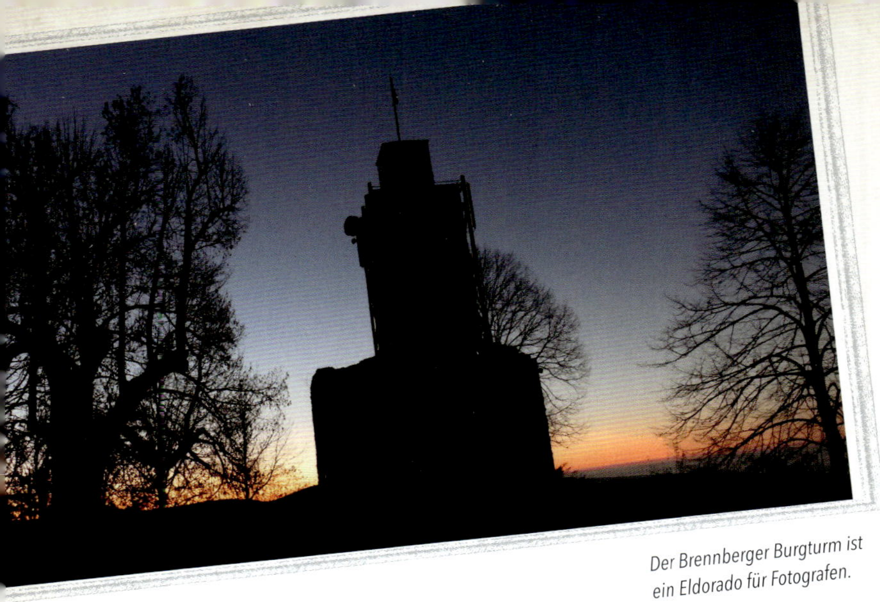

Der Brennberger Burgturm ist ein Eldorado für Fotografen.

Es folgt dann ein Wegweiser „Brennberg". Der letzte seiner Art. Also den ganzen Schlängelweg nach oben. An der T-Abzweigung nach links (**Kontrolle**: nach links Einfahrt zum Privatgrundstück mit Granitblock an der Einfahrt). Dann immer geradeaus. Asphalt? Rechts abbiegen. An der Kapelle des Weilers Wernetsgrub links vorbei. Ab hier leiten Sie wieder Schilder (Oberpfalzweg und) geradewegs und relativ geradeaus nach Brennberg zurück. Dort noch Burgbesteigung für die noch nicht völlig Erledigten! Der Rest hat sich schon jetzt eine Einkehr verdient!

SEHENSWÜRDIGKEITEN:

Burg Brennberg: Brennberg ist eine Ganerbenburg, d. h. sie wurde – nach Teilung in Ober- und Unterbrennberg – von mehreren Familien bewohnt. Gegründet von dem Adelsgeschlecht de Prenberg Anfang des 11. Jahrhunderts. Die folgenden Besitzverhältnisse sind zu lange für diesen kleinen Infotext, am Ende erlangte das Geschlecht der Auer aus Regensburg die Regentschaft. Man nannte sich dann *Auer de Prenberg*. 1686 brannten

beide Teile des Schlosses zur Ruine ab. 1832 ging Brennberg an den Fürsten Maximilian von Thurn und Taxis über, dessen Nachfahren 1935 die Ruine der Gemeinde schenkten. (Wie groß die Freude darüber war, weiß man heute nicht mehr.)
PS: Reimar II. von Brennberg war ein berühmter Minnesänger, dessen Lieder in der Manessischen Liederhandschrift zu finden sind.

Burgruine Heilsberg: Erbaut Mitte des 12. Jahrhunderts mit dem Ziel der Erschließung der Waldgebiete nördlich der Donau. Erste Erwähnung 1213 als *Heylsperch*. Viele wechselnde Besitzer, als das Gebiet zugunsten von Wiesent an Bedeutung verlor. Verfall seit dem 16. Jahrhundert.

Burgstall Neuhaus: Auf Wikipedia heißt es zu dieser Burg, dass sie 1213 erbaut wurde (von Herzog Ludwig I.), unvollendet blieb und 1213 aufgegeben wurde. Heißt im Klartext: Die Burg wurde nie gebaut! Eine Bauruine des Mittelalters. Ging dem Ludwig das Geld aus? Die Infotafel vor Ort bringt Licht ins Dunkel: Ludwig I. wollte gegenüber Heilsberg und Brennberg seine Machtansprüche demonstrieren, aber der Bischof von Regensburg sprach wohl ein erfolgreiches Machtwort. Basta.

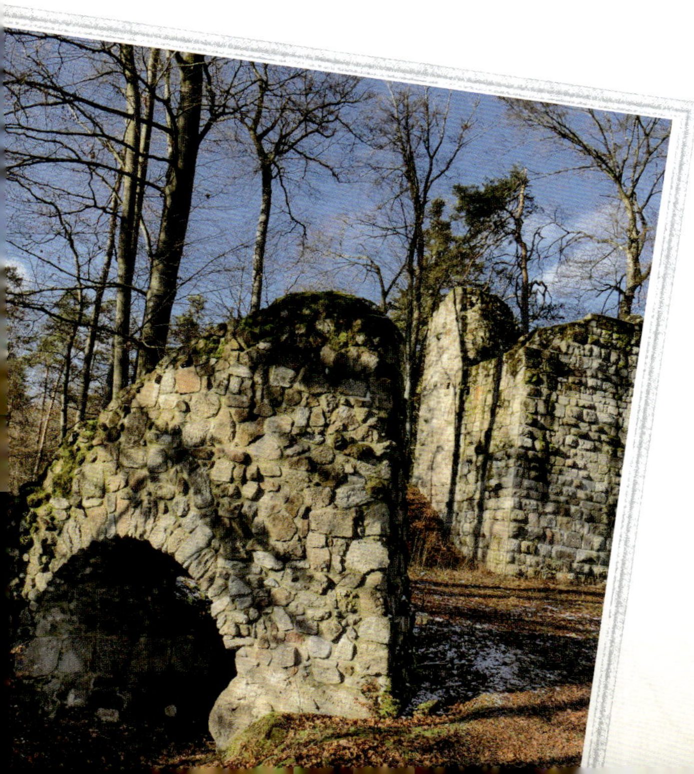

Auf Heilsberg hatte man den Bogen raus!

TOUR 19

ALTENTHANN – SIEGENSTEIN – WASSERSTEIN – PFAFFENFANG

DORNRÖSCHEN-TOUR. WER KÜSST SIE WACH?

14,2 KM / 4:30 H / 372 HM

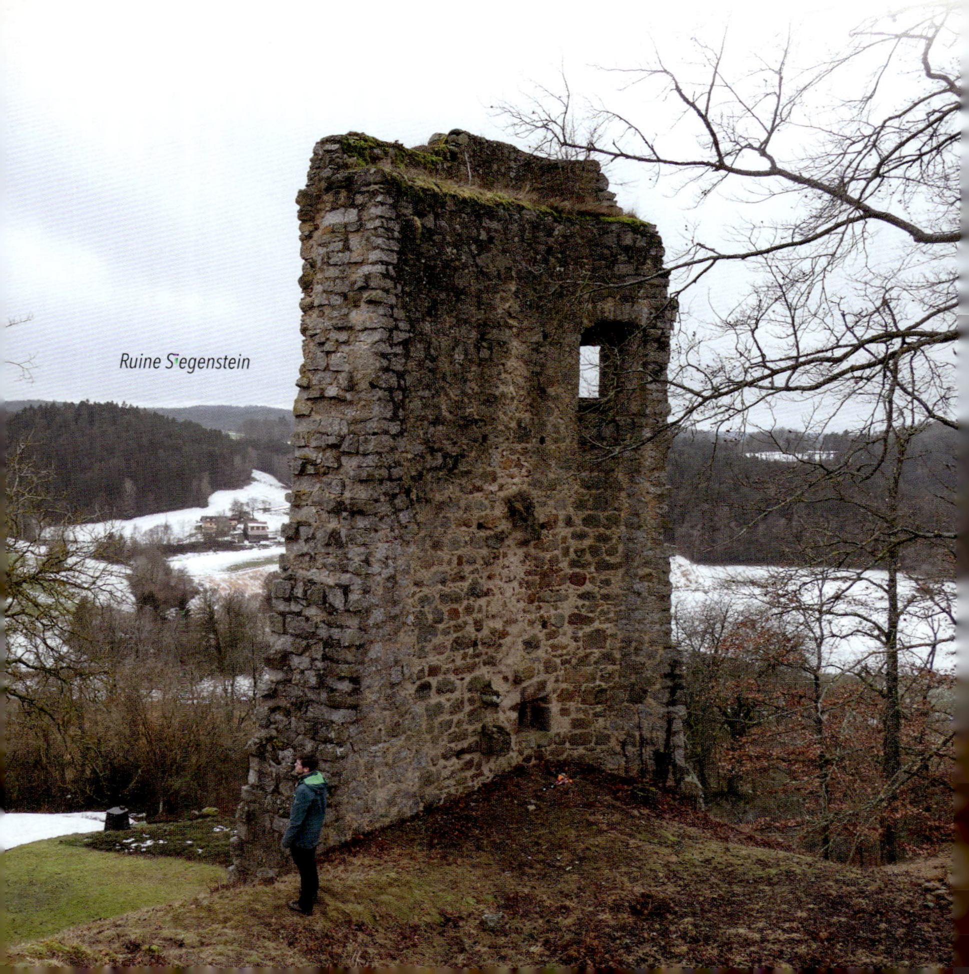

Ruine Siegenstein

Während der Englischlehrer alles daran setzt, den Lernenden das Anfangs-K aus Wörtern wie *knock, knell* oder *knife* abzutrainieren, ist es auf den Regensburger Vorwaldwiesen ein gefragter Bestandteil. Dabei täuscht das harte Doppel-K in *Knock* über den wahren Charakter der Steinblöcke hinweg, sind es doch rund erodierte Granitknubbelkugeln, die teilweise allein, teilweise in Gruppen – dann als so genannte „Buchsn“ – herumliegen. Wer genau hinsieht, wird feststellen, dass die Felsen ökologisch wichtige Lebensinseln sind für so Tiere wie Eidechsen, Grillen, Spinnen, Schnecken, Käfer und Schmetterlinge. Der Flyer des lpv berichtet von 32 Moos- und 54 Flechtenarten, die man hier festgestellt hat *(www.lpv-regensburg.de/wp-content/uploads/Knocks_der_Revowie.pdf)*. Einige der Knocks sind so markant, dass man ihnen Namen gegeben hat, mit denen sie auch in der Mystik eine Rolle spielen. Vielleicht ist der Herbst die perfekte Wanderzeit in dieser Region!?

INFO:

Anfahrt:
B16 Richtung Cham, 3 km nach der Bernhardswalder Einhausung Richtung Altenthann abbiegen.

Parken:
Vorplatz Kirche/Pfarrhof Altenthann (Navi: 93177 Altenthann, Ringstraße 5)

WEGBESCHREIBUNG:

Die Wanderung startet am **Alten Pfarrhof in Altenthann**. Die ersten 4,5 km folgen Sie dem Burgensteig / O 19 nach Osten bis zur Ruine Siegenstein. (Der Weg ist zuverlässig markiert, deshalb hier nur grobe Anhaltspunkte: Altenthann nach Osten über Ringstraße, Anger- und Röhrnweg nach Osten verlassen. Im Linksknick des Röhrnwegs geradeaus auf den Feldweg. Abstieg-Aufstieg. An der Kapelle rechts vorbei. Abstieg nach **Schönfeld**. An der **Kirche St. Ägidius** ❶ (Schlüssel im Hof nebenan!) rechts vorbei. Auf der Straße weiter. (Rechts im Feld sehen Sie die für diese Gegend typischen „Knocks“

(siehe Einleitungstext)). Steinsölden. In Wünschenbach nach der Brunnstube links halten. 300 Meter nach dem Zwiglhof Linksknick, dann nach rechts über die Otterbachbrücke. Überquerung der St 2145. „Schräger“ Aufstieg zum Ort Siegenstein. Auf der Burgstraße bzw. dem Burgensteig zur **Burgruine Siegenstein** 2. Vom höchsten Punkt blicken Sie auf die **Kapelle St. Georg** herab.

Nun müssen Sie wieder bis zur Otterbachbrücke zurück. Nach erneuter Überquerung derselben, vor der Scheune stehend, folgen Sie dem Weg nach Zwiglmühl (nach rechts). Nach dem Schmidbauer-Hofladen dem Weg nach links bergauf folgen. Nach 330 Metern erreichen Sie eine Straße und finden am Baum das rote 133-Wanderzeichen. Die Straße gerade überqueren und den Hain geradeaus am Bach ansteuern. Hangeln Sie sich mit dem Hain zur Rechten bis zum Waldrand hoch (Zwei 133-Schilder an Bäumen als **Kontrolle**, soll heißen, das war tatsächlich mal der Wanderweg!).

Sie treffen auf eine Waldspitze mit Quelltopf. Links daran vorbei in den Wald. Auf dem Weg, den Sie dann im Wald finden, biegen Sie nach rechts ab und folgen dem kurzen, geschwungenen Anstieg zwischen Granitblöcken hindurch. An der nächsten Gabelung rechts auf den stärker gegangenen Pfad leicht nach rechts abbiegen – auch hier folgen Sie den 133-Schildern. An der nächsten Abzweigung nach links (133) und an der nächsten Gabelung rechts halten. Auf diese Weise erklimmen Sie den Wasserstein. Fast oben **nicht** nach rechts abbiegen, sondern auf 133 geradeaus weiter. (Das Blockmeer des Wasserstein-Bergs etwas östlich bitte selber erkunden, falls Interesse!) Nach weiteren 170 Metern treffen Sie auf eine 6-fach-Sternkreuzung 3. Sie nehmen den Weg halb rechts vor sich. (Dieser Weg hat

Blick über den Hörglhof nach Norden.

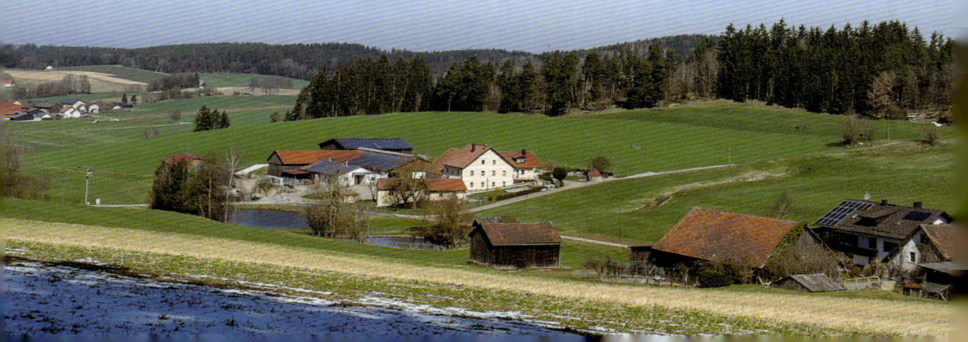

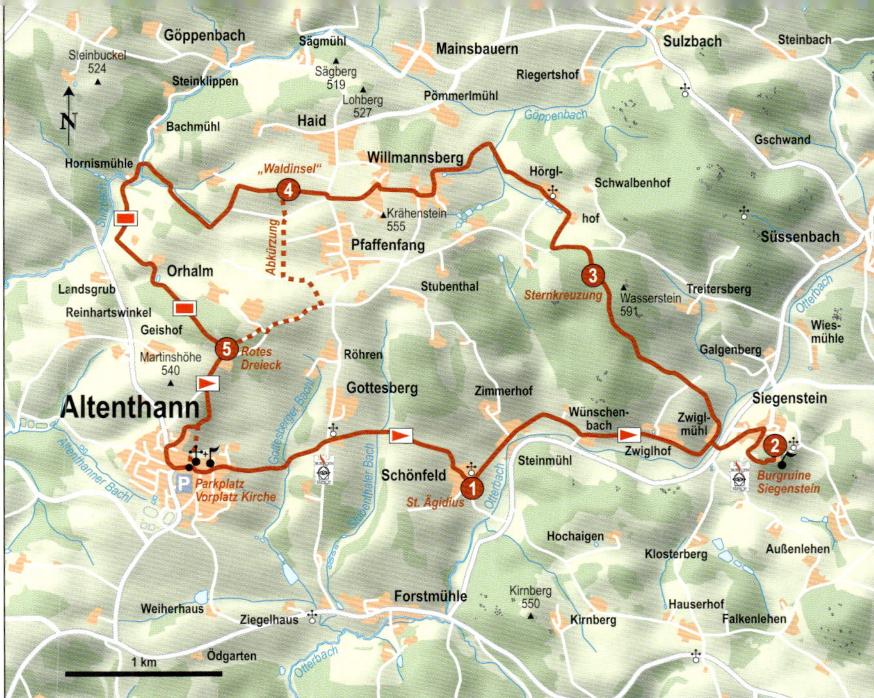

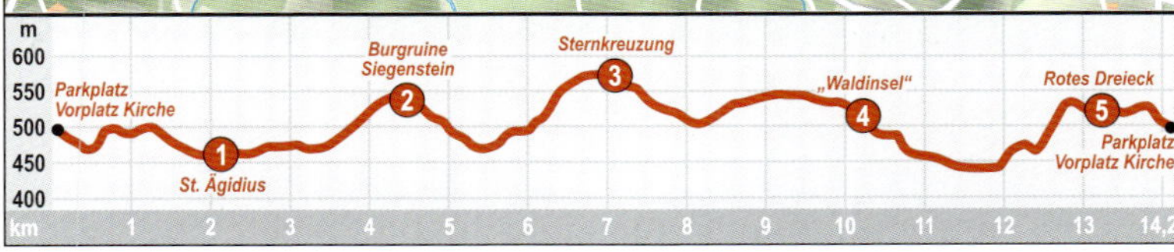

kein Wanderschild 133 und führt rechts am Hochsitz vorbei.) (Info: An dieser Kreuzung sind Sie wieder vom Landkreis Cham in den Landkreis Regensburg gewechselt!)

❀ Abstieg zu einer Kapelle, dort Rastbank mit Blick nach Norden, bis zum **Jugenberg**. Auf Asphalt 200 Meter nach links weiter, bis vor dem Wald ein Feldweg nach rechts (zum Hörglhof 2) abzweigt. Am Hörglhof links, an den zwei Entenweihern und an der Kapelle vorbei, dann geradeaus über den Hörglhof 1, zwischen den zwei Güllebecken hindurch. (Die Hofbesitzer erlauben die Überquerung ihres Grundstücks. Der Hund bellt ggf. ein bisschen.) Auf dem Feldweg nach dem offenen Geräteunterstand geht's dann weiter.

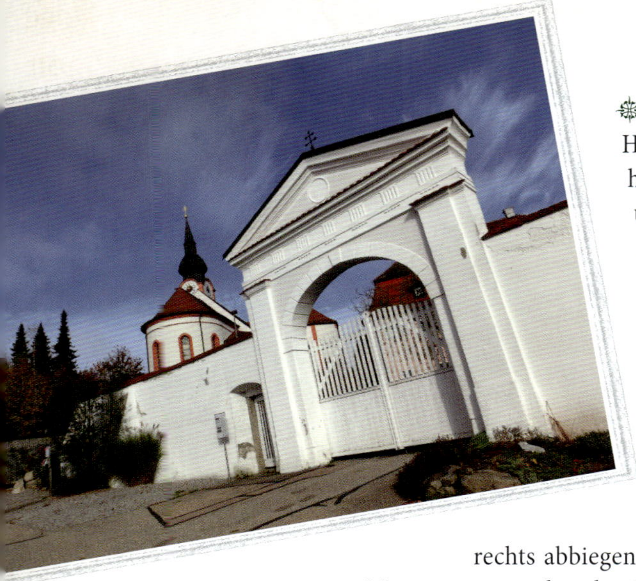

Ansitz Altenthann. Schon das dritte Bauwerk an dieser Stelle.

❈ 200 Meter nach dem Hörglhof Gabelung. Rechts halten. Abstieg zum Bach und Überquerung. 100 Meter nach dem Bach biegen Sie (auf leichter Anhöhe stehend) nach links ab und steuern Willmannsberg an, das Sie nach einer Linkskurve erreichen. Im Ort vor dem alten Backofen rechts abbiegen und nach weiteren 100 Metern erneut nach rechts. Nach dem Grundstück 2b nach links auf den „Landwirtschaftlicher-Verkehr-frei-Schotterweg“. Am Ende dieses Wegs treffen Sie im Ort auf den Sandweg, den Sie nach links einschlagen. Wiederum am Ende dieses Wegs (350 m) treffen Sie auf die Verbindungsstraße Pfaffenfang – Haid. Bushaltestelle. Hier gehen Sie kurze 30 Meter nach rechts und biegen dann auf den Feldweg nach links ein. (**Kontrolle**: Sie steuern nun auf der Höhe eine für diese Landschaft typische Waldinsel mit den „Knocks“ an. Von hier aus haben Sie einen wunderbaren Blick nach Kürn im Westen!) 70 Meter vor dieser **Waldinsel** 4 biegen Sie nach links ab, wenn Sie die **Abkürzung** gehen wollen.

❈ **Abkürzung**: Gehen Sie zwischen den Feldern sturheil 600 Meter nach Süden, bis Sie wieder auf Asphalt kommen, dann links Richtung Pfaffenfang, aber auf halbem Weg nach rechts auf den Feldweg, bis hinauf zur Verbindungsstraße. Auf dieser nach rechts, immer den Sendemasten im Blick. Beim Orts-

GASTRONOMIE:
in 93177 Altenthann:

Pizzeria Graml,
Ringstraße 6,
93177 Altenthann

Gasthaus Lingauer
Dorfstraße 1,
93170 Bernhardswald,
www.gasthaus-lingauer.de,
09407 / 30703

Pizza Pronto
Rathausplatz,
93170 Bernhardswald,
www.pronto-bernhardswald.de,
09407 / 8130990

bzw. Haltestellenschild „Orhalm“ rechts an der Bank vorbei in den Fichtenwald. Beim Sendemasten angekommen biegen Sie nach links ab – bergab. Am Waldrand treffen Sie auf den ▬ bei Punkt 5 in der Karte. Ab hier weiter bis Altenthann.

Keine Abkürzung: Sie gehen geradeaus weiter bis zur Gabelung 200 Meter weiter unten (**bevor** man Fahrstraße und Häuser erreicht). Hier biegen Sie nach links ab, überqueren die nächste Kreuzung (Asphalt von links kommend endet hier). Nach weiteren 200 Metern haben Sie den Bach überquert, das Tal durchschritten und sind im Wald bereits ein paar Meter wieder angestiegen. Rechts halten, immer am Bach (rechter Hand) entlang absteigen. Am Ende des Waldes dem Waldrand zum Bach folgen. Den Bach in einer S-Kurve überqueren, erneut Wald, kurzer Anstieg und beim nächsten T nach links, weiter abwärts gehen. Am Ende dieses wenig gegangenen Weges treffen Sie auf eine in den Karten nicht eingetragene Brücke über den Sulzbach. (Schranke ist lose. Bitte wieder auflegen.)

Folgen Sie nun dem Sulzbach nach links bis zur Hornismühle. Auf der Straße bzw. im Bankett 450 Meter weiter, bis das ▬ beim Straßenschild „Orhalm“ nach links hinaufführt. (**Kontrolle**: Wenn Sie nicht abbiegen, erreichen Sie 100 Meter weiter die große Verbindungsstraße.) Aufstieg zum Grundstück Orhalm 8. Linkskurve zum Hof, dann am Grundstück vorbei auf dem Wanderweg nach rechts und gleich am Ende des Anwesens wieder rechts, hinunter zum Teich. (Alles ▬!) Aufstieg durch den Wald auf diesem Wanderweg.

Die BN-Jahreszeitengruppe bei einer Wanderung.

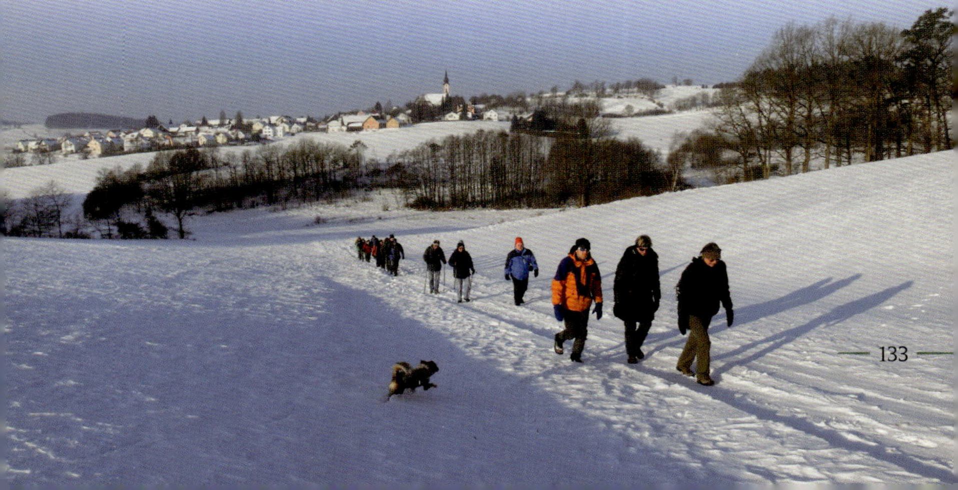

Nach 700 Metern und einem scharfen Rechtsknick 5 erreichen Sie die Verbindungsstraße zwischen Altenthann und Haid. Dieser folgen Sie für knapp 200 Meter (Sie unterqueren die große Stromtrasse und sehen im Südosten den höchsten Punkt des Landkreises Regensburg, den **Breitenstein** (620 Meter)). Vor der leichten Rechtskurve klinkt sich der Wanderweg unscheinbar nach halblinks aus. Nach der Scheune rechts und dann **Vorsicht**: Nach wenigen 10er-Metern stiehlt sich der Trampelpfad davon, der Sie direkt zur Kirche bringt. (Andernfalls gehen Sie einen Umweg durch die Siedlung.)

SEHENSWÜRDIGKEITEN:

Ansitz Altenthann – Alter Pfarrhof: Der heutige Pfarrhof ist bereits das dritte Bauwerk an dieser Stelle. Zwischen dem Dreißigjährigen Krieg und dem Brand 1782 stand an dieser Stelle ein Schloss. Zuvor war es seit dem 11. Jahrhundert Sitz eines bischöflichen Ministerialen, wobei das Wissen

Aufstieg zur Ruine Siegenstein. Mit Schnee noch etwas anstrengender.

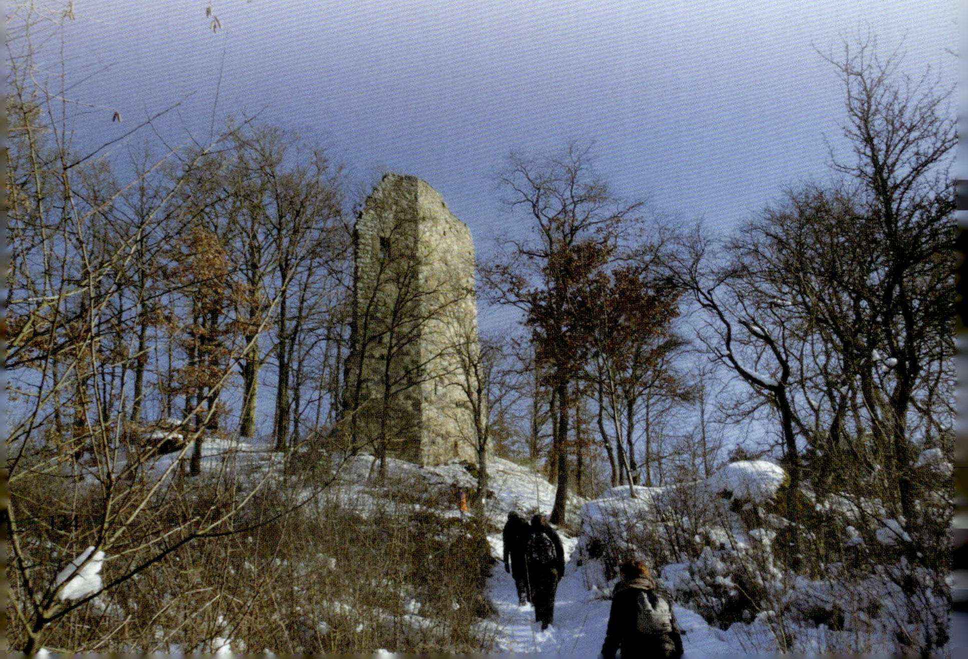

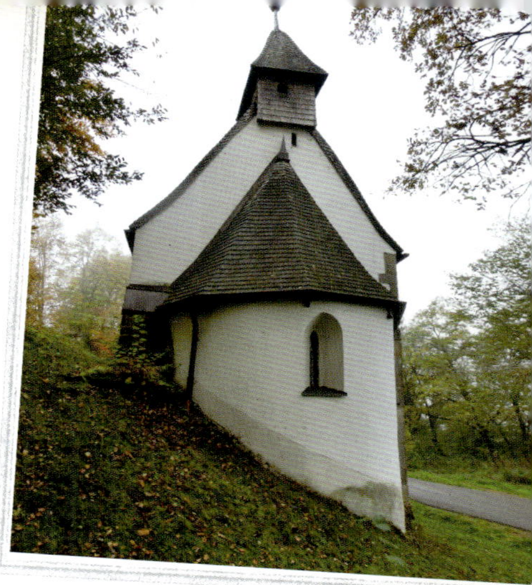

Kapelle St. Georg, Siegenstein

über die Größe der Anlage (Burg oder Ansitz?) im Nebel der Geschichte verloren ging. (Ansitz: kleinerer Wohnsitz des niederen Adels.) Über die heutige Verwendung des lange siechenden Pfarrhofs wurde lange diskutiert.

❉ **St.-Ägidius-Kirche**, Schönfeld: Bau zwischen 1160 und 1170. Bemerkenswert wegen Größe und Stilreinheit. Über die Entstehung ist aber noch wenig bekannt. Ungewöhnlich starke und hohe Mauern mit bis zu 2 Metern Dicke. Das Gebäude konnte die Jahrhunderte so gut überstehen, weil die Quader „auf Reibung" ausgeführt wurden, heißt, es wurde wenig Mörtel verwendet, der stärkerer Verwitterung unterliegt. (Eine ähnliche Kirche steht in Kreuzhof bei Barbing.)

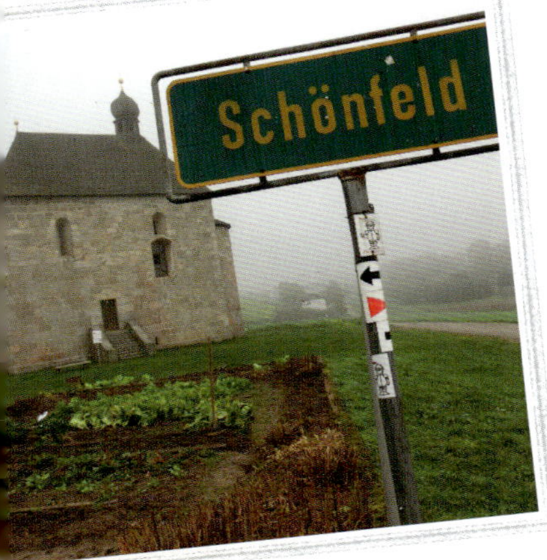

❉ **Burgstall Siegenstein**: Höhenburganlage aus dem 13. Jahrhundert. Neben einem Mauerrest erkennt man noch die einstige Wall-Graben-Anlage und die Zwingmauer. Zunächst eine Ministerialburg der Herren von Siegenstein, nach der Teilung Bayerns beim Hochstift Regensburg, seit 1606 nur noch ein Trümmerhaufen.

Im Norden liegt die **Burgkapelle St. Georg** aus dem 13. Jahrhundert, renoviert 1974.

TOUR 20

WÖRTH – TIEFENTHAL

WARUM DENN IN DIE FERNE SCHWEIFEN, WENN DAS GUTE LIEGT SO NAH?!

6 – 11,6 KM / 3:30 H / 320 HM *

Was Sie auf dieser Wanderung schweifen lassen können, ist das Auge. Von mehreren Aussichtspunkten aus blicken Sie über Schloss Wörth hinaus in die Donauebene und über den Gäuboden. Mit richtig viel Glück sehen Sie die Alpen im Süden.
Wenn Sie sich nach einer flachen, höhenmeterreduzierten Wanderung sehnen, dann sind Sie um ein paar Kilometer zu weit nördlich. Aber wer will das schon, wenn man auf den Wanderwegen 1, 2, 3 und 4 um Wörth herum innerhalb kürzester Zeit in das wirklich entlegene Tal des Hungerbachs gelangen kann? Mit dem Gegensatzpaar Wörth – Tiefenthal stehen fast am Ende dieser Tou-

Blick auf Schloss Wörth

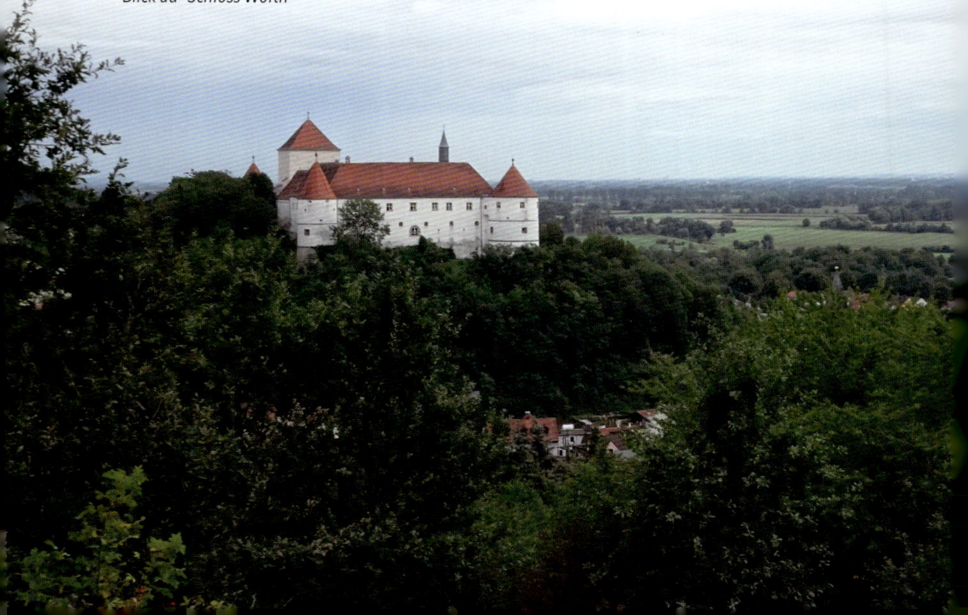

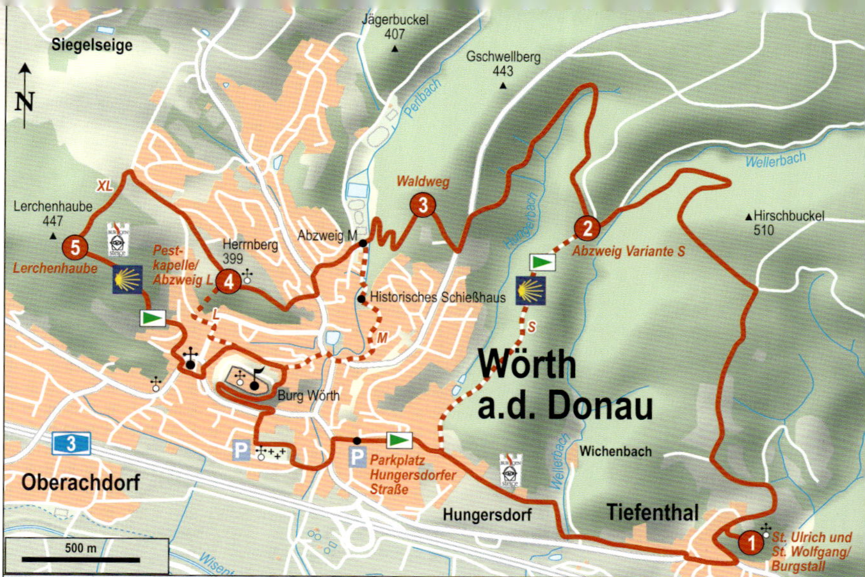

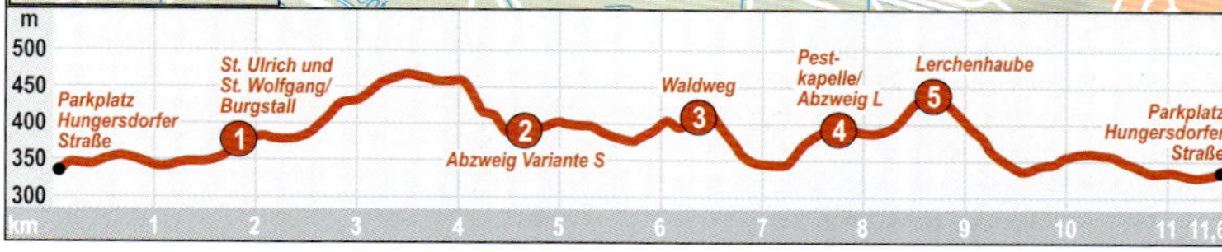

rensammlung noch einmal zwei konträre Sehenswürdigkeiten gegenüber: eine zum Schloss umgebaute Fliehburg und ein Burgstall, der nur durch ein Kirchlein im Gedächtnis geblieben ist.

WEGBESCHREIBUNG:

❉ Die Wanderung startet in der Hungersdorfer Straße, wo Sie i.d.R. Ihr Auto am Straßenrand parken können. Es geht stadtauswärts, leicht bergauf. Wir sind von mehreren Wanderwegen gut betreut: Jakobsweg, ▶/E8 und Burgensteig.

❉ An der ersten T-Kreuzung (**Kontrolle**: Holzkreuz / **Vorsicht** „Hebauer/Kinder“) zweigen die Hauptwanderwege (E8, Jakobsweg) nach links ab. Sie jedoch bleiben halbrechts („Am Weinberg“), und damit auf

INFO:

***Varianten:**
Tour ist verkürzbar auf ca. 9 (**L**) / 8 (**M**) / 6 (**S**) km

Anfahrt: Autobahn A3, Ausfahrt Wörth. Vor Erreichen des Stadtkerns rechts in die Hungersdorfer Straße.

Parken: Am Straßenrand in der Hungersdorfer Straße (Navi: 93086 Wörth a. d. Donau, Hungersdorfer Straße 4); *Alternative*: Friedhof (Navi: 93086 Wörth a. d. Donau, Kapellenweg 3)

ÖPNV: RVV Linie 5 vom Bahnhof Regensburg

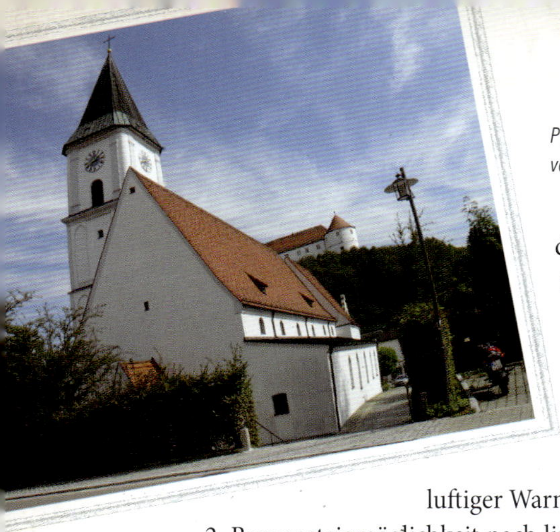

Pfarrkirche St. Peter vor Schloss Wörth

dem Burgensteig, dem Sie weiter folgen: Rechtsknick, Linkskurve, Kreuzung, Waldwegpassage bergauf, erste Häuser, leichter Abstieg zur Hauptstraße von **Tiefenthal**. Im Ort, 20 Meter nach dem vorspringenden Haus mit luftiger Warnbake (Haus Nr. 30/30a), führt die 2. Burgensteigmöglichkeit nach links steil bergauf. Diese bringt Sie – an einem weiteren Holzkreuz in der Kurve vorbei – hinauf, bis rechter Hand eine neue, hölzerne Halle auftaucht. Der Weg zu dieser Halle ist auch der Weg zum **Burgstall Tiefenthal** bzw. der **Kapelle St. Ulrich und Wolfgang** 1. Kurze Rast mit herrlichem Blick ins Donautal!

Abstieg zurück, bis zur Holzhalle. Dann nach rechts, auf der Aufstiegsstraße weiter. (**Kontrolle**: Rechts liegt der Bolzplatz.) An der ersten Gabelung am Waldrand links halten, weiter bergauf. Nächste Gabelung rechts, Felder, dann Wald. Nach 160 Metern im Wald treffen Sie auf eine Gabelung bzw. Kreuzung rechter Hand: Sie lassen die Kreuzung rechts liegen und folgen dem bisherigen Weg in die Linkskurve (alte Markierung „1a" noch erkennbar!). Nach 70 Metern an der Y-Gabelung rechts halten. Nach weiteren 130 Metern erreichen Sie eine Forstwegkreuzung und stehen am Abteilungsschild „TT II/73 Hirschbuckel". Hier schwenken Sie nach links, auf einen weniger frequentierten Weg, der Sie auf einer Strecke von knapp 700 Metern, im Rechtsbogen um den Hirschbuckel herumbringt. (Kurzer Blick ins Donautal möglich!)

Von scharf links führt ein Weg herauf. Diesen steigen Sie ins Wellerbachtal ab, überqueren den namengebenden Bach, halten sich links (sind jetzt auf E8/Jakobsweg) und steigen kurz wieder bergauf. Nun stehen Sie an einer Mehrfachkreuzung: Sie nehmen die zweite Abzweigung nach rechts (fast ebener Forstweg, beschildert mit „2") 2. (Jakobsweg und E8 führen links nach Wörth zurück. Diesen Weg für **Variante S** zurück zur Hungersdorfer Straße gehen.)

Wanderweg Nr. 2 beschreibt einen großen Bogen durch das **Hungerbachtal**. Nach 1,3 Kilometern (ca. 20 Minuten) erreichen Sie die Fahrstraße Wörth-

Hungersacker. Auf Asphalt, zwischen den Leitplanken (leider keine Alternative!) 150 Meter bergab, dann nach rechts in den Wald, wo Weg Nr. 2 weiterführt – geradeaus, dann leicht links, bergauf.

60 Meter *nach* Überschreiten des höchsten Punktes biegt beim Baum mit Schild Nr. 2 ein weiterer unscheinbarer Waldweg nach scharf links ab **3**. Dieser bringt Sie fast zu den feinen Häusern hoch über Wörth (links durch den Wald zu sehen). Zickzack-Abstieg nach Wörth zum Schwimmbad, und zwar so: Gabelung im Wald; hier Abstieg nach rechts, dann wieder links, dann wieder rechts. Ganz unten vor dem Perlbach wieder links und zum Hallenbad. (Von hier via „Schusshütte“ **Variante M** durch Wörth bis zur Burg und zurück zum Auto. Siehe Karte.)

Sie sollten jetzt beim Parkplatz des Hallenbads stehen (Navi: Gschwelltalstraße 12) und diesen schräg überqueren. Der rechtsbiegenden Straße (Gschwelltalstraße) folgen. Dann Feuerwehr. Fußgängerampel über die Hauptstraße. Diese nach links einschlagen, Richtung Stadt. Nach nicht einmal 100 Metern geht Wanderweg Nr. 4 in Form einer Treppenfolge steil bergauf (Hinweisschild „Zum Herrnberg“ (Lassen Sie sich nicht von dem Privatwegschild den Schneid abkaufen!)). Folgen Sie den Wanderschildern bis zum Sendemasten, und weiter bis zur **Pestkapelle** **4**. Rastplatz mit wunderbarem Blick auf die Stadt! (Von der Pestkapelle Abstieg nach Wörth als **Variante L**. Siehe Karte.)

Von der Rückseite der Pestkapelle weiter Richtung Strommasten, am Kunstwerk **Hirschkäferwald** vorbei. Auf Wanderweg Nr. 4 weiter (Erst Feldweg, dann Asphalt oberhalb der Häuser von Wörth). Nach knapp 240 Metern macht Weg Nr. 4 einen unverschämt scharfen Links-Bergaufknick. Folgen Sie dem Weg

GUT ZU WISSEN:

Schloss Wörth ging aus einer Fliehburg hervor, das heißt, die Festung auf dem Hügel wurde nur benutzt, wenn Gefahr im Anzug war und man sich vor Angreifern in Sicherheit bringen musste. Im frühen 18. Jahrhundert war es dann anders herum: Da wurde Pfarrer Florian von Miller auf Wörth in Kerkerhaft genommen. Er war maßgeblich am Chamer Volksaufstand von 1706 beteiligt. Nach acht Jahren wurde er entlassen. Das lag vielleicht an den hohen Kosten der Unterbringung, denn das Hochstift Regensburg beklagte sich über die Ausgaben. Leben auf einer Burg ist nicht billig und Flucht ist nach wie vor nicht ganz einfach …

GASTRONOMIE:

(93086 Wörth an der Donau)

Gasthof Metzgerei Butz
Kirchplatz 3, www.butz-woerth.de, info@butz-woerth.de, 09482 / 9510

Ristorante Pizzeria „La Posta“
Ludwigstraße 5, la_posta@gmx.de, 09482 / 2396

Rathauscafé Rösch
Rathausplatz 5, 09482 / 9091430

Adria Grill – Döner und Pizza
Straubinger Straße 1A, 09482 / 909817

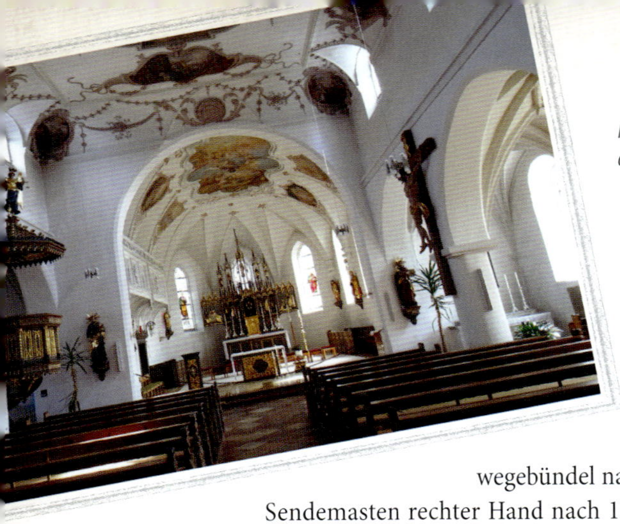

Kunsthistorisch sehr interessant: die Stadtpfarrkirche

nun 350 Meter bergauf, bis Sie auf dem Scheitel der **Lerchenhaube** ⑤ wieder auf Burgensteig, E8 ▶ und Jakobsweg treffen. Folgen Sie dem Wanderwegebündel nach links. (**Kontrolle**: zwei Sendemasten rechter Hand nach 100 Metern. Abstieg nach Wörth mit wunderbarem Blick auf die Stadt vom Kruzifix-Jakobswegeinfotafel-Sitzbank-Trio.)

Sie erreichen die Stadt bei der architektonisch interessanten **Stadtpfarrkirche St. Peter**. Mein weiterer Vorschlag für den Rückweg: Von der Kirche aus zum **Rathaus** (in Verlängerung „hinter" der Kirche an der Hauptstraße). Von dort gegenüber den Burgensteigschildern in die Schlossstraße folgen. An der ersten Gabelung rechts halten: Schloßberg und auf diesem Weg weiter hinauf zum **Schloss Wörth**. Nach Besichtigung der Anlage (Innenhof frei zugänglich) auf der Südseite des Schlosses Abstieg, hinunter zur Straubinger Straße, und auf dieser weiter und zurück bis zur Hungersdorfer Straße. (Haben Sie Ihr Auto beim Friedhof geparkt, dann vom Schlossabstieg gegenüber in den Kapellenweg. (Im gpx-Track so angegeben!))

SEHENSWÜRDIGKEITEN:

Schloss Wörth: Eines der großen Schlösser Ostbayerns, das aus einer Fliehburg des 10. Jahrhunderts entstanden ist. Das heutige Aussehen erhielt das Renaissanceschloss im 16. und 17. Jahrhundert. Erste urkundliche Erwähnung 1264. Besitzer war das Hochstift Regensburg, dessen Bischöfe das Schloss im 17. Jahrhundert als Sommerresidenz benutzten. Kaum Schäden im Dreißigjährigen Krieg. 1803 an das Fürstentum Regensburg, 1812 an das Haus Thurn und Taxis, das das Schloss 1978 verkaufte. Heute Seniorenstift

Pro Seniore, sehenswert: **Rondellzimmer** (im Rahmen einer Schlossführung) und **Schlosskapelle St. Martin** (frei zugänglich). *www.landkreis-regensburg.de/kultur/schloss-woerth*

❋ **Burgstall Tiefenthal / Kapellenberg**: Vermutlich im 12. Jahrhundert von den Herren von Tiefenthal erbaute Höhenburg, vor 1400 aufgegeben und bereits 1401 als Burgstall erwähnt. Heute Burgkapelle St. Ulrich und Wolfgang aus dem 12./13. Jahrhundert, im 17. Jahrhundert umgebaut. (Burgensteig-Infotafel vor Ort!)

❋ **Pestkapelle auf dem Herrnberg**: Von Regensburger Bürgern 1713 in Erfüllung eines Gelöbnisses errichtet. Man wollte die Pest loswerden. Laut Inschrift an der Kapelle ging der Plan vollumfänglich auf.

❋ **Pfarrkirche St. Petrus**: Die Kirche soll bereits im 8. Jahrhundert gegründet worden sein. So oder so ist sie das Ergebnis verschiedener Stilepochen: Romanisches Hauptschiff mit Rundpfeilern, gotischer Turm, gotisches Hauptportal mit Spitzbogen, Barockisierung des Innenraums (z. B. Akanthusaltar), Neubau des Turms im 19. Jhdt., Modernisierung des Innenraums im Stil der Neugotik, Lourdesgrotte von 1913.

SAGENHAFTES:

Um das Kreuzigungsbild in der Wörther Schlosskirche St. Martin rankt sich eine Sage: Von Neid auf begabtere Artgenossen getrieben, verschrieb ein unbegabter Maler seine Seele dem Teufel – in Form eines übermannsgroßen Jägers, den er nachts im Wald angetroffen hatte. Je näher es an die Vollendung ging, desto schlimmer plagten Gewissensbisse den armen Künstler. Er vertraute sich einem Mönch an, der ihm riet, das Bild dadurch unvollendet zu lassen, indem er auf die Initialen INRI verzichtete. Geläutert von dieser Erfahrung trat er ins Kloster ein und lebte ein stilles Leben als Klosterbruder.

Das unvollendete Gemälde hängt in der Schlosskirche!

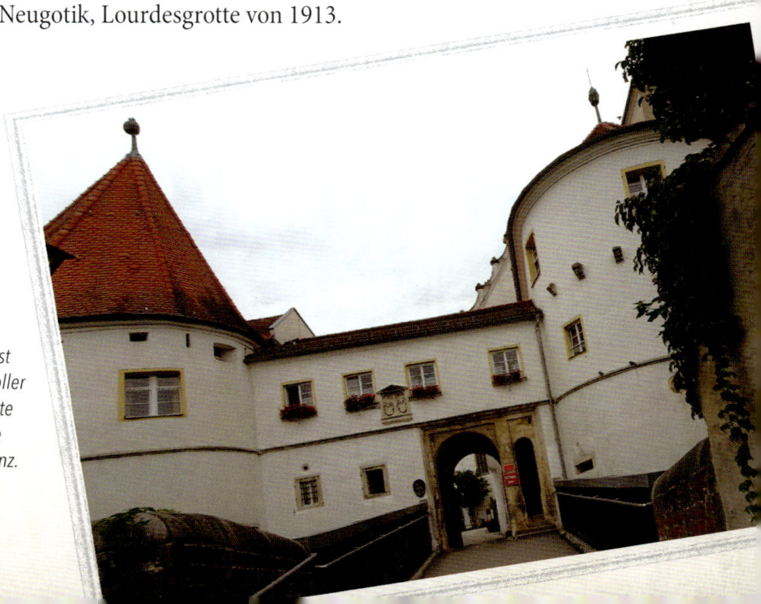

Schloss Wörth ist nach wechselvoller Geschichte heute eine imposante Seniorenresidenz.

TOUR 21

FALKENSTEIN, TANNERLKAPELLE, ROKOKOJUWELKIRCHE ARRACH

EINE ECHTE WANDERDREIFALTIGKEIT – UND DAS ALLES GEO-TOP!

9,7 KM / 3 H / 200 HM

Diese vergleichsweise kleine Wanderung ist in jeder Hinsicht ein Juwel, das in jeder der drei Ecken der Route ein Highlight bietet: Es beginnt mit der Falkensteiner Burg, die zu allem Überfluss noch auf einem sensationell schönen Biotop thront. In Sachen Kirche muss Falkenstein jedoch sehr zurückstehen, fiel doch in kirchlichen Belangen immer der Schatten vom na-

Blick auf das winterliche Falkenstein

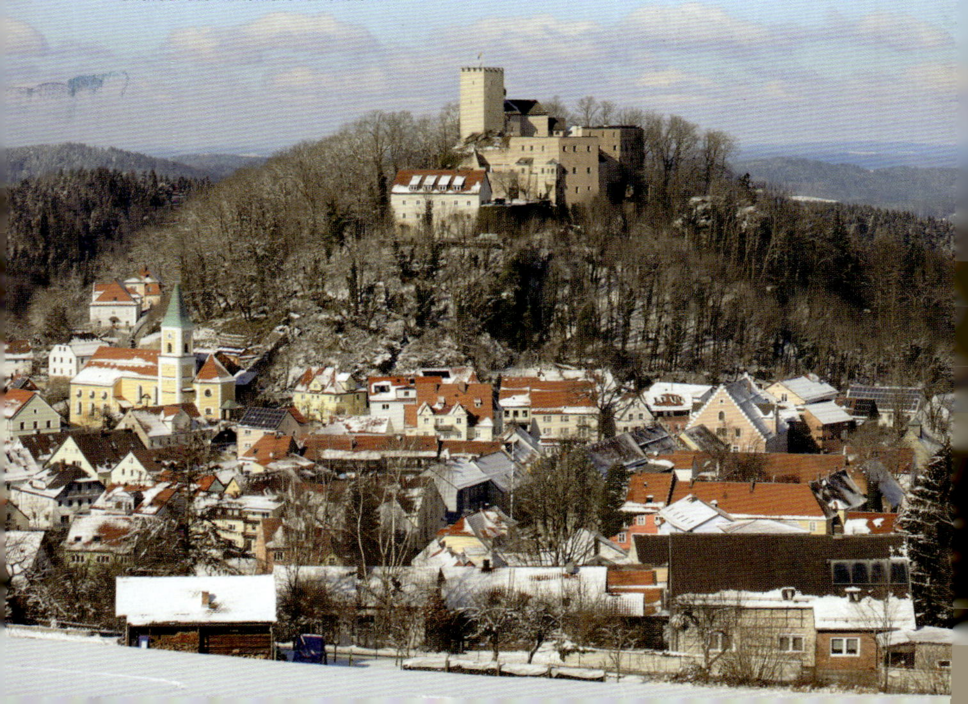

hen Arrach auf die viel größere Vorwaldgemeinde. Das Rokokojuwel erwartet die Wandernden in der Südostecke der Tour. Zuvor konnte man sich schon beim und im Tannerl auf die Begegnung mit der Dreifaltigkeit vorbereiten.

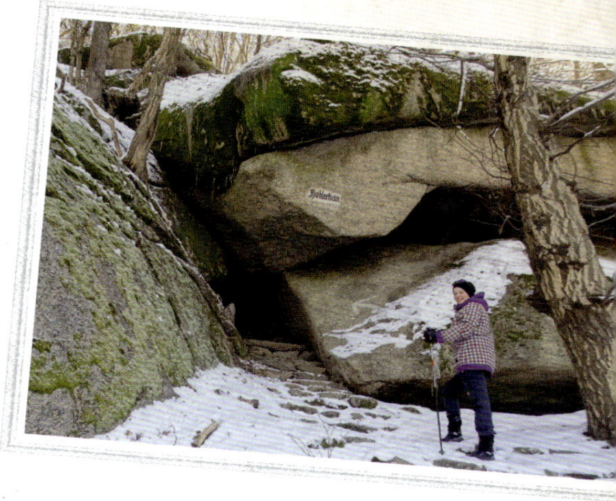

All das ist eingebettet in wunderbare Wanderlandschaft. Für so eine tolle Wanderung muss man sich doch nicht lange beten, äh, bitten lassen!

Alles Geotopp! Der Natur- und Felsenpark. Je älter man wird, desto interessanter werden die Passagen…

WEGBESCHREIBUNG:

Erstes Ziel ist die Burg. Dazu gehen Sie vom Parkplatz aus entweder durch die Dr.-Götz-Straße oder entlang der Bahnhofstraße zum Markplatz. Folgen Sie der Hauptstraße nach dem Rathaus nach rechts und biegen Sie dann halblinks in den Parkweg ab. Nach dem Wolperdingerschrein (im Winter friert dort die Heilige Familie) gute 150 Meter auf dem „Königsweg" geradeaus, dann zweigt nach links der Rundweg (Burgensteig, 113, 114, 140) um den Burgberg ab. Nach 70 Metern links halten und auf dem Burgensteig bleiben! Entdecken Sie auf diesem Rundweg *die Klause, das Froschmaul, das Steinerne Gässchen* sowie den *Hohlen Stein* (parallel dazu auch *die Himmelsleiter*). Eine steinerne Fantasielandschaft für Junge und Junggebliebene!

INFO:

Anfahrt: A3, Ausfahrt Wörth a. d. Donau Ost, der Beschilderung nach Falkenstein folgen.

Parken: Parkplatz bei der BayWa (Navi: 93167 Falkenstein, Bahnhofstraße 19)

ÖPNV: RVV ab Regensburg Linie 5, umsteigen in Donaustauf in Linie 34

❖ Beim Wanderparkplatz auf dem Burgberg angekommen erreichen Sie via Fahrstraße die Burg. Aufstieg bis zum Turm möglich – 50 ct Gebühr am Drehkreuz! Bei guter Fernsicht sieht man den Großen Arber in Ost-Nordost! Im Anschluss an die Burgbesichtigung steigen Sie unterhalb der **Schlosskapelle** auf Treppen ab, dann nach links auf die Fahrstraße Richtung Ort. Nach der Pfarrkirche **St. Sebastian** biegen Sie nach rechts ab (Treppe) und folgen der Kirchbergstraße bis zur Regensburger Straße.

❖ 50 Meter auf Letzterer nach rechts, um dann nach halblinks in die Tannerlstraße einzubiegen (Oberpfalzweg, Weg Nr. 109, Weg Nr. 3). Noch im Ort knickt die Tannerlstraße nach rechts ab. Ganz oben im Ort, vor dem Mietwohnungsblock stehend, wenden Sie sich nach links. Ab hier folgen Sie den Schildern (jetzt auch ►) bis zur **Tannerlkapelle**.

❖ Am Ende der Lichtung mit der hübschen Kapelle mit dem interessant beleuchteten „Herrgott vom Tannerl“ biegen Sie nach links auf den Weg. Dieser trifft nach 700 Metern auf den RB2/152, dem Sie weiter folgen. Nach dem Teich folgen Sie dem 152 nach rechts, um im großen Linksbogen um die Holzmühle-Siedlung zu gehen. Nach Überquerung des Arracher Bachs links abbiegen und auf Wald- und Feldweg (900 m) bis zur Arracher Dorfstraße.

❖ Über die Brücke in den Ort und via kurzem Fußweg zur Kirche. Versäumen Sie nicht, diese herrliche, dem **Heiligen Valen-**

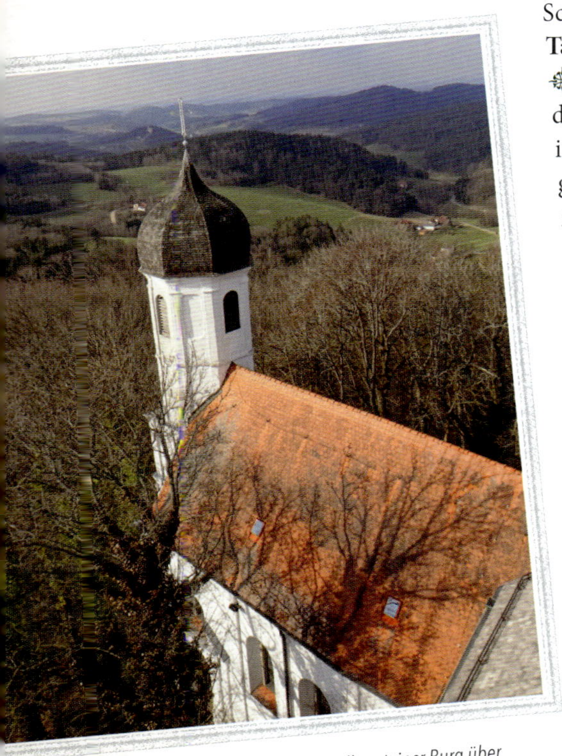

Blick von der Falkensteiner Burg über die Schlosskapelle. Dahinter Marienstein.

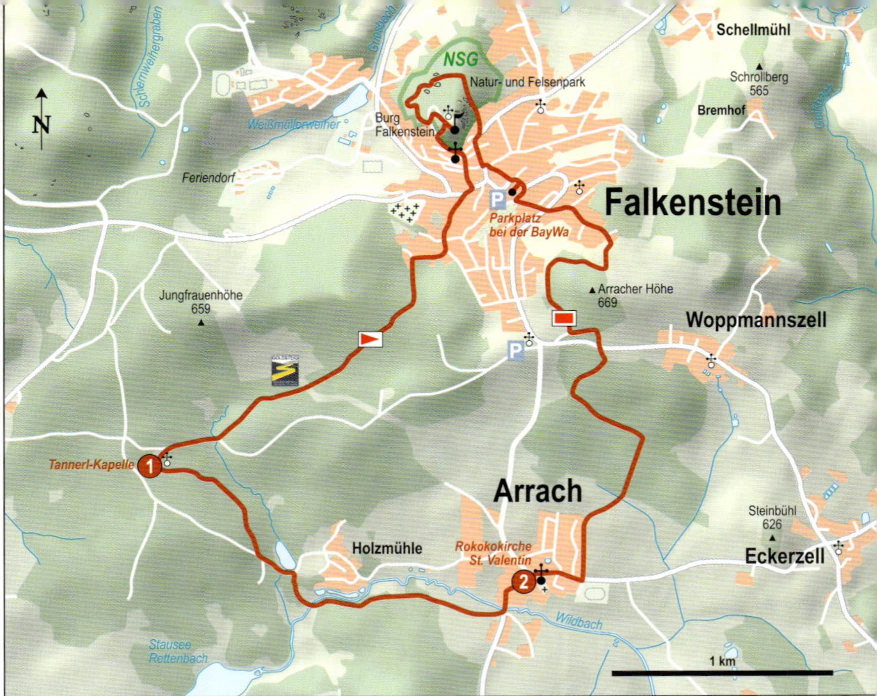

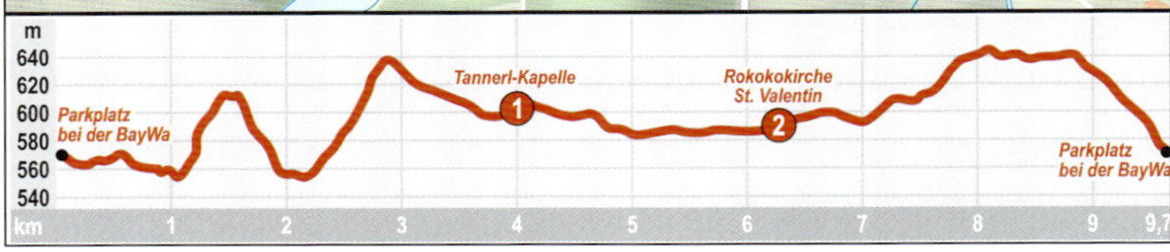

tin geweihte **Rokokokirche** auch von innen zu besehen! Danach weiter auf der Pfarrer-Christstetter-Straße (Richtung Eckerzell). Nach dem letzten Grundstück biegen Sie nach links auf Schotterstraße zwischen Dorf und Feld ab. An der Nordostecke von Arrach führt der Weg nach halbrechts weiter, rechts an einem Rain vorbei und geradeaus auf den Wald zu.

❋ Im Wald angekommen, wählen Sie die beschrankte, linke Alternative. Nach 300 Metern folgen Sie der „Forst-Hauptstraße" nach links. Nach weiteren knapp 400 Metern – kurz bevor der Wald zu Ende ist und man die Fahrstraße erreichen würde – zweigt im Wald ein Waldweg markant nach rechts ab. Es geht im Schwung-S gute 200 Meter bergauf. Am Waldende im ganz leichten Rechtsbogen zur Fahrstraße. (**Kontrolle**: Von der Straße aus sehen Sie links in 50 Metern Entfernung das „Wanderparkplatz 200 m"-Schild.) Sie überqueren die Straße und steuern den grünen Erdölpipelinemarker im Waldknick an. Von hier aus geht's 150 Meter weiter in der Pipelineschneise. ✵ Mit Blick auf Wanderparkplatz und Ölbergkapelle biegen Sie am Waldrand nach scharf rechts ab und sind nun auf dem herrlichen Falkensteinpanoramaweg ▬. Diesem Weg mit tollem Blick auf Ort und Burg Falkenstein folgen Sie nach rechts um die Arracher Höhe. Wieder auf Asphalt, beim ersten Haus von Falkenstein, steigen Sie „Am Vogelherd" ab, überqueren die Straubinger Straße in die Bavariastraße und gelangen so zum Parkplatz zurück.

SEHENSWÜRDIGKEITEN:

✵ **Burg Falkenstein**: Die Besiedlung der Gegend und Burggründung gehen zurück auf die Regensburger Bischöfe Mitte des 10. Jahrhunderts. Domvögte sollten die Gegend im Auftrag ihrer Herren besser schützen. Namensgeber war ein Herr Namens Falko, der das Geschlecht der Falkensteiner begründete. Dann wieder ständige Besitzerwechsel (kann und will sich niemand merken: Friedrich I. und II., Herzog Heinrich der Stolze, Bischof Konrad, Graf Heinrich von Wolfratshausen usw., usw., usw.).
Überformung mit Spätrenaissanceelementen im 17. Jahrhundert, Bau der Schlosskapelle. 1829 Verkauf an das Haus Thurn und Taxis. 1967 Verkauf an die Gemeinde Falkenstein für eine symbolische Mark. 1978 Abschluss der Renovierungsarbeiten, ohne welche die Burg endgültig verfallen wäre. (Besteigung Burgturm zu jeder Jahreszeit möglich; Eintritt 50 ct – passend einzuwerfen.)
Der Park im Norden und Nordwesten der Burg ist der **zweitgrößte Natur- und Felsenpark** Bayerns und ein Naturschutzgebiet.
✵ **Pfarrkirche St. Sebastian**: Stammt aus dem 14. oder 15. Jahrhundert, wurde 1853 romanisiert. 1994 Neugestaltung und künstlerische Ausstattung. In Sachen Kirche hatte Falkenstein immer das Nachsehen hinter dem viel kleineren Arrach, dessen Filiale Falkenstein bis 1924 war.

Rokokokirche Arrach: Gründung um 1200 durch die Regensburger Bischöfe. Heutige Form und Ausstattung gehen zurück auf Pfarrer Josef Christstetter (1732–1776): eine für diese Gegend seltene Rokokoausstattung mit ihren farbenfrohen Ornamenten und Figuren.

Waldkapelle Tannerl: Nachdem eine Frau aus Falkenstein 1685 ein „Ecce-homo"-Bild entdeckt hatte, forderte die Frau den Besitzer auf, dieses Bild an einem öffentlichen Weg aufzuhängen. Das war an heutiger Stelle. Bereits neun Jahre später konnte eine hölzerne Kapelle für das Gnadenbild errichtet werden. 1729 folgte die steinerne Kapelle. Letzte Renovierung der Kirche 1988.

Schauriges: Bis 1809 stand neben der Wallfahrtskirche ein Bauernhof. Der Besitzer, Georg Pohmann, wurde im April dieses Schicksalsjahres von sechs napoleonischen Soldaten überfallen. Der Besitzer wehrte sich und erstach alle sechs Angreifer. 1905 brannte die Einöde – für immer – nieder.

GUT ZU WISSEN:

Im Jahr 1430 verteidigten mutige Frauen den Zwinger der Falkensteiner Burg. Seitdem nennt man den umlaufenden Wehrgang „Weiberwehr".

GASTRONOMIE:

(in 93167 Falkenstein)

Burg Falkenstein
Bayerische Burgschänke mit Rittermahl.
Burgstraße 10,
09462 / 911129

Laguna Blues
Kirchbergstraße 7,
09462 / 322

Pizza in Arrivo
Markplatz 7,
09462 / 942181

Gasthof zur Post
Markplatz 8,
www.zur-post-falkenstein.de,
anfrage@zur-post-falkenstein.de,
09462 / 213

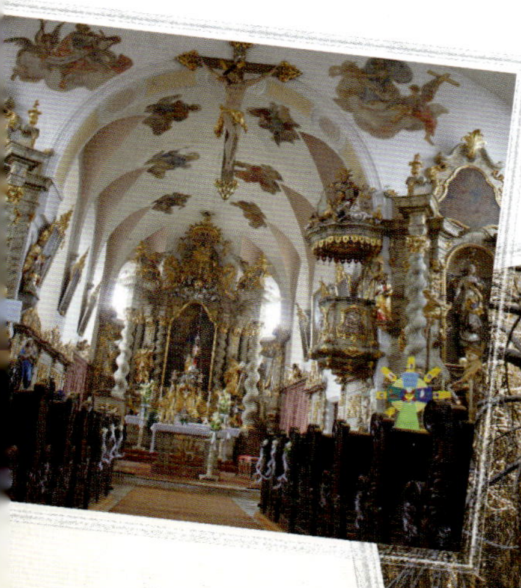

links: Rokokokirche Arrach; unten: das etwas bescheidenere Tannerl

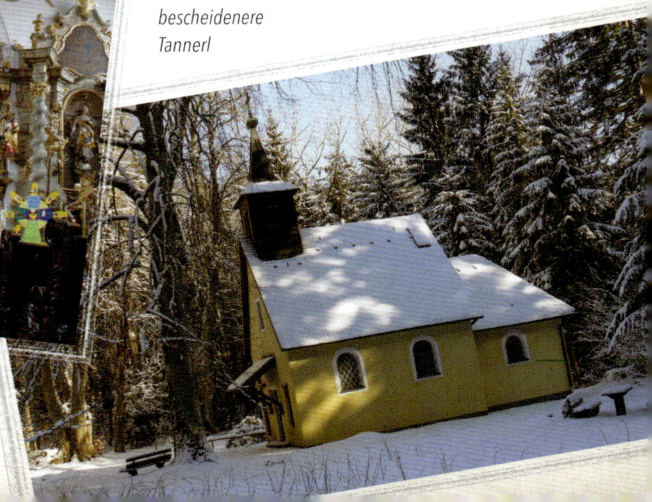

TOUR 22

DONAUSTAUF – HOHE LINIE – PROBSTBERG

(GASTBEITRAG VON GERHARD GÖSER)

EIN ÜBERRASCHEND BUNTER STRAUSS SCHÖNER NATUR

12, 5 KM / 3:45 H / 336 HM

Wer denkt, der Wald nördlich- und südlich der Hohen Linie sei wandermäßig total ausgelutscht, ist auf dem absoluten Holzweg. Wer meint, in diesem Wald gäbe es nur breite Forstautobahnen, geht völlig in die Irre. Gerhard Göser stellt hier eine Runde vor, die neben der obligatorischen Burgruine Donaustauf einige pittoreske Waldschönheiten an Waldpfaden vorstellt: Ausblicke ins Donautal, „wilder" Wald, Sumpfwiesen, verträumte Weiher, Biberdämme. Wer hätte so viel natürliche Natur zwischen Donaustauf, der Hohen Linie und Probstberg erwartet?

Donaustauf

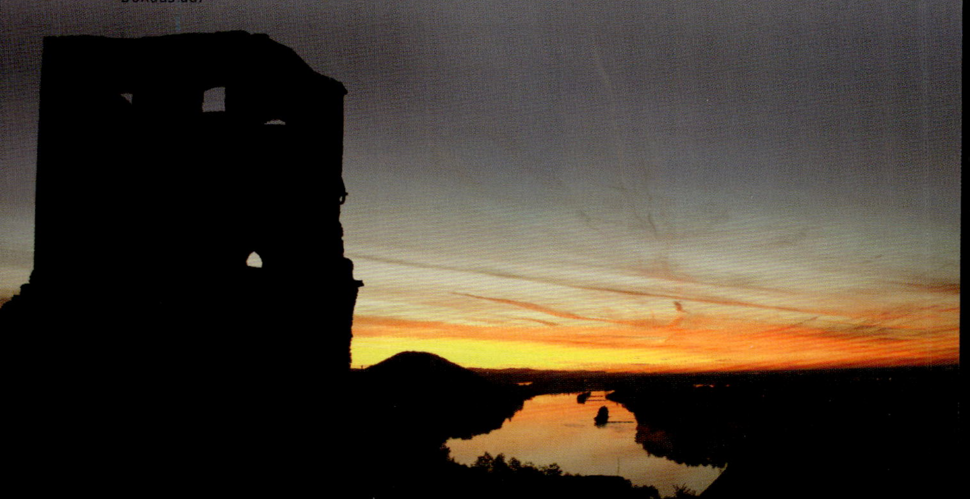

WEGBESCHREIBUNG:

❈ Die Tour beginnt da, wo in Donaustauf die Regensburger Straße endet: bei der Alten Feuerwache. Gegenüber geht es in die Prüllstraße, 700 Meter, bis Haus Nr. 53. Nach rechts in die Stifterstraße (Sackgasse) hinein, bis in der scharfen Rechtskurve ein Wanderweg geradeaus in den Wald führt. Sie betreten das alte, eingerumpfte Variszische Gebirge. (**Kontrolle**: links im Garten ein Fischteich)

❈ Kurz nach diesem Gartengrundstück nehmen Sie auf der linken Seite einen Pfad mit kurzem steilen, felsigen Anstieg. Kurz danach durchqueren Sie nach rechts einen ersten Hohlweg, danach nach rechts einen zweiten Hohlweg. Dieser führt Sie dann leicht ansteigend in einem sanften Linksbogen 160 Meter weiter zu einer etwas lichteren Fläche. Hier zweigen mehrere Pfade ab.

❈ Sie biegen nach links bergauf, Richtung 9 Uhr, in einen kurzen Hohlweg ein, der in einen Pfad übergeht. Durch die Bäume kann man Donaustauf im Tal erkennen. Jetzt folgt der Pfad mit einem Rechtsbogen der Einzäunung einiger Privatgrundstücke entlang, hügelaufwärts in zunächst westlicher Richtung und wandelt sich zu einem geschotterten Forstweg. Folgen Sie diesem Weg 500 Meter bis zum Granitsteinbruch. (Drehen Sie sich auch um für den Blick in die Donauebene!)

❈ Weiter stetig hinauf, geradeaus über die Kuppe und im Bogen abwärts zur Forstwegekreuzung. Hier halbrechts weiter. 100 Meter Anstieg. Von scharf rechts stößt Wanderweg ▬ zu uns, verlässt uns aber bereits wieder an der folgenden Weggabel nach links abwärts. Sie bleiben geradeaus – leicht bergauf. 200 Meter später überqueren wir die

INFO:

Anfahrt: Autobahn A3, Ausfahrt Neutraubling oder Rosenhof, Richtung Donaustauf über die Donau.

Parken: Parkplatz am südlichen Ortsrand von Donaustauf. Zufahrt über Regensburger Straße. (Navi: Regensburger Str. 4a, 93093 Donaustauf)

ÖPNV: RVV Linie 5

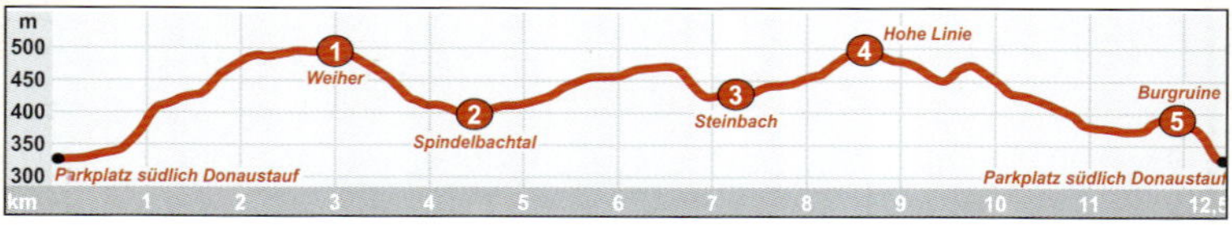

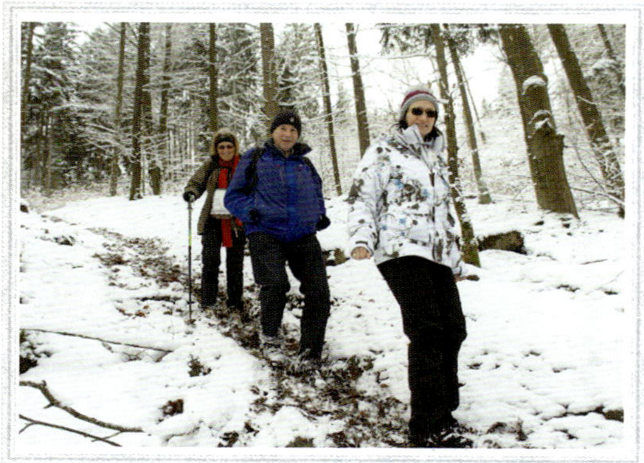

Bei jedem Wetter: Gastautor und Testwanderer in Aktion

„Forstautobahn" **Hohe Linie** (**Kontrolle**: Gedenktafel für einen Holzhauer-Kollegen schräg gegenüber) 1.

Gute 100 Meter nach der Hohen Linie befindet sich rechts ein verträumter Weiher hinter einer Lichtung. (Auf pfadigem Weg zum Blick auf das Einfamilien-Entenbrut-Inselchen in der Mitte. Auf dem Rückweg zum Forstweg bemerken Sie den Bienenwagen am Rande der Lichtung.)

Zurück auf dem Forstweg rechts weiter, die Forstwegkreuzung queren und 200 Meter weiter die Abzweigung nach links abwärts wählen. Nach

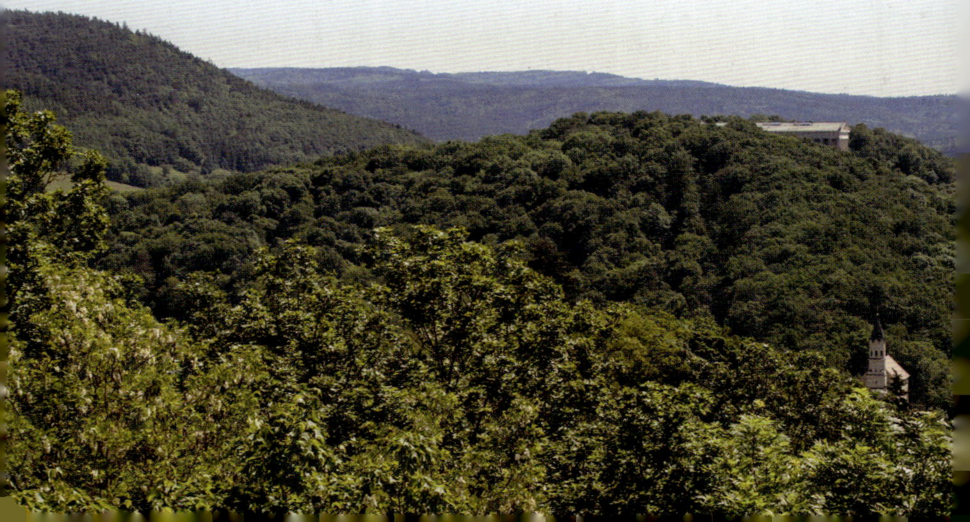

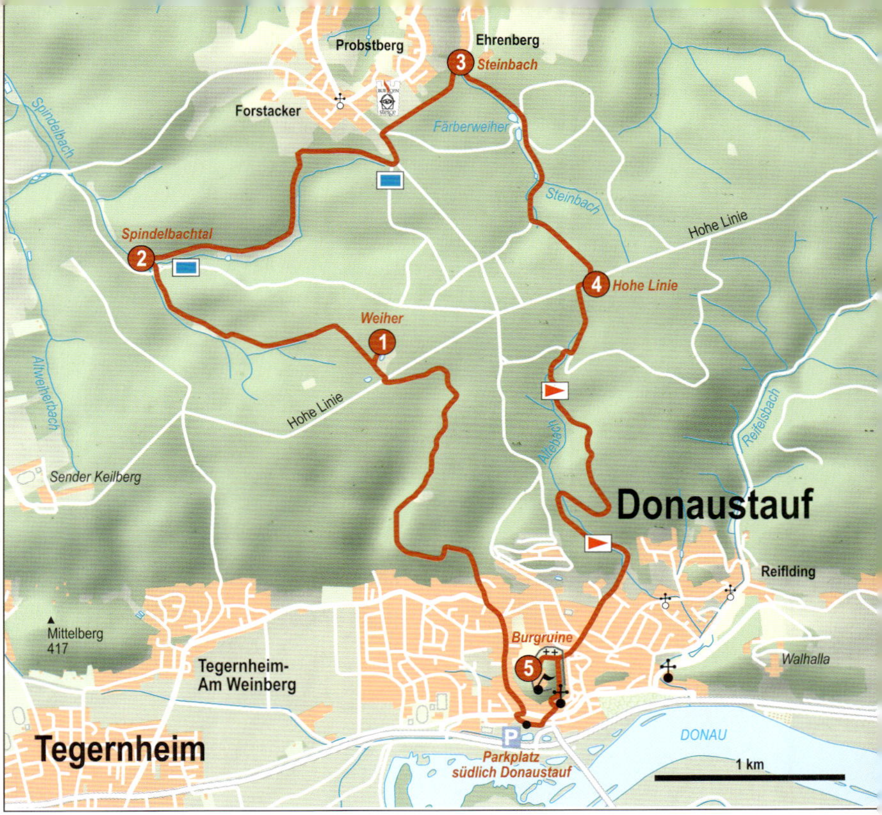

Blick von der Donaustaufer Burg zur Salvatorkirche und zur Walhalla.

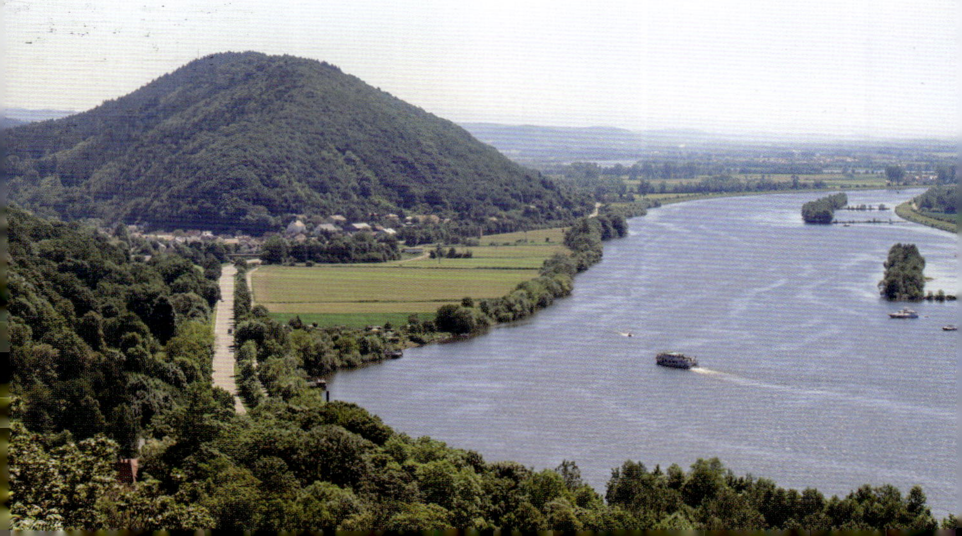

600 Metern sind Sie im **Spindelbachtal** angekommen. Sie folgen dem Bachlauf, bis nach ca. 600 Metern von rechts zuerst der Wanderweg O 64 und gleich danach ein Zubringer-Bach zum Spindelbach stößt.

Den Bach 2 mit dem Wanderweg O 64 queren, aber sofort danach rechts mit einem Forstweg diesem Bach aufwärts folgen. Nach 200 Metern leicht ansteigend zweigt rechts ein wenig gepflegter Pfad ab, mit dem Sie den Bachlauf weiter erklimmen. Nach weiteren 500 m entfernt sich der Weg vom Bachlauf und führt in einem Bogen links deutlich hügelan, bis zum Waldrand mit Hochsitz.

Knick nach rechts, 50 Meter weiter dem mittleren der unscheinbaren Pfade durch den Wald für 500 Meter folgen. Sie treffen zwangsläufig auf den Wanderweg O 64 und folgen ihm nach links, bis knapp 100 Meter vor das erste Haus von Probstberg. Hier spaltet sich der Weg. Vor der Sitzbank (Parkplatz) knicken Sie 90 Grad nach rechts ab: Burgensteig, dem Sie

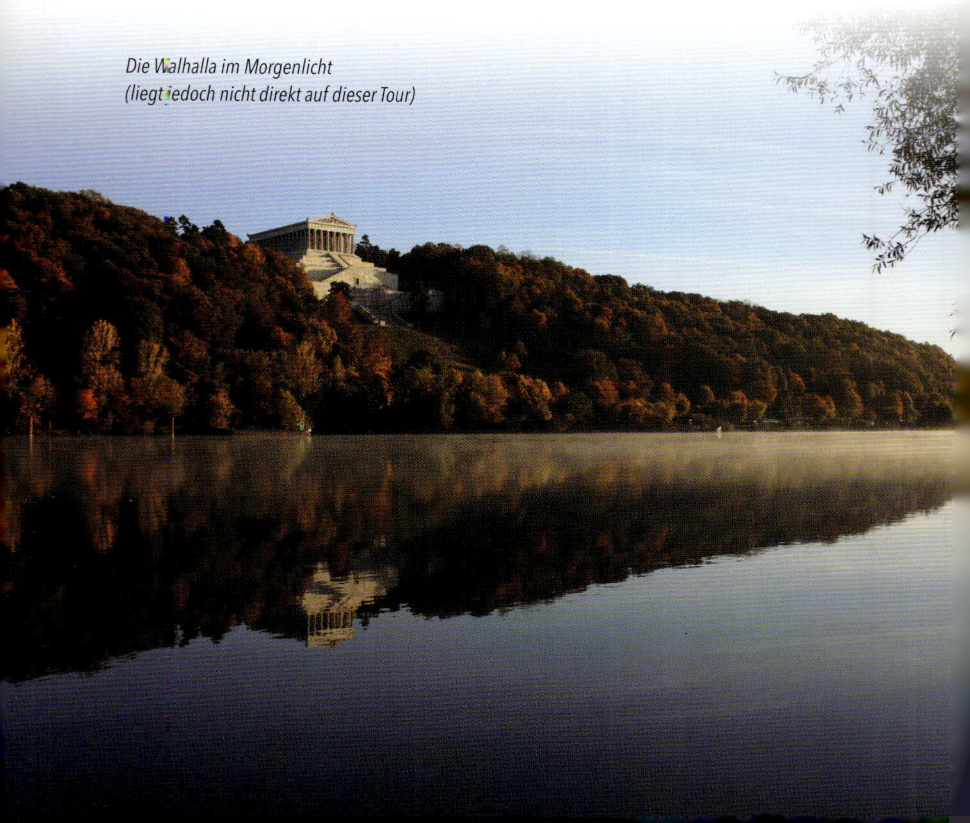

Die Walhalla im Morgenlicht (liegt jedoch nicht direkt auf dieser Tour)

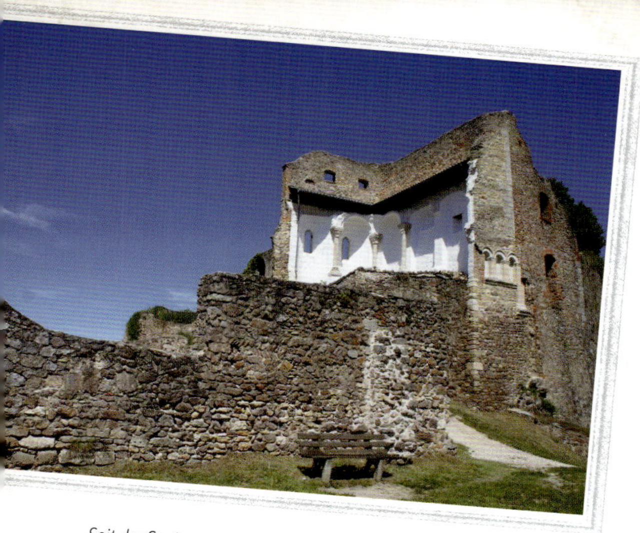

Seit der Sanierung wieder gut erkennbar: die ehemalige Schlosskapelle

für 300 Meter dem Waldrand entlang folgen. (**Kontrolle**: Bolz-Spielplatz links liegen lassen.) Auf dem Pfad weiter geradeaus abwärts in den Wald bis zur Talschulter. (**Kontrolle**: Sie sehen den Grund des Tales.) Folgen Sie der Talschulter, um zum letzten Haus von Ehrenberg abzusteigen und dort den Steinbach zu überqueren 3. Auf dem Forstweg folgen Sie dem Steinbach aufwärts und bewundern die kunstvollen Biberstaudämme. Der Weg führt Sie entlang des Bachlaufes bis zum letzten Weiher. Das Tal verengt sich, der Weg macht einen kurzen geschwungenen Anstieg, dann 90-Grad-Abzweigung links ab-aufwärts, bis Sie wieder an die Hohe Linie kommen.

SAGENHAFTES

„Das Fräulein von Stauf"

Auf Burg Donaustauf soll ein Ritter mit seiner Tochter gelebt haben. Als Daddy starb, hinterließ er seinem Girlie unermessliche Reichtümer. Nein, kein iPhone20 und keinen Lifetime-Netflix-Account, sondern sichere Anlagegegenstände wie Gold, Silber und Edelsteine. Damit hätte die junge Dame viel Not und Leid lindern können, aber sie hatte keinen Bock darauf und ließ sämtliche Bittsteller am Burgtor rüde abblitzen. Als wieder einmal eine mittellose, alleinerziehende Dreifachmutter, also ein Bettelweib mit ihren drei Kindern, um Almosen bat, hörte sie ein schroffes „Du kannst mir mal den Schuh aufblasen." Darauf belegte die Erwerbslose die Burgdame (lol) mit dem Fluch (getarnt als frommer Wunsch), dass sie sich zeitlebens nicht mehr von ihren Schätzen trennen könne. Der Wunsch ging natürlich in Erfüllung und so wurde das Fräulein von Stauf alt und älter und urälter und hätte alles Gold der Welt hergegeben, hätte sie endlich die Biege machen können. Auch nachdem der letzte Vorhang gefallen war, fand sie keine Ruhe. So hört man sie heute noch rufen: „Mein Gold, mein Gold, alles umsonst."

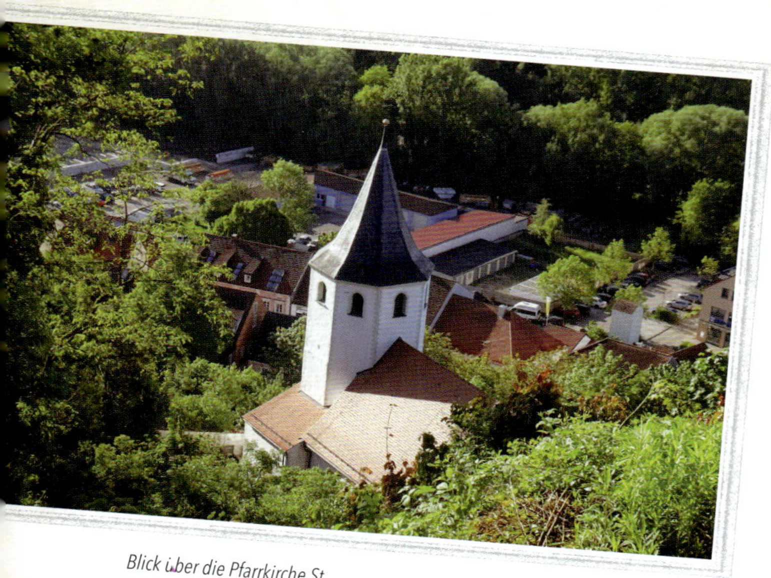

Blick über die Pfarrkirche St. Michael in den Ort hinunter.

❉ Kurzes Stück rechts auf der Hohen Linie und bereits dem nächsten Mini-Forstweg nach links abwärts folgen ❹. 400 m weiter Abzweigung nach scharf rechts (**Kontrolle**: kleiner Tümpel im Abzweige-Eck), 30 m weiter, dann links dem Wanderweg 08 ► folgen.

❉ Nach von hier aus gerechnet 700 Metern (gute 10 Minuten) fehlt die Wandermarkierung ► an einer Abzweigung rechts abwärts. So erkennen Sie diese Stelle: Nach einem zweiten kurvenreichen Aufstieg kommen Sie auf eine Lichtung. Der Forstweg führt im Linksbogen über diese Lichtung. In der Mitte des Bogens zweigt der Wanderweg nach rechts ab. (**Kontrolle**: einen Steinwurf später taucht die Markierung ► wieder auf.)

❉ Folgen Sie dem ► bis Donaustauf ❺. Beim ersten Haus rechts, dann weiter zur **Burg**. Abstieg durch die Allee und um die Kirche herum und hinunter zum Parkplatz. (Oder vorher noch zur Einkehr in den Ort!)

(Ende des Gastbeitrages)

SEHENSWÜRDIGKEITEN:

❁ **Burgruine Donaustauf**: Der Name Stauf (*stouf*) bedeutet Bergkuppe im Althochdeutschen. Schon zur Zeit der Kelten (um 500 v. Chr.) eine Befestigung, von Bischof Tuto Anfang des 10. Jahrhunderts zur Burg ausgebaut, um die Ungarneinfälle abzuwehren. Im 11. Jahrhundert Besitz des Regensburger Hochstifts, Eroberung und teilweise Zerstörung durch die bayerischen Herzöge im 12. Jahrhundert. Kaiser Barbarossa soll vom 7. auf den 8. September 1156 hier genächtigt haben. Dann im Besitz der Böhmen, später der Wittelsbacher, dann wieder der Regensburger. Verwendung als Gefängnis für Donaustaufer Bürger. Ausbau vor dem Dreißigjährigen Krieg, in diesem dann Eroberung und Zerstörung. Danach Verfall und Steinbruch. Ab 1812 im Besitz des Hauses Thurn und Taxis, seit 1986 des Marktes Donaustauf. Sicherung und Sanierung seit 1997.

GASTRONOMIE:

(in 93093 Regenstauf)

Gasthof Burgfrieden
Maxstraße 2,
09403 / 9694600

La Casa dei Matti
Maxstraße 6,
09403 / 5181547

Restaurant Athen
Maxstraße 28,
09403 / 1704

Al Ponte
Maxstraße 33,
09403 / 9678459

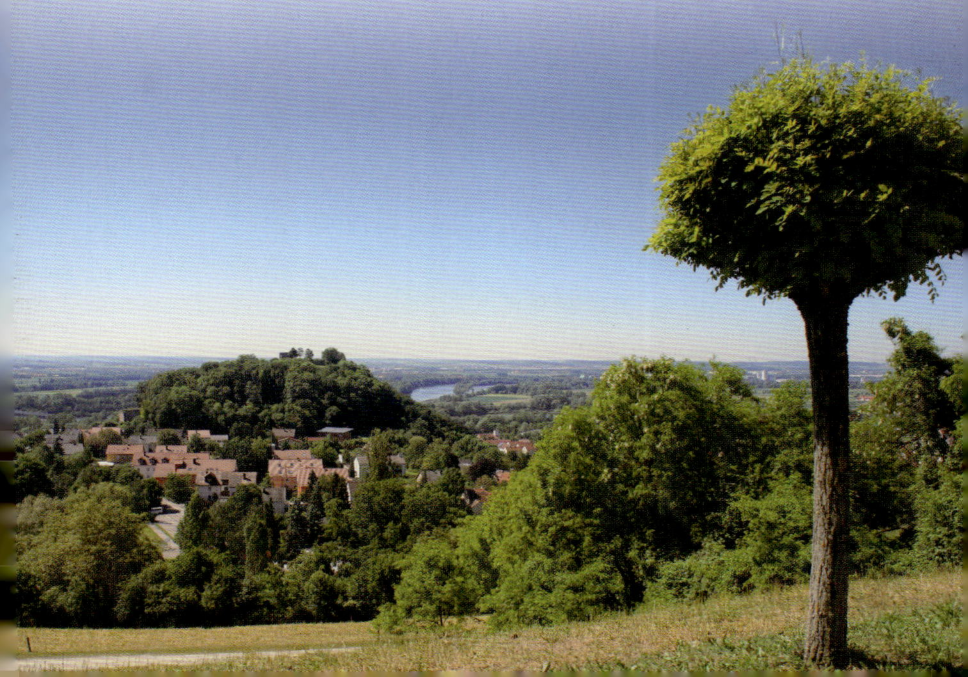

Blick über Donaustauf ins Donautal.

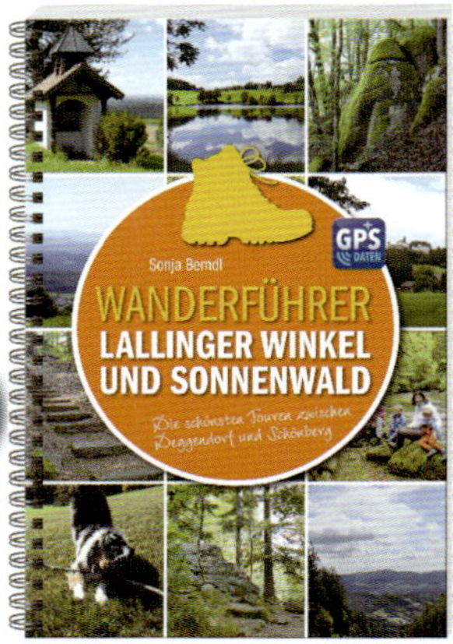

ISBN 978-3-95587-770-5

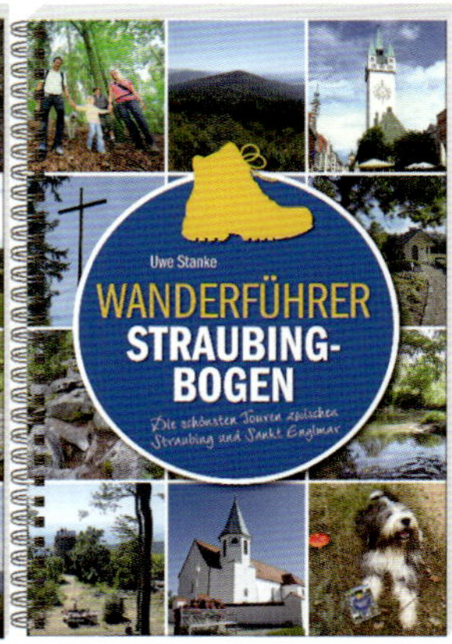

ISBN 978-3-95587-757-6

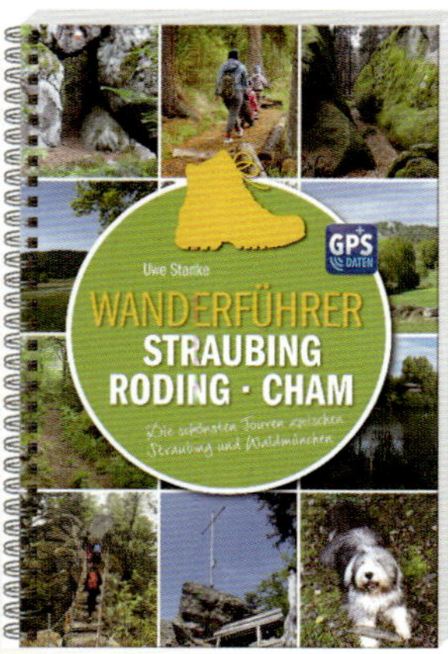

ISBN 978-3-95587-768-2

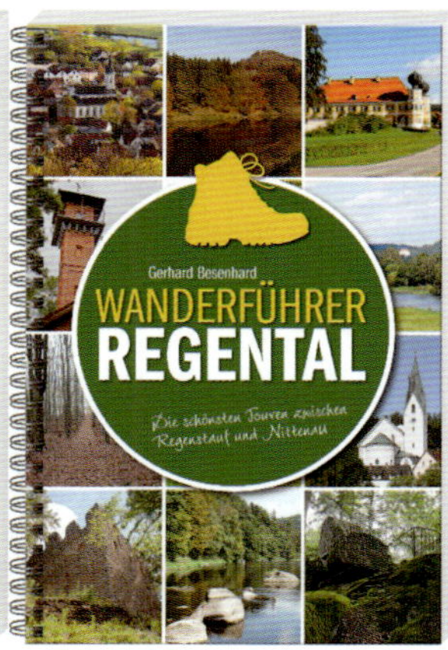

ISBN 978-3-95587-073-7

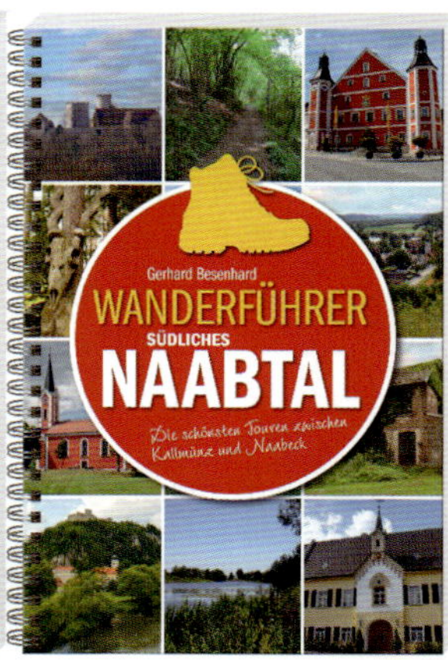

ISBN 978-3-95587-059-1

Heimat
battenberg
gietl verlag

Pfälzer Straße 11 I 93128 Regenstauf
Tel. 0 94 02/93 37-0
E-Mail: info@battenberg-gietl.de

Bücher für Bayern
aus Liebe zur Heimat

Schaurig, gruselig, geheimnisvoll:

Tolle Leseschmankerl für Sagen- & Mystik-Fans!

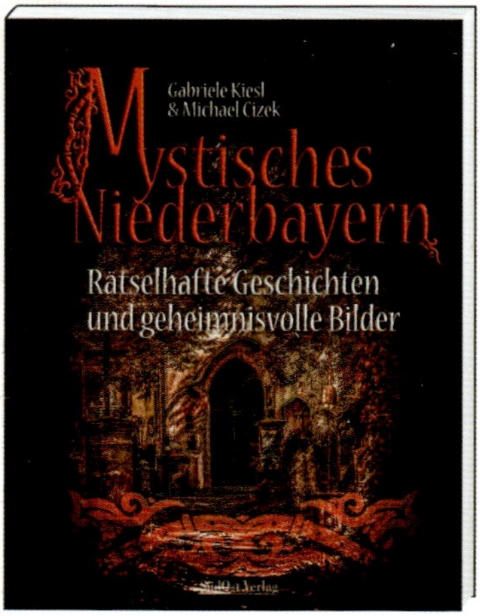

ISBN 978-3-95587-738-5
Preis 24,90 €

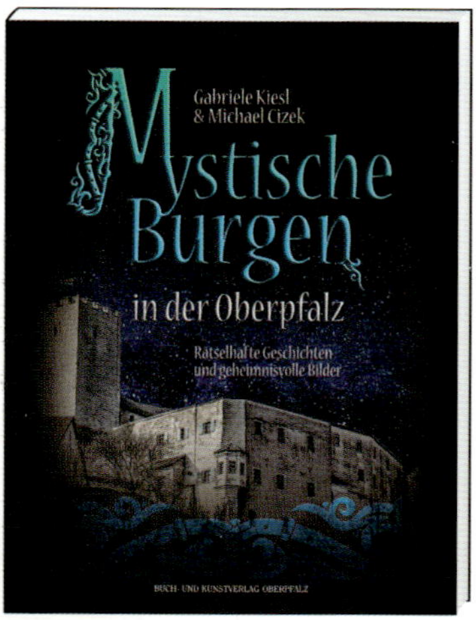

ISBN: 978-3-95587-050-8
Preis 24,90 €

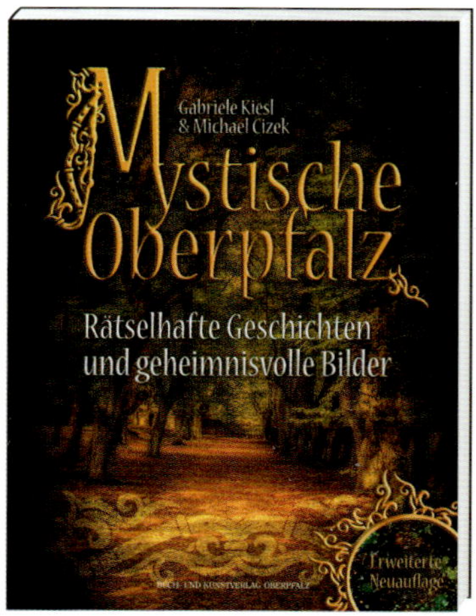

ISBN 978-3-95587-048-5
Preis 24,90 €

Heimat battenberg gietl verlag

Pfälzer Straße 11 | 93128 Regenstauf
Tel. 0 94 02/93 37-0
E-Mail: info@battenberg-gietl.de

Bücher für Bayern
aus Liebe zur Heimat

Entdecke die bayerische Natur

– rausgehen, staunen & genießen!

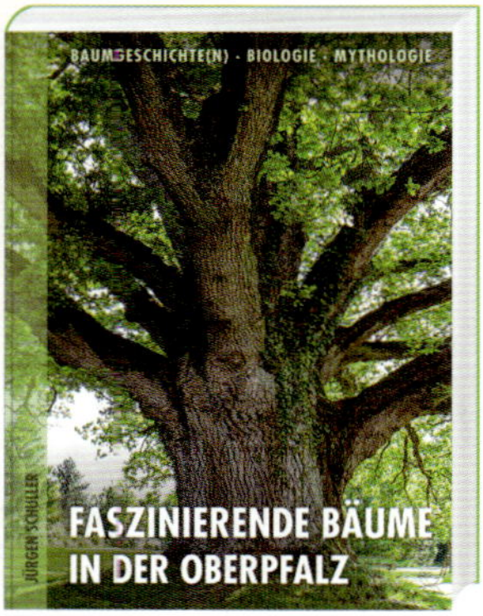

ISBN 978-3-95587-071-3
Preis 24,90 €

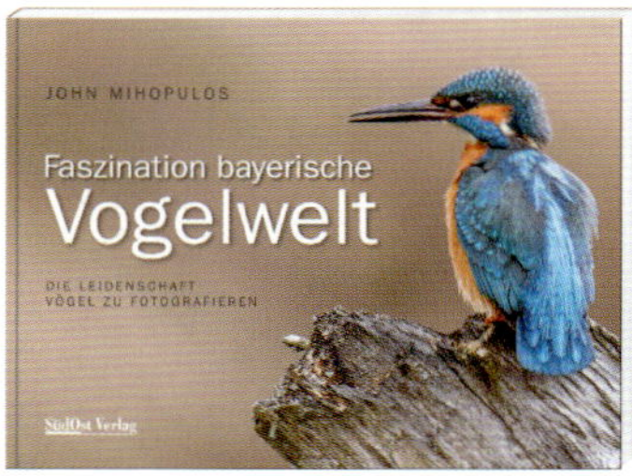

ISBN 978-3-95587-764-4
Preis 24,90 €

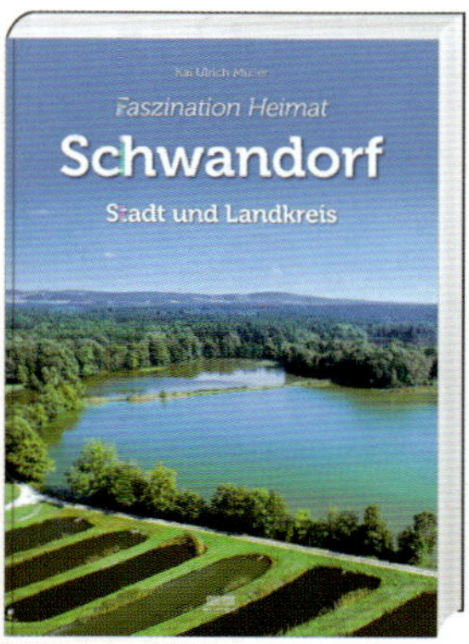

ISBN 978-3-86646-388-2
Preis 29,90 €

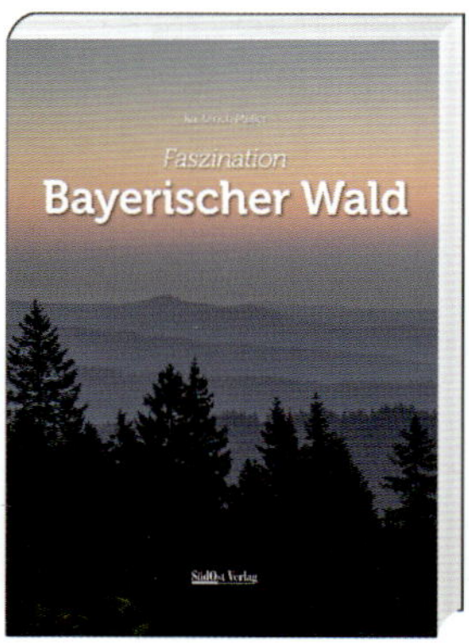

ISBN 978-3-86646-750-7
Preis 29,90 €

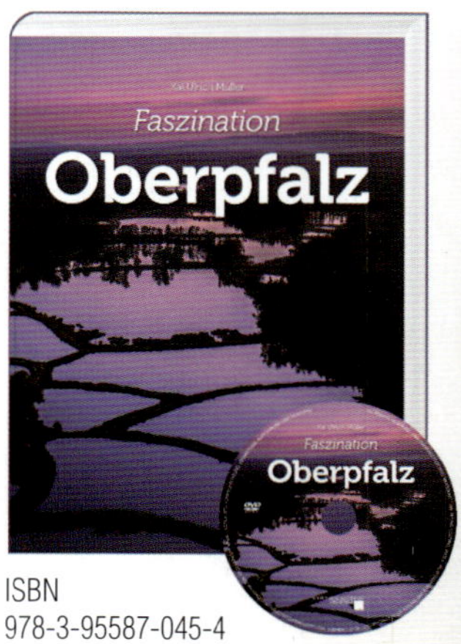

ISBN
978-3-95587-045-4
Preis 34,90 €

Heimat
battenberg
gietl verlag

Pfälzer Straße 11 I 93128 Regenstauf
Tel. 0 94 02/93 37-0
E-Mail: info@battenberg-gietl.de